läuterungen von **Herm. Jastrow,** Amtsgerichtsrath. Preis 1 M. 80 Pf.

47. Das **deutsche Vormundschaftsrecht** und das preuß. Gesetz, betr. die Unterbringung verwahrloster Kinder vom 13. März 1878. Mit Einleitung und Erläuterungen von **Max Schultzenstein,** Oberverwaltungsgerichtsrath und Amtsgerichtsrath Dr. **Köhne.** Preis 2 M. 80 Pf.

48. Gesetze und Verordnungen, betreffend den **Drogen-, Gift- und Farbenhandel** außerhalb der Apotheken unter besonderer Berücksichtigung des Königreichs Preußen. Von Dr. **Broh,** Rechtsanwalt. 1 M. 25 Pf.

49. Die **Kolonialgesetzgebung.** Von Professor Dr. **Philipp Zorn.** (In Vorbereitung.)

50. Der **Viehkauf** (Viehgewährschaft) nach dem Bürgerlichen Gesetzbuche. Text-Ausgabe mit Erläuterungen und Sachregister von Dr. **Hans Stölzle,** Rechtsanwalt in Kempten (Bayern). Mit einem Anhang: Verordnung, betreffend die Hauptmängel und Gewährsfristen beim Viehhandel. Vom 27. März 1899. Erläutert von Heinrich Weiskopf, Königl. Kreisthierarzt in Augsburg. ca. 1 M. 50 Pf.

Guttentag'sche Sammlung
Nr. 44. Deutscher Reichsgesetze. Nr. 44.
Text-Ausgaben mit Anmerkungen.

# Das Reichsgesetz
über das
# Auswanderungswesen
vom 9. Juni 1897
nebst
## Ausführungsverordnungen und Anlagen.

Nach den Materialien
und unter Benutzung amtlicher Quellen erläutert
von

**Dr. Felix Stoerk,**
ord. öff. Professor der Rechte in Greifswald.

Berlin SW48.
J. Guttentag, Verlagsbuchhandlung,
G. m. b. H.
1899.

# Vorwort.

Durch Plan und Ausführung des vorliegenden Kommentars will ich dem Bedürfniß Rechnung tragen, dem neuartigen, eben erst ins Reichsrecht aufgenommenen Stoffe gegenüber zu einer möglichst sicheren Feststellung des gesetzgeberischen Willens zu gelangen. Als Hülfsmittel dienten mir dabei zunächst die erläuternden Motivenberichte zu den beiden letzten Regierungsentwürfen und der sich anschließende, für die Interpretation und Ausgestaltung des Entwurfes werthvolle Stoff der parlamentarischen Berathung und Entscheidung. Sodann auch Entwürfe und Vorarbeiten, welche als amtliches Material auf die Entstehungsgeschichte der Ausführungsbestimmungen zum Reichsgesetz über das Auswanderungswesen von großem Einflusse gewesen, und für dessen meine Arbeit wesentlich fördernde Ueberlassung ich dem hohen Reichsamt des Innern zu aufrichtigem Danke verpflichtet bin.

Die ursprünglich geplante Ausdehnung des Kommentars auf den gesammten, mit dem deutschen

Staatsbürgerrecht, der Ausbürgerung und Einbürgerung zusammenhängenden staats- und völkerrechtlichen Rechtsstoff mußte ich im Laufe der Arbeit fallen lassen, da sichere Anzeichen darauf hindeuten, daß das den Mittelpunkt des Systems einnehmende Gesetz über die Erwerbung und den Verlust der Reichs- und Staatsangehörigkeit in absehbarer Frist grundsätzlichen Aenderungen unterworfen werden soll. Die Bearbeitung dieser Materie, die eine nothwendige Ergänzung des Rechts der Auswanderung bildet, mußte daher einem günstigeren Zeitpunkt vorbehalten bleiben.

Aber auch in der vorliegenden Beschränkung auf die neuen reichsrechtlichen Bestimmungen werden die gegebenen Erläuterungen hoffentlich von einigem Nutzen für die richtige und gleichmäßige Anwendung eines Gesetzes sein, dem neben hoher nationaler und internationalrechtlicher Bedeutung fortan auch ein hervorragender Antheil zufällt im Gesammtwerk der ausgreifenden sozialpolitischen Gesetzgebung des Deutschen Reiches.

Greifswald, im Februar 1899.

Felix Stoerk.

# Neuere Litteratur
## zur Regelung des deutschen Auswanderungswesens.

---

Altenberg, Die deutsche Auswanderungsgesetzgebung. (Kolonialzeitung Bd. II 1885.)

Battaglia, Dr. Roger Freiherr von, Versuch einer systematischen und kritischen Darstellung des allgemeinen modernen Auswanderungsrechtes. Triest 1897.

Blumer=Morel, Handbuch des schweizerischen Bundesstaatsrechts. 1. Bd. Basel 1891.

Bokemeyer, Das Auswanderungswesen in der Schweiz, in Belgien, England und Deutschland. Berlin 1892.

Bokemeyer, Der Entwurf eines Reichsgesetzes über das Auswanderungswesen in Laband=Stoerks Archiv für öffentliches Recht. 8. Bd. 1893. S. 147 ff.

Bödiker, Die Auswanderung und Einwanderung des preußischen Staates i. d. Zeitschrift d. kgl. preuß. stat. Bureaus Jahrg. 1873.

W. Cahn, Das Reichsgesetz über die Erwerbung und den Verlust der Reichs= und Staatsangehörigkeit. Kommentar. 2. Aufl. Berlin 1896.

Cogordan George, La Nationalité. 2. éd. Paris 1890.

Charles Wentworth Dilke, Greater Britain, a Record of Travel in English speaking Countries during 1866 and 1867. London 1880.

Ernst Franke, Das deutsche Auswanderungsgesetz (im Archiv für soziale Gesetzgebung 11. Bd. 1897).

P. Goetsch, Das Reichsgesetz über das Auswanderungswesen vom 9. Juni 1897 nebst Ausführungsverordnungen. Berlin 1898.

Hübbe-Schleiden, Ueberseeische Politik. Hamburg. 1. Theil 1881; 2. Theil 1883.

Institut de droit international „L'émigration au point de vue juridique international".
Entwürfe von Olivi u. Verhandlungen der Kopenhagener Session vom Jahre 1897 s. Annuaire Bd. XVI. S. 242 ff.

R. Jannasch, Deutsche Auswanderung und deutsche Ackerbaukolonisation in der 3. Auflage von Roschers Kolonieen, Kolonialpolitik und Auswanderung 1885.

R. Jannasch, Unsere Verluste durch Wanderung „Export" 1887.

Fr. Kapp, Geschichte der deutschen Einwanderung in Amerika. 9. Jahrg. Leipzig 1868.

Fr. Kapp, Geschichte der deutschen Einwanderung in Amerika. I. Bd. 1869.

Fr. Kapp, Ueber Auswanderung. Berlin 1871.

Kämpfe, „Auswanderung" im Staatslexikon, herausgegeben von der Görres-Gesellschaft zur Pflege der Wissenschaft im katholischen Deutschland. Freiburg i. Br. 1888.

Laband, Staatsrecht des Deutschen Reiches. 3. Aufl. Bd. 1, S. 152 ff. Freiburg 1895.

Lammers, Die deutsche Auswanderung unter Bundesschutz. Berlin 1869.

Martens-Stoerk, Nouveau Recucil Général de Traités. T. XI—XXIII ad v. Émigration, Étrangers etc.

Moldenhauer, Erörterungen über Kolonial- und Auswanderungswesen. Frankfurt a. M. 1878.

v. Philippovich, Die staatlich unterstützte Auswanderung im Großherzogthum Baden. (Archiv für soziale Gesetzgebung V. Bd. 1892.)

v. Philippovich, „Auswanderung" im Handwörterbuch der Staatswissenschaften. Zweite Auflage II.

v. Philippovich, Der Entwurf eines Auswanderungsgesetzes. (Archiv für soziale Gesetzgebung V. Bd. 1892).

v. Philippovich, Auswanderung und Auswanderungspolitik in Deutschland, (Bd. LII der Schriften des Vereins für Sozialpolitik.)

K. Rathgen, Englische Auswanderung und Auswanderungspolitik im 19. Jahrhundert. Leipzig 1896. (Schr. d. Ver. f. Soz. Bd. LXXII.)

F. Robert, Zur Auswanderungsfrage. Wien 1879.

v. Salis, Schweizerisches Bundesrecht. Bd. 1—4. Bern 1891.

Schmid, „Auswanderung" in Mischler-Ulbrich's Oesterr. Staatswörterbuch. 1. Bd. Wien 1895.

Seeley, The British Empire. London 1883.

Senftleben, Die deutsche Auswanderung nach außereuropäischen Ländern. Arbeiterfreund, 8. Jahrg. 1870.

Seydel, Die Sicherheitspolizei, in Schönbergs Handbuch der politischen Oekonomie. Bd. 3.

R. Mayo-Smith, Die Einwanderung in die Vereinigten Staaten von Amerika (in Schr. d. Ver. f. Soz. Bd. LXXII).

R. Mayo-Smith, The Influence of Immigration on the United States of America. Bulletin de l'Institut international de Statistique. III. Bd. Jahrg. 1888.

R. Mayo-Smith, Emigration and Immigration. New York 1890.

F. Stoerk, „Staatsunterthanen u. Fremde“ im Handbuch des Völkerrechts, herausgegeben von v. Holtzendorff. Bd. II, S. 596 ff.

F. Stoerk, „Fremdenpolizei“, im Handwörterbuch der Staatswissenschaften. III. Bd.

Zorn, „Auswanderung“ in v. Stengels Wörterbuch des deutschen Verwaltungsrechts.

# Inhaltsverzeichnis.

# Einleitung.

## 1. Entwicklung und gegenwärtiger Stand der Auswanderung.

Das Auswanderungswesen steht mehr als jeder andere Zweig des deutschen öffentlichen Rechts unter dem Druck der geschichtlichen Thatsache, daß es an einer centralen Reichsgewalt in den Tagen gefehlt hat, da Großes auf diesem Gebiete hätte geleistet werden können, — und daß die neu gegründete deutsche Reichsgewalt für ihr Walten ein je länger je engeres Arbeitsfeld vorfinden wird. Die große Bevölkerungsbewegung, das Abfluthen der deutschen Volksmassen in außerdeutsche Wohngebiete, zumal die Wanderung in die Länder jenseits des großen Wassers ist merklich in der Abnahme begriffen. So lange der große Strom der deutschen Auswanderung der leitenden Kraft und Fürsorge des deutschen Staates bedurft hätte, fehlte es an dem verfassungsmäßigen Zusammenschluß der Gliedstaaten, an der Gesammtvertretung nach Außen, an der planmäßigen Lenkung und Leitung der Millionen Deutscher, die aus politischen, wirthschaftlichen, religiösen Gründen sich in der Ferne eine neue Heimath suchten und so in der Folge für ihr Volksthum untergegangen sind.

Wer den Gründen dieser jüngsten Wandlung nachgehen will, ohne sie durch die gefärbte Brille einer Parteiauffassung anzusehen, wird an verschiedenen Punkten unseres öffentlichen Rechts den Schlüssel zur neuen Erscheinung finden können. In der zweijährigen Dienstzeit sowohl, wie in den gehobenen Leistungen der sozialpolitischen Arbeiterfürsorge, im Wegfall des Sozialistengesetzes,*) in den Versuchen einer besseren Aufschließung und Kolonisation des Ostens, wie in der gesteigerten Arbeitsgelegenheit der mächtig angewachsenen deutschen Industrie. Sachsengängerthum und die Flucht der ländlichen Bevölkerung in die Stadt bilden im System der Freizügigkeit ebensoviele Abzugskanäle für den gegenwärtigen Tiefstand der Auswanderung in unseren Tagen.

Aber nicht bloß die Wandlungen in den deutschen politischen und wirthschaftlichen Zuständen geben vollen Aufschluß über den Rückgang des deutschen Auswanderungswesens, sondern weit mehr noch die Veränderungen, die sich in den Ländergebieten abspielen, welche bisher als Zielpunkte für die große

*) Das im Regierungsentwurf des Auswanderungsgesetzes enthaltene statistische Tableau zeigt, daß unter der Herrschaft des Reichsgesetzes gegen die gemeingefährlichen Bestrebungen der Sozialdemokratie, das am Tage der Verkündigung, 21. Oktober 1878, in Kraft trat und zunächst bis zum 31. März 1881 in Geltung bleiben sollte, die deutsche Auswanderung aus Deutschland die seit Jahrzehnten höchste Ziffer erreicht hat (1881: über 220 902, 1882: über 203 585), während seit Aufhebung des Socialistengesetzes die Auswanderungsziffer von 116 339 im Jahre 1892 auf 32 152 im Jahre 1896 herabgesunken ist.

Bevölkerungsbewegung gedient haben. Während nämlich auch dort bis weit in die neuere Zeit hinein die extensive Bodennutzung den die Arbeit lohnenden Ertrag erzielte und so die großen Massen an die großen Freiländereien heranzog, hatte sich auch für diese unter dem Drucke der ganzen Weltwirthschaft die Nothwendigkeit einer planmäßigen, den wechselnden Richtungen des Gesammtbedarfs sich jeweilig anpassenden intensiven Bodennutzung eingestellt. Mit anderen Worten: die Landwirthschaft hört ein Amerika wie in Deutschland auf, die Zufluchtsstätte des ungelernten Arbeiters oder Unternehmers zu sein, ihre Ertragskraft forderte Umsicht, kaufmännischen Fernblick, und seither vollzieht sich die Aufnahme, Vertheilung und Unterbringung der Auswanderer dort nur mit ebenso großen Schwierigkeiten und Hemmnissen, wie solche bei der binnenländischen Wanderung und inneren Kolonisation zu überwinden sind. Aber auch der deutsche Industriearbeiter findet in den Einrichtungen des deutschen Staates jetzt günstigere Bedingungen für seine Lebenshaltung, leichtere Arbeitsgelegenheit als in den früher von ihm überflutheten Einwanderungsgebieten Nord- und Südamerikas. So kommt es, daß der deutsche Grundstock der Wanderungsbewegung in neuerer Zeit zurücktritt gegenüber dem großen Prozentsatz romanischer und slavischer Bevölkerungsmassen, die in den letzten Jahrzehnten den stärksten Beitrag zur Wanderbewegung geliefert haben. Mit Recht hat schon v. Philippovich darauf aufmerksam gemacht, daß diese Veränderung in der nationalen Zusammensetzung der Auswanderer nicht ohne Einfluß geblieben ist auf das politische und rechtliche Verhalten des wichtigsten Einwanderungsgebiets, der Vereinigten Staaten. „Während die englischen und deutschen Einwanderer ihnen umfassende geistige und materielle Hilfskräfte zur Verfügung gestellt haben, die zu dem Aufblühen der nordamerikanischen Volkswirthschaft ein wesentliches beitrugen, treten in den romanisch-slavischen Einwanderungen schwer assimilirbare Elemente in die gesellschaftlichen und staatlichen Verhältnisse der Vereinigten Staaten ein, die durch die sprachlichen Gegensätze wie durch Lebensgewohnheiten und Lebensansprüche, durch politisches Denken und Fühlen sich in einem weiten Abstande von dem Kern der Unionsbürger bewegen." (Auswanderung und Auswanderungspolitik in Deutschland, Schriften des Vereins für Sozialpolitik III. Bd. S. VIII.)

Im Zusammenhang mit dieser Erscheinung ist der Rückgang der deutschen Auswanderung um so bedeutungsvoller, als er fast genau mit der durch völkerrechtliche Vereinbarung gesicherten Abwehr der chinesischen Einwanderung zusammenfällt. Durch die Konvention vom 17. März 1894, abgeschlossen zwischen den Vereinigten Staaten von Nordamerika und China, wurde nach langjährigen Verhandlungen und zahlreichen diplomatischen Konflikten zwischen den beiden Staaten vereinbart „. . that for a period of ten years, beginning with the date of the exchange of the ratifications of this

Convention, the coming, except under the conditions hereinafter specified, of Chinese laborers to the United States shall be absolutely prohibited." (S. Martens-Stoerk, Nouveau Recueil Général de Traités. 2. Série T. XXII, p. 552.) Da der Austausch der Ratifikationen zu Washington am 7. December 1894 erfolgte, begann von diesem Tage ab der Ausschluß chinesischer Arbeiter vom Mitbewerb in Nordamerika und gleichwohl zeigt sich von diesem Jahre ab ein dauernder Rückgang der Einwanderung, der auch auf das deutsche Auswanderungswesen seinen deutlichen Einfluß erkennen läßt. In dem vom Stellvertreter des Reichskanzlers Grafen von Posadowsky dem Deutschen Reichstag übermittelten Bericht über die Thätigkeit der Reichskommissare für das Auswanderungswesen während des Jahres 1897 nebst statistischen Nachweisen (Anlagen zu den Verhandlungen des Deutschen Reichstages 9. Legislaturperiode, V. Session, Nr. 117) meldet der Reichskommissar in Bremen, daß die Auswanderung über Bremen im verflossenen Jahre mit 46798 Personen, von welchen 9559 deutsche Reichsangehörige waren, seit 1894 den niedrigsten Stand erreicht hat.

Es wurden befördert im Jahre

| | | |
|---|---|---|
| 1893 . . . | 109400 | Personen |
| 1894 . . . | 47499 | " |
| 1895 . . . | 68992 | " |
| 1896 . . . | 67040 | " |
| 1897 . . . | 46798 | " |

Während die deutsche Auswanderung sich seit 1894 von Jahr zu Jahr vermindert und allein im Vergleich der letzten beiden Jahre um 2989 Personen abgenommen hat, kommen die erhöhten Ziffern der Jahre 1895 und 1896 nur auf die außerdeutschen Auswanderer; aber auch diese haben gegen das Jahr 1896 allein um 17253 Köpfe abgenommen.

Das Hauptziel dieser Auswanderer waren im Jahre 1897 wieder die Vereinigten Staaten von Nordamerika; die Auswanderung nach anderen Ländern bewegte sich in mäßigen Grenzen.

Wie im Jahre 1896 bildeten wiederum die russischen und österreichischen Juden sowie die Galizier das Hauptkontingent der Reisenden, während die deutsche Emigration sehr zurückgegangen ist. Diese Verminderung der Auswanderung ist wohl auf die in den Vereinigten Staaten herrschenden wirthschaftlichen Verhältnisse zurückzuführen, insbesondere auf den zum Theil durch die Uebersättigung des Landes mit europäischen Waaren bedingten Arbeitsmangel und auf die damit in Zusammenhang stehende Herabsetzung der Löhne, zumal in Deutschland günstigere Arbeitsbedingungen vorhanden waren. Auffällig ist es, daß österreichische Kolonisten, die früher den westlich von Chicago gelegenen Staaten den Vorzug gaben, jetzt mehr nach den Südstaaten Texas, Georgia 2c. reisen, um sich dort Grundbesitz zu erwerben (a. a. O. S. 2).

In der Hauptsache gleich lautet auch der Bericht des Reichskommissars für das Auswanderungswesen des Unterelbegebiets, daß die Auswanderungsbeförderung über Hamburg erheblich zurückgegangen ist und zwar im Laufe des Jahres 1897 um 17699 Köpfe.

Es wurden befördert im Jahre

| | | |
|---|---|---|
| 1892 . . . | 188220 | Personen |
| 1893 . . . | 58872 | " |
| 1894 . . . | 38827 | " |
| 1895 . . . | 55097 | " |
| 1896 . . . | 52748 | " |
| 1897 . . . | 35049 | " |

Auf diese Verminderung haben die ungünstigen Verhältnisse in den überseeischen, für unsere Auswanderer geeigneten Ländern, denen günstigere Verhältnisse in Deutschland gegenüberstanden, eingewirkt.

Namentlich ist der durch Deutschland gehende russische Auswandererstrom unverhältnißmäßig zurückgegangen. Während an russischen Auswanderern im Jahre 1895 19460, im Jahre 1896 18270 Personen befördert wurden, stellt sich diese Zahl im Jahre 1897 nur noch auf 8841. Der früher beobachtete Zudrang von männlichen russischen Arbeitern, welche sich in Nordamerika für die Bergwerke auf ein oder zwei Jahre verdingen und dann mit ihren Ersparnissen in die Heimath zurückkehren, fehlt im Jahre 1897 fast gänzlich.

Im Uebrigen sind die Ziele der Auswanderer die gleichen wie im vorigen Jahre geblieben; nur ist die deutsche Auswanderung nach Chile und Afrika, welche seit 1896 einen größeren Aufschwung zu nehmen schien, wieder zurückgegangen (a. a. O. S. 6).

Einen noch weiteren Rundblick über den Stand der Auswanderung, deren Umfang und Richtung aus Deutschland über deutsche und ausländische Häfen und aus dem Ausland über deutsche Häfen giebt in lehrreichen Zahlenbildern für die Zeit vom Jahre 1880 bis 1896 der Motivenbericht zu dem von der Reichsregierung eingebrachten Entwurfe zum vorliegenden Reichsgesetz.*)

## 2. Die rechtliche Ordnung des Auswanderungswesens in Deutschland.

In der nachfolgenden Darstellung sind wir nicht von der Absicht geleitet, eine Uebersicht der in den Einzelstaaten bestehenden und bisher gültig gewesenen gesetzlichen und Verordnungs-Bestimmungen vorzuführen, welche für die uns hier beschäftigende Materie maßgebend gewesen. Es sei hier nur auf diejenigen Ansätze einer umfassenden rechtlichen Ordnung hingewiesen, die dazu geeignet waren, die Massenerscheinung der Wanderung aus Deutschland und über Deutsch-

*) Anlagen zu den Verhandlungen des Reichstages 9. Legislatur-Periode. IV. Session 1895/97. Nr. 706. S. 11 ff.

land als Objekt der staatlichen Verwaltungsthätigkeit zu fassen und zu regeln.

Ein Ueberblick über die großen Hauptabschnitte in der Geschichte des Gesammtinstituts zeigt, daß die Bevölkerungsbewegung als Massenphänomen sich jahrhundertelang erst ihr staats- und völkerrechtliches Prinzip erkämpfen mußte; daß sie dann fast ausschließlich unter dem Okular der volkswirthschaftlichen Vortheile und Nachtheile für den jeweiligen Heimathstaat der Auswandernden gestellt worden ist und daß erst die jüngste Zeit, sich vor der Thatsache der Wirklichkeit beugend, die Fürsorge für die ausziehenden oder durchziehenden Volksmassen zum Bestandtheil des staatlichen Verwaltungsrechts im System der modernen Sozialgesetzgebung gemacht hat.

Die Ausbildung des staats- und völkerrechtlichen Prinzips der Wanderfreiheit, der internationalen Freizügigkeit setzt mit der Periode des westfälischen Friedens ein und gelangt etwa nach dem Wiener Kongreß in den Zeitpunkt der Verfassungsredaktionen zu einem formellen Abschluß.*)

Solange der Staat nicht in seiner Selbsteigenheit erfaßt war; solange die patrimoniale Anschauung die Erkenntniß verhinderte, daß der Staatsbegriff das freiwillige Gebundensein der Glieder des

*) Siehe hierzu und zu den folgenden Ausführungen meine dogmatische und rechtshistorische Untersuchung über die Auswanderung im internationalen Verkehr im Handbuch des Völkerrechts Bd. 2. Staatsunterthanen und Fremde S. 583 ff.

Staatsvolkes an das Staatsgebiet enthalte — insolange konnte der Wille des Einzelnen nicht auf die Gestaltung und Feststellung seiner staatlichen Angehörigkeit wirksamen Einfluß nehmen. Es bedurfte erst einer neuen Anschauung über das zwischen dem Einzelnen und dem Staatsganzen bestehende Verhältniß, um den Verkehr der Personen auf neue, rechtliche Grundlagen zu stellen. Den tiefen Umschwung bewirkte die mächtig um sich greifende Lehre vom Staatsvertrage, deren theoretische Kraft für die uns hier beschäftigende Frage sich in dem einen Satz zusammenfassen ließ: Der Staatsangehörige ist eine activa persona publica, die Bethätigung dieser Persönlichkeit für den konkreten Staat darf daher nicht lediglich gegen ihren Willen auf Grund des Zwanges erfolgen. Rechtsgeschichtlich gesprochen bedurfte es erst des gewaltigen Trugschlusses von jener volonté générale — la volonté de tous, um die Mitwirkung des persönlichen Willens als konstitutiven Bestandtheil des Staatsbegriffes erscheinen zu lassen. Dadurch war das zwischen dem Einzeldasein und dem zu seiner wirthschaftlichen Basis dienenden Staatsgebiete bestehende Verhältniß für ein in seiner Dauer auch vom Einzelwillen beeinflußtes erkannt und damit sinngemäß seiner früheren Unauflöslichkeit und Unfreiheit entkleidet.

Unter dem Einflusse jener ausgreifenden Ideen, welche das XVIII. Jahrhundert über den Staat und sein Wesen entwickelte, schritt die Lockerung der überlieferten Ansicht von der Unzertrennbarkeit des Unterthanenbandes in steigendem Maße vor, — bis jene verkehrsfeindliche Tradition einer höheren Gedankenreihe Platz machte.

Der tiefe Eindruck, den diese neue Lehre am Ende des XVIII. und im Beginn des XIX. Jahrh. auf die Staatenpraxis ausgeübt, läßt sich sowohl in den Kodifikationen der Landesrechte in Preußen, Oesterreich, Bayern, Frankreich ꝛc. als im diplomatischen Urkundenmaterial genau nachweisen. Die verschiedenen Lehrmeinungen des Smith'schen Arbeitssystems, des Industrialismus, des Malthusianismus, lassen allmälig die den freien Verkehr hindernden Maßregeln lockern: — Epoche der vertrags- und verfassungsrechtlichen Aufhebung der Auszugs-, Abschoß-, Abfahrtsgelder, Einrichtung der vertragsmäßigen Freizügigkeit ꝛc. Gleichwohl zeigt uns aber doch das internationale Verkehrsrecht auch noch in der ersten Hälfte dieses Jahrhunderts stellenweise Widersprüche und die Rechtssicherheit mindernde Schwankungen. Erst die seit den sechziger Jahren in den meisten Kulturstaaten vorgenommene gesetzliche Neuregelung des Rechtes der Staatsangehörigkeit nach seinem Erwerbe und seinem Verluste hat sichere Grundlagen auch für die rechtliche Beurtheilung der A u s w a n d e r u n g im internationalen Verkehr geschaffen.

Von 1815 an begann daher ein zum Theil sehr bedeutendes Wachsen der deutschen Auswanderung. Sie verfehlte nicht, auch sofort die angstvolle Aufmerksamkeit leitender Staatsmänner wie der politischen Theoretiker auf sich zu lenken. An völlig sicheren Angaben über den Umfang der Auswanderung in diesem Zeitabschnitt fehlt es natürlich.

Für die Zeit von 1815—1820 nimmt Gäbler in Hübners statistischem Jahrbuche (I 1852) einen jährlichen Durchschnitt von 5000, Löher einen solchen von 12000 an. Für die Jahre 1830—1843 berechnet jener 22000, der letztere hingegen 40000 Personen durchschnittlich pro Jahr. — Zuverlässiger sind die Angaben vom Jahre 1844 an; darnach betrug die gesammte deutsche Auswanderung:

| | | | | |
|---|---|---|---|---|
| Im | Jahre | 1844 | 43000 | Personen |
| " | " | 1845 | 67000 | " |
| " | " | 1846 | 107000 | " |
| " | " | 1847 | 110000 | " |
| " | " | 1848 | 84000 | " |
| " | " | 1849 | 85000 | " |
| " | " | 1850 | 60000 | " |
| " | " | 1851 | 113000 | " |
| " | " | 1852 | 162000 | " |
| " | " | 1853 | 156000 | " |
| " | " | 1854 | 252000 | " |

Für die Jahre 1851—1860 wird die Auswanderung aus Deutschland von Roscher im Ganzen auf 1130000 Menschen, 1861—1870 auf 970000, 1871—1880 auf 595000, 1881 auf 210000, 1882 auf 193000 berechnet (a. a. O. 331). Für die letzten Jahre giebt Jannasch (Roscher und Jannasch, Kolonien ꝛc.) folgende detaillirte Zahlen

Danach betrug die Auswanderung aus

| | 1880 | 1881 | 1882 | 1883 |
|---|---|---|---|---|
| Preußen | 67 679 | 145 679 | 129 894 | 104 167 |
| Bayern (ohne Pfalz) | 8 361 | 13 871 | 14 946 | 15 018 |
| Sachsen | 4 083 | 9 241 | 7 439 | 9 281 |
| Württemberg | 8 716 | 11 470 | 9 921 | 9 792 |
| Baden | 4 867 | 5 825 | 5 290 | 5 761 |
| Deutsches Reich | 106 190 | 210 547 | 193 869 | 166 119 |

Obwohl nun Deutschland, zumal seit der Entwicklung der großen Transportmittel mit Dampfbetrieb, von jeher zum Strome der europäischen Auswanderer den im Verhältniß zu seiner Einwohnerzahl stärksten Prozentsatz gestellt hat, so ermangelte gerade in unserem Vaterlande das Auswanderungswesen selbst bis in die neueste Zeit hinein der so nothwendigen einheitlichen Leitung und Beaufsichtigung, einer durchgreifenden verwaltungsrechtlichen Fürsorge überhaupt. Der langen territorialen Zersplitterung und nationalen Zerrissenheit Deutschlands muß man es wohl hauptsächlich zuschreiben, daß sich die Regierungen gegenüber einer Frage von so hoher politischer, sozialer und volkswirthschaftlicher Bedeutung, wie sie durch die Auswanderung dargestellt wird, eigentlich machtlos fühlten und daß von einer zweckmäßigen Leitung des Auswanderungswesens daher überall nicht die Rede sein konnte. Daher war denn auch in den Zeiten des deutschen Bundestages von einem Eingreifen der Bundesgewalt in die Auswanderungsfrage nicht das Mindeste zu spüren, die meisten Partikularstaaten aber beschränkten sich darauf, Gesetze zur Beaufsichtigung der Auswanderungsagenten zu erlassen, wozu in den Hansestädten Bremen und Hamburg noch gesetzgeberische Maßnahmen in Betreff der Auswandererschiffe kamen.

Die ersten Anläufe zur Herbeiführung einer einheitlichen deutschen Auswanderungsgesetzgebung oder doch zu einem gemeinsamen einheitlichen Vorgehen in der Auswanderungsfrage reichen bis in die Zeit vor 1848 zurück. Preußen brachte im Jahre 1847 die Auswanderungsfrage an den Deutschen Bund; es forderte, um Anträge darüber bei dem Bundestage zu stellen, von seinen Gesandten und Konsuln in Nordamerika Berichte über die dortigen Boden-, Kultur- und klimatischen Verhältnisse ein, aber es erzielte vor der Hand keinen Erfolg und durch die Unruhen des Jahres 1848 wurde der Plan Preußens völlig zerstört. Die deutsche Nationalversammlung griff aber die Sache sogleich mit auf; sie stellte nicht nur in den „Grundrechten" der von ihr berathenen Reichsverfassung im § 136 fest:

> „Die Auswanderungsfreiheit ist von Staatswegen nicht beschränkt. Abzugsgelder dürfen nicht erhoben werden. Die Auswanderungsangelegenheit steht unter dem Schutze und der Fürsorge des Reiches"

sondern ertheilte auch dem volkswirthschaftlichen Ausschusse den Auftrag, ein Gesetz zum Schutze der Auswanderung zu entwerfen.

Dieser unter Mitwirkung des Staatssekretärs Fallati ausgearbeitete Gesetzesentwurf, welcher in

**erster Lesung in der 186. Sitzung der verfassunggebenden Reichsversammlung am 15. März 1849 angenommen ist, trägt durchaus das Gepräge der zeitlich herrschenden volksthümlichen Anforderungen an die staatliche Regelung des Auswanderungswesens. Dieser erste Entwurf eines großdeutschen Auswanderungsgesetzes zeigt zudem so zahlreiche Berührungen und doch auch wieder empfindliche Abweichungen von der gegenwärtigen reichsgesetzlichen Lösung des alten Problems, daß wir es für angezeigt halten, den Text dieses wenig gekannten Verwaltungsgesetzes aus sturmbewegter Zeit im Nachstehenden zum Abdruck zu bringen.**

## Gesetz,

den Schutz und die Fürsorge des Reichs für deutsche Auswanderung betreffend.

§ 1. Der Schutz und die Fürsorge des Reichs für deutsche Auswanderung wird durch ein von der Centralgewalt einzusetzendes Auswanderungs-Amt geübt, und hat sich dasselbe zu diesem Zweck namentlich mit den Einzelregierungen, so wie mit den Auswanderungsvereinen, in Verbindung zu setzen.

§ 2. Dem Auswanderungsamte steht das Recht zu, Agenten für Auswanderung zu ernennen und zu entlassen. Nur die vom Auswanderungsamte ernannten Agenten sind befugt, Agenturen für Auswanderung zu betreiben. Wer ohne diese Erlaubniß derartige Geschäfte betreibt, verfällt in eine Geldstrafe bis zu 1000 Fl. Rh.

§ 3. Jeder Agent für Auswanderer ist verpflichtet, zur Sicherung gewissenhafter Erfüllung der von ihm gegen Auswanderer übernommenen vertragsmäßigen Obliegenheiten eine von dem Auswanderungsamte bestimmte angemessene Kaution zu bestellen. Rheder, Schiffmäkler und Expedienten in den Seestädten, so wie solche Unteragenten, für welche Agenten haften, sind hiervon ausgenommen.

§ 4. Die Agenten für Auswanderung haften den Auswanderern für alle erweislichen Schäden, welche diesen aus unterlassener oder nicht pünktlich erfolgter Erfüllung der von ihnen im Namen und Auftrage Dritter mit denselben zur Beförderung abgeschlossenen Verträge erwachsen, so wie für alle aus Nichtbefolgung gesetzlicher Verordnungen zugezogenen Nachtheile. Bei Beförderung von Auswanderern von deutschen Seehäfen aus hört diese Verbindlichkeit mit der kontraktlich erfolgten Einschiffung auf. Die Agenten sind zum Ersatze der Schäden aus eigenen Mitteln und ohne sich dagegen durch Beziehung auf diejenigen schützen zu können, in deren Auftrage sie mit den Auswanderern Beförderungsverträge abgeschlossen haben, als Selbstschuldner verpflichtet.

§ 5. Zur Sicherung überseeischer Auswanderungen von deutschen Seehäfen aus werden von dem Auswanderungsamte über die Beförderung der Auswanderer, insbesondere über Verproviantirung der Schiffe, über den für die Unterbringung der Passagiere nach den Bestimmungen in § 10 erforderlichen Schiffsraum, über die Verpflegung der Passagiere am Hafenplatze bis zur Einschiffung und über die Assekuranz der Passage- und Verwendungsgelder für alle deutschen Seehäfen gleichförmige Bestimmungen getroffen.

§ 6. Jeder Agent, welcher Kontrakte zur Beförderung deutscher Auswanderer von nichtdeutschen Seehäfen aus abschließt, ist gehalten, die Passage- und Verwendungsgelder, in Gemäßheit der für deutsche Seehäfen geltenden Verordnungen und Gesetze, durch Assekuranz zu decken und die darüber ausgestellte Police an den Reichs-Konsul am Einschiffungsplatze abzugeben, oder in Ermangelung eines solchen eine beglaubigte Abschrift davon an das Auswanderungsamt sofort einzusenden.

§ 7. Bei Beförderung von Auswanderern von nichtdeutschen Seehäfen aus ist der Agent verpflichtet, außer der nach § 3 bestellten allgemeinen Kaution noch eine besondere Kaution nach Bestimmung des Auswanderungsamtes zu leisten.

§ 8. In nichtdeutschen europäischen Seehäfen sind die

Reichs-Konsuln verbunden, die deutsche Auswanderung zu überwachen und besonders dafür zu sorgen, daß den Passagieren die abgeschlossenen Ueberfahrts-Kontrakte pünktlich gehalten und erfüllt werden, auch nöthigenfalls zu diesem Zwecke bei Gericht und jeder anderen geeigneten Behörde einzuschreiten.

§ 9. Jeder Agent hat die Auswanderer, deren Beförderung er übernimmt, vor Abschließung des Kontraktes von den Einwanderungs-Gesetzen des jenseitigen Landes in Kenntniß zu setzen und ihnen mit der Kontrakts-Urkunde einen Abdruck der nach § 5 zu erlassenden Verordnungen einzuhändigen.

§ 10. An Bord eines Schiffes mit Passagieren ist diesen ein Raum von mindestens 12 Quadrat-Fuß rheinländisch auf freier Deck-Oberfläche, die wenigstens 6 Fuß Höhe im Zwischendeck, für den Kopf, — wobei jedoch Kinder unter einem Jahre nicht mitgerechnet werden, — zu gewähren. Insofern fremde Gesetzgebungen einen größeren als jenen Schiffsraum vorschreiben, hat das Auswanderungs-Amt in Uebereinstimmung damit das Erforderliche anzuordnen. Für pünktliche Befolgung der für den Schiffsraum getroffenen Bestimmungen haftet bei Auswanderungen von fremden Seehäfen aus der Agent, im Fall sich der Auswanderer eines solchen bedient; bei Auswanderungen von deutschen Seehäfen aus hingegen liegt deren Ausführung der obrigkeitlichen Behörde ob.

§ 11. Alle fremden Schiffe, welche in deutschen Seehäfen Passagiere an Bord nehmen, sind den gesetzlichen Bestimmungen für Auswanderung und für deutsche Seehäfen unterworfen. Der Expedient oder Korrespondent eines fremden Schiffes, welches Passagiere in deutschen Seehäfen aufnimmt, ist verpflichtet, durch den betreffenden Konsul oder in Ermangelung eines solchen durch die obrigkeitliche Behörde, den Kapitän des Schiffes zur Ausstellung einer gerichtlichen Urkunde anzuhalten, wodurch derselbe, so wie das Schiff, für die gewissenhafte Erfüllung der übernommenen Obliegenheiten und zum Schadenersatze verbindlich gemacht wird.

§ 12. Die von den Agenten nach §§ 3 und 7 bei Beförderung von Passagieren von nicht deutschen Seehäfen aus geleistete Kaution, so wie die von dem Kapitän eines fremden

Schiffes nach § 11 übernommene Verbindlichkeit, ist nur dann als erloschen zu betrachten, wenn durch den Reichskonsul oder in Ermangelung eines solchen durch die geeignete Behörde am Landungsplatze bei Ankunft des Schiffes die Erfüllung der den Passagieren während der Reise gewährleisteten kontraktähnlichen Bestimmungen glaubhaft bescheinigt wird.

§ 13. In den außereuropäischen Hafenplätzen, in welchen sich Reichs-Konsuln befinden, steht die Auswanderung unter deren besonderer Aufsicht. Bei der Ankunft eines jeden deutschen Schiffes mit Auswanderern hat sich der Kapitän sofort bei dem Reichs-Konsul zu melden und demselben seine Passagier-Liste nebst dem Schiffs-Journale vorzulegen. Der Reichs-Konsul hat entweder selbst oder durch einen Bevollmächtigten bei Ankunft eines jeden Schiffes mit deutschen Auswanderern vorkommende Klagen wegen ihrer Behandlung während der Reise entgegenzunehmen, darüber ein Protokoll, nach Befinden unter Vernehmung von Zeugen, abzufassen und dasselbe an das Auswanderungs-Amt einzusenden. Der Reichs-Konsul hat in jeder Hinsicht, namentlich gegen das Schiff und den Kapitän, die Rechte der Passagiere zu vertreten und hierzu nöthigenfalls den Schutz und die Hülfe der Gerichte oder anderer Behörden in Anspruch zu nehmen.

§ 14. In den Vereinigten Staaten von Nordamerika haben die Reichs-Konsuln sich mit den in den Haupthäfen bestehenden deutschen Gesellschaften in Verbindung zu setzen, um in Gemeinschaft mit denselben und den örtlichen Behörden das Interesse der Eingewanderten wahrzunehmen, auch denselben zu ihrer Weiterbeförderung und Ansiedelung insbesondere mit ihrem Rathe behülflich zu sein. Auch sonstige im Auslande für die deutsche Auswanderung nöthig geachtete Maßregeln geschehen durch das Auswanderungs-Amt.

§ 15. Die Reichs-Konsuln haben bei Ausübung ihrer in den §§ 8, 13 und 14 vorgezeichneten Obliegenheiten die Bestimmungen zu befolgen, welche das Reglement für Konsuln enthält.

§ 16. Gegenwärtiges Gesetz tritt mit . . . . (dem von der Centralgewalt festzusetzenden Tage) in Wirksamkeit.

Dieses Gesetz war zwar im März 1849 von dem Ausschusse fertig gestellt, kam jedoch wegen der bald darauf erfolgten Auflösung der Nationalversammlung nicht mehr zur Berathung. Dafür wurden aber von Preußen als Glied der Union wenige Jahre später die früheren Pläne wieder aufgenommen. Schon Ende 1850 wurde dem Fürstenkollegium von Seiten Preußens ein Gesetz zum Schutze deutscher Auswanderung und Kolonisation vorgelegt, nach welchem ein den Ministerien des Innern und Aeußern untergeordnetes Auswanderungs- und Kolonisations-Amt eingesetzt werden sollte. In Folge der Auflösung der Union aber kamen mit der ganzen Bewegung auch diese Bestrebungen zu keinem greifbaren Ergebniß. Am 21. Februar 1856 wurde dann noch einmal in der Bundesversammlung von dem Gesandten Bayerns der Antrag auf gemeinsame Organisation der deutschen Auswanderung gestellt. Der Ausschuß, dem dieser Antrag zur Begutachtung überwiesen wurde, erstattete seinen vorläufigen zustimmenden Bericht bereits am 28. Februar 1856. Es vergingen jedoch mehr als zwei Jahre bis dessen ausführlicher Bericht am 21. Juli 1858 einging. Bei diesem Berichte blieb es dann auch, etwas Weiteres wurde in der Angelegenheit nicht gethan. Antrag und Bericht beziehen sich übrigens zum geringsten Theile auf die überseeische Auswanderung, vielmehr vorzüglich auf die nach Ungarn und den Donaufürstenthümern, die damals gerade sehr im Schwunge war. Alle diese Bestrebungen während des Bestehens des

Deutschen Bundes hatten sonach thatsächlich kein Resultat.

Der Schwerpunkt der staatlichen Ordnung lag somit zum Theil in der binnenländischen Handhabung der bestehenden Gesetze und landespolizeilichen Verordnungen zur Kontrole der Auswanderungsagenten, in den schwachen Ansätzen der vielfach noch auf Gewinn abzielenden privaten Auswanderungsgesellschaften namentlich Süddeutschlands, in behördlichen Warnungen vor leichtfertiger Aufnahme lockender Landofferten überseeischer Staaten und endlich in direkten Verboten der Lenkung der deutschen Auswanderung nach bestimmten Gebieten. So das v. d. Heydt'sche Reskript, das systemlos ohne ergänzendes regulatorisches Beiwerk mit störender Hartnäckigkeit aufrecht erhalten, dem Strom der Wanderung aus Deutschland eine Ablenkung gab, ohne daß die Regierung im Uebrigen für die thatsächliche Richtung des Stromes irgend welche Verantwortung oder positiv leitende Fürsorge auf sich genommen hätte.

Eine wahrhaft ersprießliche allerdings immer nur territorial eng begrenzte Wirksamkeit entfalteten die beiden großen Hafenstaaten Hamburg und Bremen, freilich unter sich oft nicht ganz frei von störenden Motiven zur Sicherung der Konkurrenzfähigkeit der eigenen Rhedereien und Auswanderungsagenturen der betreffenden Hansestadt. Gleichwohl lagen in der Verwaltungsgesetzgebung der beiden Freien Städte die Keime für die künftige gehaltvollere Ausgestaltung des deutschen Auswanderungsrechts, dessen gesetzliche Ordnung in Folge der Ereignisse von 1866 zunächst der Kompetenz des Norddeutschen Bundes und dann des Deutschen Reiches zugewiesen worden ist.

Nach Artikel 4 Nr. 1 der Reichsverfassung unterliegen der Beaufsichtigung des Reichs und seiner Gesetzgebung die Bestimmungen über die Kolonisation und die Auswanderung nach außerdeutschen Ländern. Das Reich hat von seiner hierdurch begründeten Zuständigkeit bezüglich des Auswanderungswesens bisher im Wesentlichen nur durch die Handhabung des Aufsichtsrechts Gebrauch gemacht. In dessen Ausübung ist zur Beaufsichtigung der Auswanderungsverhältnisse in den deutschen Auswanderungshäfen durch den Bundesrathsbeschluß vom 11. Juli 1868 ein „Reichskommissar für das Auswanderungswesen" bestellt worden, welcher seinen Sitz in Hamburg hat und dem die Aufgabe gestellt ist, eine allgemeine Aufsicht über das Auswanderungswesen zu führen, von allen darauf bezüglichen Vorkommenheiten persönlich Kenntniß zu nehmen, von den Lokalbehörden jede wünschenswerthe Nachweisung zu erfordern und eintretendenfalls auf die Beseitigung der entdeckten Mängel hinzuwirken. Die Lokalbehörden der Hafenplätze, aus denen Auswanderer befördert werden, sind verpflichtet, dem Reichskommissare jedesmal rechtzeitig Anzeige von dem bevorstehenden Abgange eines Schiffes zu machen, um ihm Gelegenheit zu geben, in jedem ihm angemessen scheinenden Falle, nöthigenfalls unter polizeilicher Assistenz, vor dem Abgange des Schiffes sich persönlich von dem Zustande des Schiffes zu überzeugen. Der Reichstag hat die Mittel zur dauernden Beibehaltung dieser anfänglich provisorischen Einrichtnng — welche neuerdings durch die Bestellung eines zweiten Reichskommissars mit dem Sitze in Bremen erweitert worden ist — bewilligt, und es sind dem Reichstage Berichte über die Geschäftsthätigkeit des Kommissars zuerst im Jahre 1873 und seitdem alljährlich vorgelegt worden.

Was nun die positive Gesetzgebung über das Auswanderungswesen anlangt, so sind einschlägige Bestimmungen von Reichswegen nur gelegentlich bei der Regelung von Materien, die das Gebiet des Auswanderungswesens mittelbar berühren, erlassen worden. Hierher gehören die §§ 1 und 3 des Gesetzes über das Paßwesen vom 12. Oktober 1867 (Bundes-Gesetzbl. S. 33); die in den §§ 15, 17, 18, 19, 21 des Gesetzes vom 1. Juni 1870 (Bundes-Gesetzbl. S. 355) enthaltenen Bestimmungen über den Verlust der Bundes- und Staatsangehörigkeit; der § 144 des Strafgesetzbuchs (in der Fassung der Novelle vom 26. Februar 1876, Reichs-Gesetzbl. S. 25); die Vorschriften der Militär- und der Strafgesetzgebung über die Auswanderung wehrpflichtiger Personen sowie die Bestimmungen des § 23 Nr. 2 des Gerichtsverfassungsgesetzes und des § 649 Nr. 3 der Civilprozeßordnung über Streitigkeiten zwischen Reisenden und Wirthen oder Auswanderungsexpedienten in den Einschiffungshäfen.

Im Uebrigen wird des Auswanderungswesens in der Reichsgesetzgebung nur in negativer Weise gedacht im § 6 der Gewerbeordnung, wonach letztere keine Anwendung findet auf den Gewerbebetrieb der Auswanderungsunternehmer und Auswanderungsagenten, und im Artikel 679 (jetzt § 678) des Handelsgesetzbuchs, demzufolge die auf das Auswanderungswesen sich beziehenden Landesgesetze, auch insoweit sie privatrechtliche Bestimmungen enthalten, durch die Vorschriften des Handelsgesetzbuchs über das Frachtgeschäft zur Beförderung von Reisenden nicht berührt werden.

Da die Reichsgesetzgebung versagte, mußten noch in jüngster Zeit die beiden zumeist betheiligten Hansestädte den veränderten Verhältnissen durch Fortführung der partikulären Gesetzgebung Rechnung tragen.

In Hamburg ist diese Materie, um der Unübersichtlichkeit des bisherigen Rechtszustandes ein Ende zu machen, neu geregelt worden durch ein Gesetz vom 14. Januar 1887 betreffend das Auswandererwesen, in Kraft seit dem 1. Juli 1887, ergänzt und abgeändert durch Gesetz vom 18. September 1896.

Was den Inhalt der hamburgischen Auswanderungsgesetzgebung im Allgemeinen anbetrifft, so berührte sie nur die Auswandererkontrole, allerdings im weitesten Umfang, hielt sich aber von einer eigentlichen Auswanderungspolitik völlig fern. Sie verlegte ihren Schwerpunkt in eine strenge verwaltungsrechtliche Beaufsichtigung der Auswanderung selbst. Die Rücksichtnahme auf andere Staaten, deren Angehörige auswandern, forderte sie, ebenso die Humanität, sowie das Gesundheitswesen und das allgemeine ökonomische Interesse an dem gehörigen Bestand eines so bedeutsamen Gewerbes.

Das Gesetz selbst zerfiel in vier Abschnitte: I. Behörden und Beamte (§§ 1–6); II. Auswanderer-Expedienten, Mittelspersonen, Auswandererwirthe (§§ 7–24); III. Beförderung der Auswanderer (§§ 25–69); IV. Strafbestimmungen (§ 70). Der dritte Abschnitt wieder in sechs Abtheilungen: 1. Allgemeine Vorschriften (§§ 25–29); 2. Einrichtung und Ausrüstung der Schiffe (§§ 30–60); 3. Besichtigung der Schiffe (§§ 61–64); 4. Untersuchung der Auswanderer vor der Einschiffung (§ 65); 5. Einschiffung der Auswanderer (§§ 66–68; 6. Sorge für die Auswanderer während der Reise (§ 69).

Auch in Bremen stellte sich die Nothwendigkeit einer Rechtsreform ein in Erwägung der mannigfachen Aenderungen in den Rechtsverhältnissen derjenigen Staatsgebiete, welche der über Bremen gehende Auswandererstrom aufzusuchen pflegte. Diesem Bedürfniß wurde entsprochen durch das Gesetz vom 16. Juli 1893 betreffend die Abänderung der Verordnung vom 9. Juli 1866 wegen Beförderung von Schiffspassagieren nach außereuropäischen Ländern. Angesichts der verfassungsmäßigen Zuständigkeit des Reiches war die Aufrechterhaltung der Vielgestaltigkeit dieser in manchen Einzelheiten übereinstimmenden, in wesentlichen Punkten aber häufig von einander erheblich abweichenden landesgesetzlichen Bestimmungen unmöglich geworden. Der Wunsch nach einer gesetzlichen Regelung des Auswanderungswesens von Reichswegen ist denn auch sowohl innerhalb der gesetzgebenden Körperschaften, wie auch außerhalb derselben wiederholt ausgesprochen worden. Aus diesem Wunsche ging der Gesetz-Entwurf hervor, welchen der Abgeordnete Dr. Kapp am 25. Februar 1878 dem Reichstage vorgelegt (Nr. 44 der Reichstags-Drucksachen von 1878) und über welchen eine vom Reichstage eingesetzte Kommission unter dem 24. Mai 1878 Bericht erstattet hat (Nr. 282 der Reichstags-Drucksachen von 1878). Hat auch die damalige gesetzgeberische Anregung zu keinem abschließenden Ergebniß geführt, so ist diese doch insofern von besonderer Bedeutung, als dadurch das Streben nach einer einheitlichen Regelung der Materie zum ersten Male seit dem Bestehen des Reichs greifbare Gestalt erhielt. Auf dieser Grundlage wurde der im Jahre 1892 dem Reichstage vorgelegte, damals aber nicht zur Berathung gelangte, in der Oeffentlichkeit lebhaft bekämpfte Gesetz-Entwurf ausgearbeitet. Aus letzterem ist unter thunlicher Berücksichtigung der Wünsche, welche damals hervorgetreten waren, der Entwurf hervorgegangen, welcher die Grundlage des vorliegenden Reichsgesetzes bildete.

## 3. Ziele der reichsgesetzlichen Regelung des Auswanderungswesens.

Bei Einbringung und Verabschiedung des Reichs-Gesetzes über das Auswanderungswesen ließ sich die Reichsregierung in deutlichem Abstande von den früher herrschend gewesenen doktrinären Anschauungen von der Erwägung leiten, daß die Auswanderung als soziales Phänomen, als thatsächliche Erscheinung des Völkerlebens nicht länger zum ausschließlichen Objekte der Abwehr und Polizei gemacht werden könne, sondern in den Aufgabenkreis der positiven staatlichen Verwaltung und Wohlfahrtspflege aufgenommen werden müsse.

Sie läßt in den Ausführungen zum Gesetz-Entwurf, denen wir im Nachstehenden folgen, ebenso wenig einen Zweifel bestehen über diesen Wandel in der grundsätzlichen Stellung zum Problem, wie in den Ausführungen ihrer Vertreter während der parlamentarischen Diskussion des Gesetzes.

Mag auch der Umfang der deutschen Auswanderung in wirthschaftlicher Beziehung zu beklagen sein, zumal die Auswanderer zum großen Theile aus den weniger bevölkerten Gegenden Deutschlands stammen und in der Regel nicht zu den völlig Unbemittelten gehören, so liegt es doch nicht in den Aufgaben eines Auswanderungsgesetzes, hiergegen Abhülfe zu schaffen. Ein solches Gesetz muß vielmehr in Anerkennung des in den Verfassungen der Einzelstaaten meist ausdrücklich ausgesprochenen und von der Reichsgesetzgebung zur Anwendung gebrachten Grundsatzes der Auswanderungsfreiheit mit der Auswanderung als einer Thatsache rechnen. Von diesem Standpunkte aus erscheint es als die Aufgabe des Gesetzgebers, das Auswanderungswesen als solches zu ordnen. Demjenigen, welcher den Entschluß zur Auswanderung gefaßt hat, ist die Möglichkeit zu gewährleisten, daß er diesen Entschluß unter den verhältnißmäßig günstigsten Bedingungen ausführen könne. Dies entspricht nicht nur den Forderungen der Humanität und der Pflicht des Staats zur Fürsorge für seine Angehörigen, selbst wenn diese der Heimath den Rücken zu kehren im Begriff stehen, sondern es liege auch im eigenen Interesse des Staats, auf solche Weise dazu beizutragen, daß in den Auswanderern das Gefühl für die Heimath möglichst erhalten bleibe.

Auch zugleich zur Wahrung der aus der umfangreichen Durchwanderung für die deutsche Rhederei erwachsenden Vortheile wird es dienen, wenn die reichsgesetzliche Regelung des Gegenstandes sich eine fürsorgliche Beförderung der Auswanderer angelegen sein läßt.

Die vorstehenden Gesichtspunkte haben dazu geführt, in dem vorliegenden Gesetze zunächst die die Auswanderung vorbeitenden Vorgänge in den Kreis staatlicher Aufsicht zu ziehen und demgemäß den Geschäftsbetrieb der Personen, welche sich mit der Beförderung von Auswanderern oder mit der Vermittelung dieser Beförderung befassen wollen, einer Regelung zu unterwerfen (Abschnitt I bis III). Sodann waren über das Verhältniß dieser Personen zu den Auswanderern, und bei der ausschlaggebenden Bedeutung, welche die Auswanderung nach den überseeischen Erdtheilen gewonnen hat, insbesondere über die überseeische Beförderung Bestimmungen zu treffen (Abschnitt IV und V sowie Abschnitt VII). Endlich mußte für eine entsprechende behördliche Beaufsichtigung des Auswanderungswesens Sorge getragen werden (Abschnitt VI).

Abgesehen von dieser mehr polizeilichen Seite der Materie kommt es bei der reichsgesetzlichen Regelung des Auswanderungswesens aber in erster Linie darauf an, Handhaben zu schaffen, welche geeignet sind, eine in wirthschaftlicher und nationaler Beziehung zielbewußte Auswanderungspolitik in dem von der öffentlichen Meinung in Deutschland erlangten Sinne zu ermöglichen. Das in dieser Hinsicht seit einem halben Jahrhunderte in den mit dem Gegenstande befaßten Kreisen erörterte Programm enthält, wenn man von einigen, mehr oder weniger erfüllten Wünschen, wie z. B. der einheitlichen Gestaltung des Konsulatswesens, der staatlichen Fürsorge für Kirche und Schule in den Einwanderungsländern absieht, im Wesentlichen folgende Forderungen:

1. staatliche Fürsorge für verläßliche Auskunftsertheilung an Auswanderungslustige;
2. erweiterte Fürsorge der amtlichen Organe

des Mutterlands für die Auswanderer auch nach ihrer Niederlassung am Bestimmungsorte;

3. Erhaltung des Deutschthums unter den Auswanderern und Nutzbarmachung der Auswanderung für die Interessen des Mutterlands, und zwar durch Ablenkung der Auswanderung von in dieser Hinsicht ungeeigneten und Hinlenkung nach geeigneten Zielen.

Die beiden Forderungen zu 1 und 2 werden weiter unten erörtert werden. Der dritte Punkt dagegen ist der springende Punkt der wichtigsten gesetzgeberischen Erwägungen, welche bei Aufstellung und Prüfung des Gesetz-Entwurfs in Betracht kamen, er ist der Inhalt dessen, was als nationale Auswanderungspolitik bezeichnet zu werden pflegt. Die Möglichkeit und die Art seiner Regelung bildete deshalb die Prämisse für die Stellungnahme zu den wichtigsten prinzipiellen Vorschriften des Gesetz-Entwurfs.

„Ablenkung der Auswanderung von ungeeigneten Zielen, Hinlenkung derselben nach geeigneten Zielen" oder — um es, den thatsächlichen Verhältnissen entsprechend, praktisch auszudrücken — Ablenkung von Nord-, Hinlenkung nach Südamerika — diesem Verlangen hat man auf Seiten der deutschen Regierungen in den letztvergangenen Decennien etwas skeptisch gegenübergestanden. Die Möglichkeit der Hinlenkung war gegeben, die Möglichkeit der Ablenkung schien ungewiß, die Gefahr der Förderung des Auswanderns daher naheliegend. Dazu kam das Bewußtsein der Uebernahme einer schweren Verantwortlichkeit. Und in der That, diese Bedenken würden schwer ins Gewicht fallen, wenn man jenes Verlangen — Ablenkung von Nord-, Hinlenkung nach Südamerika — in dieser Allgemeinheit, wie oft geschehen, als erfüllbar und ersprießlich hinstellen wollte. Nordamerika ist — so pflegt gesagt zu werden — für eine rationelle deutsche Auswanderung ungeeignet, dort geht deutsche Eigenart, Sitte, mit anderen Worten das Deutschthum im Wege der Assimilirung verloren, dort lösen sich die Beziehungen des Einwanderers zum Mutterlande, dort fördert er die Konkurrenz gegen die Landwirthschaft und Industrie seiner Heimath. Anders — so sagt man weiter — in Südamerika, namentlich in Südbrasilien und in den La Plata-Staaten; dort bleibt das Deutschthum erhalten, dort sind in klimatischer, agrikultureller und sonstiger Beziehung die Voraussetzungen für eine gedeihliche Existenz deutscher Ansiedler gegeben, dort wird der Einwanderer zum Abnehmer deutscher Industrieerzeugnisse und auf diese Weise zum Vermittler handelspolitischer Beziehungen zwischen seiner neuen Heimath und dem Mutterlande.

Diese Gegenüberstellung ist, wenn sie — wie oft geschehen — abstrakt und vorbehaltslos erfolgt, nach Ansicht der Reichsregierung nur halbe Wahrheit. Auch in den Vereinigten Staaten von Nordamerika giebt es kompakte deutsche Niederlassungen, in welchen sich das Deutschthum durch Generationen erhalten hat; aus den Vereinigten Staaten fließen an Ersparnissen und Nachlässen deutscher Ansiedler alljährlich erhebliche Summen in die deutsche Heimath zurück; auch in Nordamerika ist nicht jede deutsche Arbeit Konkurrenzarbeit; und auf der anderen Seite, auch in Südamerika liegen die Verhältnisse keineswegs durchweg so günstig, wie dies häufig angenommen zu werden pflegt. Auch dort giebt es Gebiete, wo unter den Ansiedlern deutscher Herkunft die deutsche Sprache — dies ist wiederholt bezeugt worden — schon in der zweiten oder dritten Generation verloren geht, auch dort finden es gelegentlich die Einen in ihrem Interesse liegend, die fremde Staatsangehörigkeit anzunehmen, die Anderen nicht der Mühe werth, sich in die deutschen Konsulatsmatrikel eintragen zu lassen. Auch dort sind auf deutschen Ansiedelungen in Folge ungeeigneter Bodenbeschaffenheit, ungeregelter Besitzverhältnisse, mangelnder Absatzwege u. s. w. gelegentlich schwere Katastrophen zu verzeichnen gewesen, auch dort bezieht der deutsche Ansiedler nicht selten die Gegenstände seines Bedarfs, ohne Rücksicht darauf, ob sie in Deutschland hergestellt sind, auch dort endlich wird der deutsche Ansiedler vielfach Mitarbeiter an der Konkurrenz gegen deutsche landwirthschaftliche Produktion.

Also in ihrer Allgemeinheit ist jene Gegenüberstellung der beiden Amerika nicht richtig; richtig ist sie nur, wenn man ihr von vornherein durch den Vorbehalt der Prüfung aller in Betracht kommenden Verhältnisse des im Einzelfalle zum Ziele genommenen Ansiedelungsterrains eine Schranke zieht, wenn man, anstatt zu generalisiren, spezialisirt, wenn man davon absieht, Gebiete oder Gebietstheile, deren geographischer Ausdehnung man sich dabei nicht immer voll bewußt ist, und welche, was die Existenzbedingungen anlangt, die verschiedenartigsten Verhältnisse aufweisen, in Pausch und Bogen entweder als ungeeignet für deutsche Ansiedler zu bezeichnen oder als geeignet anzupreisen. Das Generalisiren war und ist auch der Fehler in den Kundgebungen mancher sogenannter Kenner der betreffenden Länder, indem sie aus ihren auf einzelnen deutschen Ansiedelungen gewonnenen Eindrücken Rückschlüsse ziehen auf ganze Provinzen und Ländertheile.

Mit der Maßgabe, die sich aus Vorstehendem ergiebt, d. h. mit dem Vorbehalte sorgsamer Prüfung des einzelnen Ansiedelungsprojekts, — eine Prüfung, die auch dann nicht entbehrlich wird, wenn auf dem betreffenden Terrain bereits Deutsche angesiedelt sind und angeblich gedeihen, — mit dieser Maßgabe ist es allerdings richtig, daß die deutsche Auswanderung und diejenigen, welche diese in rationelle Bahnen zu leiten berufen sind, ihr Augenmerk, so lange noch nicht die deutschen Schutzgebiete für ländliche Ansiedelungen in *größerem Maßstabe* in Betracht kommen, vorzugsweise auf *Südamerika* zu richten haben werden. In diesem Sinne darf man Südamerika, und zwar namentlich Südbrasilien und gewisse Theile der La Platastaaten, um so mehr als das *Auswanderungshauptziel der Zukunft* bezeichnen, als mancherlei Umstände die Annahme rechtfertigen, daß die Auswanderung nach den Vereinigten Staaten von Nordamerika mit der Zeit wesentlich abnehmen wird; diejenige der ackerbautreibenden Klassen wegen des mehr und mehr hervortretenden Mangels an geeigneten Terrains für gedeihliche Massenansiedelung, diejenigen der Arbeiterklassen in Folge der neuerdings der Einwanderung dorthin bereiteten Hindernisse und Erschwerungen. Allerdings dürfen diese Hemmnisse wohl kaum schwer genug wiegen, um nicht damit rechnen zu müssen, daß die Auswanderung nach den Vereinigten Staaten, welche in den letzten Jahren in Folge der durch die finanzielle Krisis des Jahrs 1893 daselbst verursachten schweren geschäftlichen Depression eine sehr erhebliche Abnahme gezeigt hat, nach völliger Sanirung der dortigen wirthschaftlichen Verhältnisse wieder steigende Ziffern aufweisen wird. Es wird daher bis auf Weiteres die Beförderung deutscher Auswanderer nach den Vereinigten Staaten, nach Canada und ferner auch nach dem ebenfalls ein bevorzugtes Auswanderungsziel bildenden australischen Kontinente jedenfalls in Betracht gezogen werden müssen, zumal es nicht als die Aufgabe dieses Gesetzes erachtet werden kann und überdies auch schwerlich zu erreichen sein würde, diejenigen Reichsangehörigen, welche den Entschluß gefaßt haben, nach jenen im Allgemeinen immerhin günstige Vorbedingungen für ihr Fortkommen bietenden Ländern auszuwandern, von diesem Vorhaben abzubringen; im Gegentheil ist zu besorgen, daß bei einem auch nur theilweisen Ausschlusse jener Länder von der Unternehmerkonzession die betreffenden Auswanderer dazu gedrängt werden würden, für ihre Beförderung die Schiffsgelegenheiten in Deutschland nicht konzessionirter ausländischer Unternehmer zu benutzen und so des Schutzes sich zu begeben, welcher ihnen nach den Bestimmungen des Gesetzes bei der Ausführung der Reise auf einem deutschen Schiffe gewährt werden würde.

Was nun die Auswanderung nach Südamerika betrifft, so wird nach dem Gesagten davon Abstand zu nehmen sein, den ganzen südamerikanischen Kontinent oder größere Theile desselben ohne Weiteres als geeignetes Ziel der deutschen Auswanderung und demzufolge als zulässiges Ziel der entsprechenden Unternehmerthätigkeit zu bezeichnen. Die letztere beziehungsweise die Erlaubnißurkunde (vergl. § 6 des Ges.) wird vielmehr enger zu begrenzen und zwar möglichst nur auf bestimmte Ansiedelungen oder Ansiedelungsterrains zu erstrecken sein. Jedenfalls lassen sich Verhältnisse denken, unter denen es rathsam erscheinen würde, die Erlaubnißurkunde zum Beispiel nicht für ganz Südbrasilien oder einen der drei südbrasilianischen Staaten, beziehungsweise nicht für ganze Provinzen Argentiniens, sondern nur für einzelne dortige Ansiedelungen zu ertheilen. Dies schließt nicht aus, für die von deutschen Häfen aus erfolgende Beförderung nichtdeutscher Auswanderer der Unternehmerthätigkeit bezüglich der zulässigen Auswanderungsziele weitere Grenzen zu ziehen.

Hält man an jenem Spezialisirungsprinzipe fest, so vermeidet man zugleich generelle Verbotsmaßregeln, welche — wie die Erfahrung gezeigt hat — über den beabsichtigten Zweck hinausreichen. Außerdem bietet die durch die Spezialisirung der Erlaubnißurkunden gegebene Beschränkung ihrer geographischen Tragweite zugleich das wirksamste Mittel, um — auch dies ist ein oft empfohlener Weg zur Erhaltung des Deutschthums unter den deutschen Auswanderern — die Ansiedelung derselben in kompakten Massen zu ermöglichen. Auf der anderen Seite behält die die Erlaubniß ertheilende Instanz es in der Hand, durch Beschränkung der Erlaubniß auf die bei der Vorprüfung der betreffenden Ansiedelungsverhältnisse als zulässig befundene Kopfzahl oder Kategorien von Auswanderern, Katastrophen vorzubeugen, wie solche sich häufig aus einer die Grenzen der vorläufigen Aufnahmefähigkeit einer Ansiedelung übersteigenden Anzahl von Ankömmlingen oder aus dem Zuflusse nicht verwerthbarer Kategorien von Ansiedlern ergeben haben.

Es ist eine außer Zweifel stehende, übrigens noch in allerneuester Zeit von kompetenter Seite bezeugte Thatsache, daß auch in Südamerika bei der Auswahl von Terrains für deutsche Ansiedelungen mit äußerster Vorsicht zu verfahren, und daß namentlich die vorgängige gewissenhafte Prüfung und strenge Berücksichtigung des Umfangs der Aufnahme-

3*

fähigkeit eines Ansiedelungsterrains überall da unerläßlich ist, wo die Bedingungen einer gedeihlichen Masseneinwanderung bisher nicht gegeben sind. Jene Vorsicht aber ist nur im Falle der dargelegten Spezialisirung der Unternehmerkonzessionen gewährleistet.

Von der weittragendsten Bedeutung wird das Spezialisirungsprinzip für die Möglichkeit einer rationellen und nationalen Lenkung der Auswanderung. Diese Lenkung läßt sich nicht durch Gesetzesparagraphen und — solange und soweit nicht eine etwaige Besiedelung deutscher Schutzgebiete in Frage kommt — nicht durch allgemeine Kundgebungen seitens der Regierung oder durch irgend welche legale Werbemaßnahmen der letzteren verwirklichen und kann ebensowenig der Privatinitiative überlassen werden, ohne daß man die Gefahr einer erheblichen Förderung des Auswanderns läuft oder eine schwere Verantwortung für die Zukunft der Auswanderer übernimmt und damit den Boden rationeller Auswanderungspolitik verläßt. Wird bei der Ertheilung spezialisirter Unternehmerkonzessionen zielbewußt und, was die jedesmalige Vorprüfung des einzelnen Ansiedelungsunternehmens anlangt, mit voller Strenge verfahren, so wird sich hierdurch thatsächlich die erstrebte Einwirkung auf die Bewegung der deutschen Auswanderung erreichen lassen.

Es versteht sich von selbst, daß die Anwendung des Spezialisirungsprinzips nicht unterschiedslos bei jeder Ertheilung einer Unternehmerkonzession in

Frage kommen kann, sondern, daß dies von der Lage des Falles abhängt und auch zeitlichen Wandelungen unterliegt, die in einer Erweiterung oder Beschränkung der Konzessionsurkunde Ausdruck finden würden.

Im Allgemeinen wird zu unterscheiden sein zwischen Ländern, wo die Voraussetzungen des Spezialisirungsprinzips nicht gegeben sind oder das Letztere schwer durchführbar sein würde, und solchen Ländern, welche gerade nur im Falle der Spezialisirung geeignete Auswanderungsziele bieten.

In denjenigen Einzelfällen, in denen das Spezialisirungsprinzip in Anwendung zu bringen ist, wird die erwähnte Vorprüfung naturgemäß der Konzessionirungsinstanz obliegen. Die auf diese Weise gegebene Verantwortlichkeit der Regierung und ihrer Organe kann selbstverständlich nur in bedingtem Maße, d. h. nicht bis zu einer Haftung für das gedeihliche Fortkommen des einzelnen Ansiedlers, sondern nur für das Vorhandensein entsprechender Existenzbedingungen und auch nur im Sinne einer moralischen Verantwortung übernommen werden, während materiell der Unternehmer die Haftung zu übernehmen haben wird. Diesem liegt es ob, die Beweise der Konzessionswürdigkeit seines Projekts zu erbringen, und die Prüfung des letzteren seitens der Konzessionirungsinstanz wird, je nach Lage des Falles, entweder auf Grund dieses Beweismaterials oder auf Grund von den deutschen Konsuln beziehungsweise von besonders entsandten Kommissaren an Ort und Stelle vorgenommener amtlicher Erhebungen zu erfolgen haben.

Nach der Absicht des Gesetzes tritt in Fällen der vorstehend erwähnten Art der Unternehmer als verantwortlicher Faktor zwischen den Auswanderer und die Konzessionirungsinstanz. Des Unternehmers, nicht der Regierung und nicht des Auswanderers Sache ist es, mit denjenigen Organen, Personen 2c., welche in dem Einwanderungslande den Verkauf oder die Besiedelung der betreffenden Terrains betreiben, in Verbindung zu treten, um die Ansiedelungsbedingungen fest- und sicherzustellen, für deren Erfüllung er dem Ansiedler und der Konzessionirungsinstanz haftbar bleibt. Dieses Rechtsverhältniß wird am besten gesichert sein, wenn als Regel daran festgehalten wird, daß zunächst der Unternehmer selbst das Ansiedelungsterrain für eigene Rechnung zu erwerben hat, sodaß von ihm der einzelne Kolonist sein Besitzrecht abzuleiten haben würde.

Von ganz besonderer Bedeutung ist diese Auffassung der Stellung des Unternehmers gerade für die Auswanderung nach Südamerika. Wie bekannt, hat dort in den hauptsächlich in Betracht kommenden Staaten das Kolonisationswesen in schneller Aufeinanderfolge die eingreifendsten Wandelungen erfahren. Bald waren es die Regierungen, bald die Provinzen oder Gemeinden, welche die Kolonisation betrieben, bald wurde letztere — und dies bildet jetzt die Regel — der Privatinitiative überlassen und wurde auf diese Weise nicht selten Gegenstand der Spekulation. Es kann füglich nicht der deutschen Regierung oder deren Organen und noch weniger darf es dem Auswanderer angesonnen werden, mit jenen überseeischen Konzessionsträgern in direkte Verhandlung zu treten. Dies muß Sache des Unternehmers oder seiner Beauftragten sein.

Hier ist der Punkt, wo, entsprechend oft kundgegebenen Anregungen, in der ersprießlichsten Weise die Thätigkeit deutscher Besiedelungsgesellschaften wird einsetzen können. Hierfür bietet das Gesetz die geeigneten Handhaben (§§ 3 unter b und 7). Gedacht ist hierbei an solche Gesellschaften, welche ihren Sitz in Deutschland haben, mit deutschem Kapital begründet sind und, indem sie sich mit einer den Verhältnissen des deutschen Geldmarkts bei soliden Anlagen entsprechenden Verzinsung ihres Kapitals begnügen, jede thunlichste Förderung um so mehr verdienen, als sie sich durch ausgiebige Uebernahme der Unternehmerrolle nicht nur in den Dienst nationaler Auswanderungspolitik stellen, sondern auch eine erwünschte Gelegenheit bieten würden, um dasjenige deutsche Kapital, welches bisher in erheblichem Umfange und nicht zum Vortheile des deutschen Nationalwohlstands, in den schwer kontrolirbaren Werthpapieren gerade jener Einwanderungsländer Verzinsung suchte, nationalen Aufgaben und Anlagen zuzuführen.

Wird der oben dargelegte Weg für eine den nationalen Interessen entsprechende Lenkung der deutschen Auswanderung als der empfehlenswerthe, wenn nicht sogar als der allein gangbare, weil gefahrlose, anerkannt, so wird auch über die Berechtigung der beiden bezüglich der Konzessionirungsfrage fundamentalen Grundsätze des Gesetzes kein Zweifel bestehen bleiben können, nämlich darüber, daß für die Konzessionirung der Unternehmer nur eine Reichsinstanz und zwar der Reichskanzler unter Zustimmung des Bundesrathes in Betracht kommen und daß für Ertheilung, Beschränkung und Widerruf der Konzession — abgesehen von den in dem Reichsgesetz selbst für die Konzessionsertheilung festgelegten Bedingungen — nur das freie Ermessen der Konzessionirungsinstanz maßgebend sein kann.

Die Besiedelung der deutschen Schutzgebiete hat das Gesetz, ungeachtet der wiederholt in entgegengesetzter Richtung von kolonialer Seite geäußerten Wünsche, außer Betracht gelassen. Es ist hierfür nach eingehender Prüfung dieser Frage die Auffassung maßgebend gewesen, daß, wenn überhaupt die Besiedelung der Schutzgebiete schon jetzt gesetzlich geregelt werden sollte, dies einem besonderen Gesetze vorbehalten bleiben müsse.

Fassen wir das Gesagte zusammen, so ergiebt sich, daß das neue Gesetz sich im systematischen Zusammenhang des deutschen öffentlichen Rechts nicht als das Hülfsmittel darstellt zum verfassungsmäßigen Ausbau des Staatsangehörigkeitsrechts, das auch die vom Hauptstamm losgelösten Theile über Land und Meere hinweg der Volksgenossenschaft erhalten soll. Es stellt sich auch nicht als Werkzeug in den Dienst einer überseeischen Weltmachtspolitik ein, die allen Gefahren und Hindernissen zum Trotz, — gleich den Bestrebungen jener Partei, die aus dem stammverwandten Großbritannien ein zusammenhangloses „Größerbritannien" zu bilden sucht —, ein durch den sprachlichen Zusammenhang verbundenes „Ueberdeutschland" auf Kosten der verfassungs- und völkerrechtlichen Konsolidirung des Mutterreiches herstellen möchte. Das Reichsgesetz sichert vielmehr eine weise, gemäßigte Einwirkung des Reiches auf die Bevölkerungsverschiebung, welche Richtung auch immer der dünner werdende Strom der Auswanderung aus Deutschland in überseeische Länder nehmen mag. Es stellt sich aber in erster Linie als Bestandtheil der Verwaltungsgesetzgebung des Reiches dar, das die Auswanderung aus Europa als eine, durch keinerlei Maßregel polizeilicher Natur völlig zu bekämpfende oder aufhebbare Thatsache des sozialen Lebens der Völkergemeinschaft erfaßt und würdigt. Wir erblicken demnach in dem Reichsgesetz vom 9. Juni 1897 einen im ganzen wohlgelungenen Beitrag zum Ausbau der umfassenden sozialpolitischen Gesetzgebung des Deutschen Reiches, der vielleicht gerade darum als Ausfluß der nationalen Tradition gelten kann, weil das Gesetz in kosmopolitischem Geiste die Segnungen der Auswanderungsfürsorge nicht lediglich den einheimischen Auswanderern zuwenden will, sondern eingedenk der zentralen Lage Deutschlands, diese Allen ohne Unterschied der Nationalität, der Rasse und des Bekenntnisses zu Theil werden läßt, die auf dem steilen Weg zur Begründung einer neuen Heimath, deutsches Land oder deutsche Schiffe betreten. In dieser Verbindung der nationalen und internationalen Verwaltungsaufgaben erblicken wir die rechtliche Eigenart und die Quelle hoher Leistungsfähigkeit des Reichsgesetzes vom 9. Juni 1897.

Einen Ausblick in die weitere künftige Ausgestaltung des Rechts auf diesem Gebiete eröffnen die der parlamentarischen Behandlung des Gesetz-Entwurfes angeschlossenen Resolutionen, welche zahlreichen, durch die positive Gesetzgebung unbefriedigten Wünschen und Forderungen aus fachkundigen Kreisen der Berufsinteressenten, Kolonialgesellschaften, Rhedereien ꝛc. Rechnung zu tragen suchen. Sie legen den Finger auf einige Mängel im Gesetzgebungswerke und auf den stellenweise fehlenden Zusammenhang mit dem übrigen System des deutschen öffentlichen Rechts und des völkerrechtlichen Vertragswerks des Deutschen Reichs.

Bei der Gesammtabstimmung über den Gesetzentwurf in der 224. Plenarsitzung des Reichstages am 19. Mai 1897 wurde beschlossen, die verbündeten Regierungen zu ersuchen:

1. in den Ausschiffungshäfen und in den Besiedelungsgebieten, für die Unternehmern Erlaubniß ertheilt worden ist, zur Wahr-

nehmung der Rechte und Interessen deutscher Auswanderer die genügende Anzahl von Konsuln zu bestellen;

2. den im Auslande lebenden Deutschen, bei denen der Verdacht einer beabsichtigten Hinterziehung der Wehrpflicht nicht vorliegt, also insbesondere den im Auslande geborenen oder in frühester Jugend in das Ausland verzogenen deutschen Reichsangehörigen, die Ableistung ihrer Wehrpflicht in höherem Grade zu erleichtern als bisher;

3. daß eine unter der Aufsicht des Reiches stehende und von diesem unterstützte Auskunftertheilung an Auswanderungslustige zu dem Zwecke eingerichtet werde, den Strom der Auswanderer nach solchen Gegenden zu lenken, in denen neben günstigen Erwerbsgelegenheiten für die Auswanderer die meiste Aussicht auf Erhaltung ihres Deutschthums und auf günstige Beziehungen mit der alten Heimath vorhanden ist.

# Gesetz

## über das Auswanderungswesen.

Vom 9. Juni 1897.

(R.G.Bl. 1897. Nr. 26. S. 463—472.)

---

Wir Wilhelm, von Gottes Gnaden Deutscher Kaiser, König von Preußen ꝛc.

verordnen im Namen des Reichs, nach erfolgter Zustimmung des Bundesraths und des Reichstags, was folgt:

### I. Unternehmer.

§ 1.

Wer die Beförderung von Auswanderern nach außerdeutschen Ländern betreiben will (Unternehmer), bedarf hierzu der Erlaubniß.

Zu § 1.

Unternehmer. Begriffsbestimmung und Konzessionspflicht. Das Gesetz unterscheidet unter den bei der Beförderung von Auswanderern mitwirkenden Personen zwei Kategorien: diejenigen, welche die Beförderung von Auswan=

derern nach außerdeutschen Ländern betreiben (Unternehmer, §§ 1 ff.), und diejenigen, welche diese Beförderung vermitteln (Agenten, §§ 11 ff.). Beide Kategorien von Personen, auf welche die Gewerbeordnung nach § 6 keine Anwendung findet, sind mit Rücksicht auf die Eigenartigkeit ihres Geschäftsbetriebs und dessen Eingreifen in wichtige öffentliche Interessen in dem Gesetz von dem Grundsatze der Gewerbefreiheit ausgenommen und der Konzessionspflicht sowie der staatlichen Beaufsichtigung unterworfen.

Darüber, wer als Auswanderer anzusehen ist, enthält sich das Gesetz einer ausdrücklichen Erklärung. Jedenfalls fällt die Beförderung von Reisenden, welche, wenn auch für längere Zeit, sich nach außerdeutschen Ländern begeben, nicht unter den Geschäftsbetrieb des Unternehmers im Sinne des Gesetzes. Die bloße Beförderung von Auswanderern begründet jedoch für sich allein noch nicht die Konzessionspflicht; Voraussetzung für letztere ist vielmehr das den Charakter des Geschäftsmäßigen in sich tragende „Betreiben" dieser Beförderung. Demgemäß werden Eisenbahnen oder andere dem allgemeinen Verkehr dienende Transportanstalten, welche unter den gewöhnlichen Beförderungsbedingungen neben anderen Reisenden gelegentlich auch Auswanderer befördern, dadurch noch nicht zu Unternehmern im Sinne des Gesetzes und bedürfen deshalb zu einer solchen Beförderung auch keiner Konzession.

Die deutsche Auswanderung ist zwar zur Zeit in der Hauptsache eine überseeische, nach außereuropäischen Ländern gerichtete. Die Konzessionspflicht des Unternehmers ist jedoch gleichwohl nicht auf diese Beförderungsart und diese Beförderungsziele beschränkt. Es ist immerhin denkbar und das Gesetz mußte den Fall vorsehen, daß sich einmal eine deutsche Auswanderung in größerem, der Regelung bedürftigem Umfange auch nach europäischen, eventuell auf dem Landwege zu erreichenden Ländern entwickelt. Das Gesetz stellt deshalb das Erforderniß der Unternehmerkonzession für jedweden Betrieb der Auswandererbeförderung nach außerdeutschen Ländern auf. Für die Konzessionspflicht ist ferner nicht von ausschlaggebender Bedeutung, ob die zu befördernden Auswanderer deutsche Reichsangehörige oder Ausländer sind und von welchem Lande aus sie die Auswanderung antreten. Der konzessionspflichtige Geschäftsbetrieb erstreckt sich deshalb insbesondere auch auf die Beförderung solcher fremdländischer Durchwanderer, welche für die Vollziehung ihrer Auswanderung sich der Mitwirkung deutscher Unternehmer bedienen. (Begr. S. 19.)

Inländische Partikular- und ausländische Gesetzgebung. Der Grundsatz der Konzessionspflicht der bei der Auswandererbeförderung betheiligten Geschäftsbetriebe war übrigens in den meisten der in Deutschland geltenden Landesgesetze, und ebenso in der Mehrzahl der ausländischen Auswanderungsgesetze zur Durchführung gelangt.

Vgl. für Alt-Preußen: § 2 des Gesetzes vom 7. Mai 1853 (G.S. S. 729); dazu Urtheil des Reichsgerichts in Strafsachen vom 9. Juni 1882, Rechtspr. IV S. 553; für Hannover, Hessen-Nassau, Schleswig-Holstein: vgl. P. Goetsch, Reichsgesetz über das Auswanderungswesen. Berlin 1898 (Carl Heymanns Verlag) S. 185 fg.; für Bayern: § 1 und 2 der Vdg. vom 7. Juni 1862 (Reg.Bl. S. 1192), für Sachsen: §§ 1 und 2 der Vdg. vom 3. Januar 1853 (G.S. S. 2), für Württemberg: Verfügung vom 17. April 1879 (Reg.Bl. Nr. 11), für Mecklenburg-Schwerin: §§ 1 und 2 der Vdg. vom 4. Februar 1864 (Reg.Bl. Nr. 11 S. 73), für Hessen: die Vdg. vom 25. Januar 1851, §§ 1 und 2, für Oldenburg: Art. 1 des Ges. vom 3. August 1853 (G.S. S. 587 ff.), für Lippe: Vdg. vom 7. Mai 1853 (G.S. S. 59), für Baden: Vdg. vom 7. November 1865 (Reg.Bl. S. 656 ff.), für Bremen: Vdg. vom 9. Juli 1866 und Ges. vom 1. Februar 1891 (G.Bl. S. 7), für Hamburg: Ges. vom 14. Januar 1887, für Schwarzburg-Rudolstadt: Gew.Ordg. vom 18. April 1864, für Elsaß-Lothringen: franz. Ges. vom 18. Juli 1860 (Loi sur l'émigration). Siehe hierüber auch die Begründung zu dem Kappschen Entwurfe (Reichstags-Drucksache Nr. 44 von 1878); Bd. 52 der Schriften des Vereins für Sozialpolitik; von Landmann: Gew.Ordg., Anm. 8 zu § 6 S. 74, ferner die Schrift von F. Boediker in der Zeitschrift des Kgl. Pr. Statistischen Bureaus 1873 S. 1.

Der Stand der ausländischen Gesetzgebung ergiebt sich aus der folgenden Zusammenstellung.

In Großbritannien sind die Bestimmungen über die Beförderung von Auswanderern in der **Passengers Act** vom 30. Juni 1852 (**Cap.** 44 **Victoriae** 15 & 16) und in der, an deren Stelle getretenen **Passengers Act** vom 14. August 1855 (**Cap.** 119 **Victoriae** 18 & 19) nebst der dazu ergangenen **Passengers Act Amendment Act** vom 13. Juli 1863 (**Cap.** 51 **Victoriae** 26 & 27) und der **Passengers Act Amendment Act** vom 12. August 1889 enthalten, welche Gesetze sich allgemein auf die Beförderung von Passagieren aus britischen Häfen nach außereuropäischen Ländern beziehen. Nach Sektion 66 der Akte von 1855/63 darf bei Strafe von 20 bis 50 Pfund niemand dergleichen Passageverträge vermitteln oder sich irgendwie mit solcher Vermittelung befassen, der nicht, nach vorgängiger Bestellung einer Kaution von 1000 Pfund, die Konzession (**licence**) als Schiffsmäkler (**passage broker**) erhalten hat. Die Konzession wird vom Friedensrichter des Bezirks, in welchem der Konzessionssucher sein Geschäft betreiben will, nach freiem Ermessen ertheilt und bleibt in Geltung jedesmal bis zum 31. Januar des auf das Jahr der Ertheilung folgenden Kalenderjahrs, kann aber im Falle der Zuwiderhandlung des Konzessionsinhabers gegen die Bestimmungen der **Passengers Act** bereits vorher vom Friedensrichter entzogen werden. Als Agenten für sein Geschäft darf der **passage broker** nur Personen verwenden, die eine Bestallung als Agent erhalten haben. Ein solcher Agent bedarf alsdann seinerseits nicht der Konzession als **passage broker**, seine Handlungen und Unterlassungen gelten aber rechtlich als Handlungen und Unterlassungen des **passage broker** (Sektion 69 und 66). Dem Passagier ist bei Strafe von 5 bis 50 Pfund ein nach einem vorgeschriebenen Formulare abzufassender, schriftlicher Passagekontrakt auszuhändigen (Sektion 71). Streitigkeiten aus dem Passagekontrakte werden auf Anrufen des Passagiers summarisch vom Friedensrichter entschieden.

In Frankreich bestimmt das Gesetz (**Loi sur l'émigration**) vom 18. Juli 1860, daß Niemand sich mit dem En=

gagement oder dem Transporte von Auswanderern befassen darf ohne Konzession (**autorisation**) des Handelsministers (Artikel 1). Die Bestimmungen über die Ertheilung sowohl, als den Widerruf der Konzession, über Art und Betrag der zu bestellenden Kaution, über die den Auswanderungsagenten aufzuerlegenden Verpflichtungen werden durch Verwaltungs-Reglement (Artikel 2), die Bestimmungen über die Einrichtung, Ausrüstung und Besichtigung der Auswandererschiffe durch Kaiserliches Dekret getroffen (Artikel 3). Letzteres ist unter dem 15. März 1861 ergangen, während bezüglich der Konzession ein unter dem 9. März 1861 erlassenes Reglement Folgendes bestimmt. Die Ertheilung der Konzession ist abhängig von der Bestellung einer, vom Handelsminister in Höhe von 15 000 bis 40 000 Franken zu bemessenden Kaution (Artikel 1). Die Konzession kann von dem Minister im Falle schweren Mißbrauchs jederzeit widerrufen werden (Artikel 3). Die von den konzessionirten Gesellschaften zu verwendenden Agenten müssen mit einer schriftlichen Bestallung versehen sein; für die Handlungen der Agenten ist die Gesellschaft verantwortlich (Artikel 4). Die Gesellschaften und die Agenturen sind verpflichtet, dem Auswanderer, mit dem sie im In- oder Auslande kontrahirt haben, mindestens einen, die wesentlichen Beförderungsbedingungen enthaltenden Handschein (**bulletin**) auszuhändigen, demnächst aber innerhalb 24 Stunden nach Ankunft des Auswanderers im Einschiffungshafen dem Auswanderungskommissare den vollständigen Passagekontrakt zur Visirung vorzulegen (Artikel 5). Neuerdings ist noch unter dem 8. Februar 1889 eine Verfügung des Handelsministers über die Kautionsbestellung der Auswanderungsagenten erlassen worden, welche den Betrag der Kaution ohne Unterschied auf 40 000 Franken festsetzt.

Den französischen Bestimmungen ist in vielen Beziehungen nachgebildet das für Belgien geltende Gesetz (**Loi réglant le transport des émigrants**) vom 14., nebst dem dazu erlassenen Reglement vom 15. Dezember 1876, welches letztere unter dem 29. April 1890 einer Revision unterzogen worden ist. Ueber die Ertheilung der Konzession befindet der Minister der auswärtigen Angelegenheiten nach Anhörung der in Antwerpen bestehenden Auswanderungs-Inspektionskommission. Er bestimmt auch den Betrag der von dem Unternehmer in Höhe von 20000 bis 40000 Franken zu bestellenden Kaution. Die Konzession ist jederzeit widerruflich im Falle schweren Mißbrauchs.

Das niederländische Gesetz vom 1. Juni 1861 (revidirt am 15. Juli 1869) schreibt vor: wer für eigene Rechnung oder im Auftrage Anderer die Beförderung niederländischer oder fremder Auswanderer nach einem außereuropäischen Orte zu unternehmen beabsichtigt, mag die Einschiffung in einem niederländischen oder in einem fremden Hafen erfolgen, hat zur Sicherung der kraft des Gesetzes oder der Ausführungs-Reglements auf ihm ruhenden Verbindlichkeiten bei der Auswanderungs-Aufsichtskommission in der Gemeinde, wo das Schiff zur Beförderung von Auswanderern angegeben oder untersucht wird, eine Real- oder Personalkaution zu bestellen. Deren Betrag wird von der Kommission bestimmt und soll die Summe von 10000 Gulden nicht überschreiten (Artikel 7). Der Unternehmer stellt dem Auswanderer eine in niederländischer oder deutscher Sprache abzufassende Erklärung aus, welche gewisse, näher bezeichnete Daten enthalten muß (Artikel 9 und 18). Es ist einem Jeden, der kraft des Gesetzes nicht dazu befugt ist, untersagt, mittelst Ankündigungen in den Zeitungen, Anschlagzetteln, Aushängeschildern und dergleichen bekannt zu machen, daß er sich mit dem Auswanderungsgeschäft befasse (Artikel 22). Nach Artikel 24 werden durch Königliche Verordnung Vorschriften erlassen in Bezug auf die Einrichtung der zur Beförderung von Auswanderern zu benutzenden Schiffe, ihres Raums im Verhältniß zu der Anzahl der zu befördernden Personen, der Ausrüstung und Verproviantirung rc. Diese Verordnung ist unter dem 27. November 1865 ergangen und in den Jahren 1869 und 1875 revidirt worden.

Nach dem schweizerischen Gesetze vom 22. März 1888 bedürfen diejenigen, welche sich mit der geschäftsmäßigen Beförderung von Auswanderern oder mit dem geschäftsmäßigen Verkaufe von Passagebillets befassen wollen, hierfür eines vom Bundesrathe ausgestellten Patents (Artikel 2). Die Nachsuchung des Patents erfolgt nach der Vollziehungs-Verordnung vom

10. Juli 1888 bei dem Departement des Auswärtigen, welches von den eingehenden Gesuchen den Kantonalbehörden zum Zwecke der Vorprüfung Kenntniß giebt. Der Patentsucher hat sich nach Artikel 3 des Gesetzes darüber auszuweisen, daß er einen guten Leumund genießt und in bürgerlichen Rechten und Ehren steht, daß er, worüber er geeignetenfalls einer Prüfung unterzogen werden kann, mit der Geschäftsführung der Auswanderung vertraut und im Stande ist, die sichere Beförderung der Auswanderer zu besorgen. Ferner muß er in der Eidgenossenschaft ein festes Domizil haben, darf weder in einem Dienst- oder in irgend einem Abhängigkeitsverhältnisse zu einer überseeischen Dampfschiff- oder Eisenbahnunternehmung stehen und hat nach Ertheilung des Patents eine Kaution von 40 000 Franken und bei der Anstellung von Unteragenten für jeden derselben eine weitere Kaution von 3 000 Franken zu leisten. Für den geschäftsmäßigen Verkauf von Passagebillets beträgt die Kaution 20 000 Franken (Artikel 4 des Gesetzes). Die von den Agenten zu bestellenden Unteragenten müssen dieselben Bedingungen erfüllen, wie erstere, und bedürfen für ihre Bestellung der Genehmigung des Bundesraths (Artikel 5). Die Agenten sind sowohl gegenüber den Behörden, als gegenüber den Auswanderern für ihre eigene Geschäftsführung und die ihrer Unteragenten, sowie für diejenige ihrer Vertreter im Auslande persönlich verantwortlich (Artikel 7). Agenten sowohl wie Unteragenten dürfen weder zur Auswanderung verleiten noch die Vermittelung von Auswanderungsgeschäften mittelst Umherziehens im Lande betreiben (Artikel 11 der Vollziehungsverordnung). Wegen schwerer oder häufiger Uebertretung des Gesetzes sowie aus gewissen anderen Gründen kann das ertheilte Patent der Agenten und Unteragenten zurückgezogen werden (Artikel 3 des Gesetzes, Artikel 13 und 22 der Vollziehungsverordnung). Durch einen Bundesrathsbeschluß vom 12. Februar 1889 ist eine Verschärfung der in dem schweizerischen Gesetze und der Vollziehungsverordnung enthaltenen Bestimmungen dahin erfolgt, daß sowohl Veröffentlichungen, wie Ertheilung von Auskunft über vom Bundesrathe nicht für zulässig anerkannte Kolonisationsunternehmen zum Zwecke der Propaganda verboten sein sollen, und daß ohne

Bewilligung des Bundesraths Auswanderungsverträge nicht mit solchen Personen abgeschlossen werden dürfen, denen die Ueberfahrtskosten von fremden Gesellschaften, Regierungen, Instituten oder Unternehmungen ganz oder theilweise vorgeschossen oder bezahlt worden sind.

In Italien werden nach dem Gesetze vom 30. Dezember 1888 die Konzessionen der Agenten vom Ministerium des Innern, diejenigen der Unteragenten von den Präfekten ertheilt (Artikel 2). Der Agent muß italienischer Staatsangehöriger und im Vollgenusse der bürgerlichen Ehrenrechte sein, er darf niemals unter polizeilicher Aufsicht gestanden haben oder wegen irgend welcher Vergehen gegen das öffentliche Vertrauen und die Sittlichkeit oder wegen Uebertretung des Auswanderungsgesetzes und der dazu erlassenen Ausführungsreglements bestraft worden sein. Die von den Agenten zu leistende Kaution beträgt 3000 bis 5000 Lire (Artikel 2, 3, 4). Aehnliche Vorschriften gelten für die Unteragenten (Artikel 7). Der Agent ist für die Handlungen seiner Unteragenten verantwortlich und darf sich der Mitwirkung anderer Personen als der zugelassenen Unteragenten nicht bedienen (Artikel 8). Agenten sowohl wie Unteragenten dürfen nicht öffentlich zum Auswandern anreizen und ihr Geschäft nur an dem Orte ihres Wohnsitzes betreiben (Artikel 11). Entschädigungsklagen zwischen dem Auswanderer und dem Agenten sind einer besonderen Schiedsrichterkommission überwiesen, welche in jeder Provinzialhauptstadt gebildet wird und deren Entscheidungen definitive sind (Artikel 17). Zu diesem Gesetze erging unter dem 10. Januar 1889 eine Ausführungsverordnung, welche durch eine weitere Verordnung vom 27. November 1891 in einigen Punkten abgeändert worden ist; auch haben einzelne Bestimmungen durch besondere Erlasse und Verfügungen weitere Ausgestaltung erhalten. (Begr. S. 20 fg.)

„Außerdeutsche Länder.“ In der Kommissionsberathung wurde zu § 1 seitens eines Vertreters der verbündeten Regierungen die Erklärung abgegeben, daß unter „außerdeutschen Ländern“ die deutschen Schutzgebiete nicht zu verstehen seien.

## § 2.

**Zur Ertheilung oder Versagung der Erlaubniß ist der Reichskanzler unter Zustimmung des Bundesraths zuständig.**

### Zu § 2.

Konzessionirungsinstanz. Sowohl der Entwurf vom Jahre 1892 wie der Regierungsentwurf vom Jahre 1897 hatten das Konzessionirungswesen ausschließlich dem Reichskanzler übertragen und nur für den im § 7 des Entwurfes vom Jahre 1897 vorgesehenen Fall der überseeischen Beförderung mit Transportwechsel in einem außerdeutschen Zwischenhafen (indirekte Beförderung) war die Erlaubniß an die Zustimmung des Bundesraths geknüpft worden. Für diese Centralisation des Konzessionirungswesens ging der letzte Entwurf von den nachstehenden Gesichtspunkten aus.

Die Konzessionirung der Unternehmer, welche nach der bisherigen Partikulargesetzgebung unter den verschiedensten Gesichtspunkten erfolgte, war bei der durch den Kapp'schen Gesetz-Entwurf in Angriff genommenen reichsrechtlichen Regelung des Gegenstands noch den Landesbehörden überlassen worden, obschon die Geschäftsbefugniß des Unternehmers sich über das ganze Reichsgebiet erstrecken sollte. Bei einer solchen Regelung der Zuständigkeitsfrage würden die Unzuträglichkeiten bestehen bleiben, welche sich daraus ergeben, daß die Regierungen der von der Auswanderung besonders stark betroffenen binnenländischen Bundesstaaten nicht in der Lage sind, ihre Interessen bei der Konzessionirung der Unternehmer genügend wahrzunehmen, sobald diese — wie es die Regel bildet — in einem anderen Bundesstaate ihren Wohnsitz haben.

Thatsächlich werden als Unternehmer im Sinne des Gesetzes, abgesehen von dem Falle des § 8, der Regel nach nur größere, in den Haupthafenplätzen (namentlich Bremen und Hamburg) ansässige Rhedereien in Frage kommen. Der Geschäftsbetrieb dieser Unternehmer ist aber von erheblicher wirthschaftlicher Bedeutung für die Gesammtheit der deutschen Bundesstaaten. Bei dieser Lage der Sache würde es den Verhältnissen am meisten entsprechen und es würden alle in Betracht kommenden Interessen am besten gewahrt werden, wenn die Konzessionirung der Unternehmer durch den Reichskanzler, und zwar unter der in §§ 33, 40 des Gesetz-Entwurfs in Aussicht genommenen Mitwirkung eines sachverständigen Beiraths erfolgt.

Für die Wahl dieser Instanz kamen jedoch auch noch nachstehende Erwägungen in Betracht. Wollte man für die Konzessionirung der Unternehmer an der Kompetenz der Landesbehörden festhalten, so würden, zur Wahrung der Einheitlichkeit bei Handhabung des Konzessionirungswesens, geeignete, von Reichswegen, etwa durch den Bundesrath aufzustellende Normativbestimmungen unerläßlich sein. Die Beschreitung dieses Wegs würde jedoch schon bezüglich der Auswanderungs z i e l e, für welche die Konzession gelten soll, mit einer Auswanderungspolitik, wie sie oben gekennzeichnet worden ist, nicht vereinbar sein. Die daselbst dargelegte Nothwendigkeit einer Spezialisirung bedingt es, über die Zulässigkeit eines Auswanderungsziels im Einzelfalle zu entscheiden und schließt die Aufstellung einer normativen Liste erlaubter oder verbotener Auswanderungsziele aus. Jene Entscheidung im Einzelfalle aber kann der Natur der Sache nach die dabei bezweckten Garantien nur dann bieten, wenn sie seitens derjenigen zentralen Stelle erfolgt, an welcher alle dafür erforderlichen Informationen zusammenfließen.

Der Reichskanzler ist in der Lage, über die bei einem Gesuche auf Konzessionsertheilung zu berücksichtigenden Verhältnisse des Einwanderungslands sich durch die Organe des auswärtigen Dienstes oder durch entsandte besondere Kommissare informiren zu können; er vermag ebenso das für die Beurtheilung der bei dem Konzessionssucher vorliegenden oder sonstwie im Hinblick auf das Inland maßgebenden Beziehungen erforderliche Material sich zu verschaffen, indem er dabei, soweit dies nothwendig erscheint, die Mitwirkung der betreffenden Bundesregierungen in Anspruch nimmt. Namentlich die Regierungen der Bundesseestaaten, welche dem Rhedereigeschäfte am nächsten stehen, werden ihm hierbei ihre Sachkenntniß zur Verfügung zu stellen in der Lage sein.

Die obigen Argumente für die Reichskompetenz treffen in erhöhtem Maße zu, wenn es sich um Verleihung der Unternehmerkonzession an deutsche Kolonisationsgesellschaften und beziehungsweise um die zu Gunsten derselben auf Grund des § 8 zu ertheilenden Dispensationen von den Vorschriften des § 5 handelt. Hier wäre eine andere Konzessionirungsinstanz als der Reichskanzler von vorn herein nicht wohl denkbar, denn auch hier würde im Falle der Kompetenz der Landesbehörden der Weg, die Einheitlichkeit durch den Erlaß von Normativvorschriften zu wahren, nicht gangbar sein, weil bei den zu treffenden Entscheidungen die dem Wandel unterworfenen besonderen Verhältnisse des jedesmaligen Einzelfalls den Ausschlag geben müssen.

Die Konzessionsertheilung durch den Reichskanzler bietet, indem sie die Beobachtung gleichmäßiger Grundsätze ohne das Erforderniß genereller Aufstellung von grundlegenden Direktiven gewährleistet und die Entscheidung aller in Betracht kommenden prinzipiellen Fragen nicht generell, sondern stets nur im Einzelfalle und nach außen hin stillschweigend trifft, den sehr wesentlichen Vortheil, daß auf diese Weise die andernfalls zu besorgenden Friktionen mit fremden Regierungen vermieden werden, daß ferner die Rücksichtnahme auf die Wandelbarkeit der einschlägigen Verhältnisse sichergestellt ist und dem Gesetzgeber beziehungsweise dem Bundesrathe die schwer zu lösende Aufgabe erspart bleibt, Fragen generell vorab zu entscheiden, welche generell nicht entschieden werden können ohne die Gefahr, zu Härten zu führen, Widerspruch hervorzurufen oder über das Ziel hinaus zu wirken. Die vorstehend dargelegten Gesichtspunkte rechtfertigen auch die Nothwendigkeit des dem Reichskanzler nach dem Entwurfe bei der Ertheilung der Konzession zustehenden freien Ermessens. Hält man an dem Prinzipe der Lenkung der deutschen Auswanderung durch Spezialisirung der Auswanderungsziele in den Unternehmerkonzessionen und an dem Erfordernisse gewissenhafter Prüfung jedes einzelnen Ansiedelungsprojekts fest, so erscheint die Zubilligung eines Rechtes auf Konzession im Falle der Erfüllung gewisser Bedingungen beziehungsweise die Zulassung eines Rekurses gegen Versagung oder Entziehung der Konzession grundsätzlich ausgeschlossen.

Darüber, ob ein Ansiedelungsunternehmen konzessionswürdig ist oder nicht, kann der Natur der Sache nach nicht im kontradiktorischen Verfahren und nicht von Spruchbehörden befunden werden, ganz abgesehen davon, daß solchenfalls die Verantwortlichkeit eine völlige Verschiebung erfahren würde. Dem freien Ermessen der Konzessionirungsinstanz können gesetzliche Schranken gezogen werden, wenn die ihr obliegende Prüfung nur, wie dies nach einigen fremden Gesetzgebungen der Fall ist, auf die persönlichen Eigenschaften des Konzessionssuchers, und nicht, wie nach dem Entwurfe beabsichtigt, zugleich auf die Konzessionswürdigkeit des Ansiedelungsprojekts sich erstreckt.

Nur im Rahmen einer solchen diskretionären Erwägung der Einzelfälle und nur im Falle der Handhabung des Konzessionswesens durch die im Reiche verantwortliche oberste Stelle sei die Lenkung der Auswanderung in dem erstrebten Sinne durchführbar und vertretbar. (Begr. S. 22 fg.)

Diese Erwägungen, welche auch von der Kommission getheilt worden waren, fanden jedoch nicht die Zustimmung des Reichstages. Bei der 2. Berathung, welche auf Grund des Berichts der XX. Kommission (Nr. 769 der Drucksachen) in der Sitzung vom 5. Mai 1897 (215. Sitzung. S. Stenographische Sitzungsberichte, 9. Legislaturperiode IV. Session 1895/97 S. 5739 fg.) stattfand, nahm das Plenum den von den Abgeordneten Dr. Bachem und Dr. Schädler gestellten Antrag an, welcher den gegenwärtigen Text des § 2 des Gesetzes bildet. Bestimmend für diese grundsätzliche Abänderung des Entwurfes, welche den Bundesrath zur entscheidenden Konzessionirungsinstanz machte, waren die nachstehenden in der Debatte von den Abgeordneten Dr. Schädler, Dr. von Marquardsen, Dr. Bachem u. A. geltend gemachten Gesichtspunkte privat- und staatsrechtlicher Natur. Zunächst wurde gegen die diskretionäre Vollmacht des Reichskanzlers betont, daß die nach § 2 erforderliche Entschließung in der Berathung eines Kollegiums umfassendere Behandlung erhielte als durch die Entscheidung eines, wenn auch noch so hoch gestellten, durch seine Kommissare instruirten Einzelbeamten. Die größere Umständlichkeit der kollegialischen Berathung bilde hier keinen Gegengrund, da Konzessionsertheilungen oder -versagungen nicht über Nacht stattfänden, Gefahr im Verzuge also nie vorliegen würde.

Außerdem wurde auf den Umstand hingewiesen, daß Entscheidungen der bezeichneten Art belangreich in privatrechtliche Verhältnisse eingriffen, daß es sich hier nicht allein um das Wohl von Hunderttausenden, sondern auch um große Gesellschaften, Unternehmungen mit umfangreichen engagirten Kapitalien handele, deren Schicksale nicht von dem Entschlusse eines einzigen Mannes abhängig gemacht werden dürfe. Zudem verlange man im Verwaltungssystem des Deutschen Reiches auf anderen Gebieten von weit geringerer Bedeutung die Zustimmung des Bundesrathes, dessen Mitwirkung daher auch an dieser Stelle nicht vermißt werden könne. Die Frage, ob die Entscheidung über die Konzession mehr im zentralistischen oder im bundesstaatlichen Sinne dem Reichskanzler oder dem Bundesrathe zuzuweisen sei, wurde im Plenum im letzteren Sinne entschieden, — weil dadurch die Mitwirkung gerade derjenigen Einzelstaatsbehörden gesichert sei, welche in ganz Deutschland in Auswanderungssachen die größte Sachkenntniß besitzen: die deutschen Hansestädte. Diese werden im zweiten Falle bei Genehmigung oder Nichtgenehmigung eines Konzessionsgesuches durch ihre Vertreter im Bundesrathe jedesmal in die Lage gesetzt, von ihrer Kenntniß der Sache und von ihrer Würdigung des speziellen Falles Gebrauch zu machen.

Trotz des Widerspruches des Regierungsvertreters Wirkl. Geh. Rath Reichardt, welcher zur Vermittelung die Mitwirkung des Bundesrathes auf den Fall der Versagung der Konzession zu beschränken vorschlug, wurde der Antrag der Abgeordneten Bachem und Schädler in der gegenwärtigen Fassung des Gesetzes mit großer Mehrheit angenommen.

Ursprünglich hatte der Entwurf eine Mitwirkung des Bundesraths bei der Konzessionsertheilung im § 7 nur für diejenige überseeische Beförderung in Aussicht genommen, welche mit Transportwechsel in einem außerdeutschen Zwischenhafen verbunden ist. Dadurch sollte die sogenannte indirekte Beförderung, unter besondere Rechtsnormen gestellt, ihre Konzessionirung erschwert werden. Fällt nun auch dieser Unterschied durch die Aufstellung einer einheitlichen Konzessionirungsinstanz im § 2 des Gesetzes weg, so bleiben doch die Gründe fortbestehen, die eine verschiedene verwaltungsrechtliche Kontrolle der beiden Beförderungsarten rechtfertigen.

Zur rechtlich verschiedenen Stellung der Reichskontrolle gegenüber der Beförderung mit Transportwechsel in außerdeutschen Zwischenhäfen geben die Motive ausführliche Aufschlüsse.

Eine indirekte Beförderung findet gegenwärtig in Deutschland hauptsächlich von Hamburg, zu einem geringen Theile auch von Bremen aus statt, und zwar wird diese überwiegend durch englische Schiffe betrieben, welche durch die Nordsee nach der Ostküste Großbritanniens fahren, von wo die Auswanderer zunächst mittelst der Eisenbahn nach der englischen Westküste und dann mittelst transatlantischer britischer Dampfer nach Nordamerika befördert werden. Von hamburgischen Rhedereien sind nur eine oder zwei mit einigen kleinen, älteren Schiffen bei der indirekten Beförderung betheiligt. Die von Hamburg ausgehenden Schiffe dienen zur Heranschaffung der Auswanderer für die von der englischen Westküste aus fahrenden transatlantischen Linien, deren Hauptinteresse, abgesehen von der englischen, in der skandinavischen Auswanderung liegt, die aber zur Erweiterung ihres Geschäfts und zur Füllung ihres Zwischendecks, soweit dasselbe nicht von Engländern oder Skandinaviern besetzt ist, gern auch die aus Deutschland kommenden Auswanderer aufnehmen. Das geschäftliche Interesse der die Beförderung von Hamburg nach der Ostküste Englands besorgenden Rhedereien besteht nicht allein in der Auswandererbeförderung, sondern in weit höherem Maße in der Vermittelung des Frachtverkehrs zwischen Deutschland und Großbritannien. Die Auswanderer, welche die indirekten Linien benutzen, sind zum großen Theile Ausländer, namentlich Angehörige der slavischen Völkerschaften in Oesterreich-Ungarn und Rußland; indessen pflegen auch von deutschen Auswanderern alljährlich einige Tausend auf dem indirekten Wege befördert zu werden.

Ueber die indirekte Beförderung sind lebhafte Klagen laut geworden, denen sowohl die zum Wohle der Auswanderer wirkende deutsche Gesellschaft in New-York, als auch noch neuerdings die deutschen Reichskommissare für das Auswanderungswesen wiederholt Ausdruck gegeben haben. Diese Klagen richten sich einmal gegen die unzulängliche Einrichtung und Ausrüstung der zur Beförderung der Auswanderer vom deutschen Hafen nach dem ausländischen Zwischenhafen benutzten Schiffe, sodann dagegen, daß die der fremden Sprache nicht mächtigen Auswanderer bei dem Aufenthalte in den fremden Zwischenhäfen und auf den fremden Schiffen mancherlei Gefahren und Unzuträglichkeiten ausgesetzt sind, und endlich gegen den unleugbaren weiteren Uebelstand, daß die Auswanderer vom ausländischen Einschiffungshafen aus nach ihrem Reiseziele durch Unternehmer befördert werden, welche in Deutschland nicht konzessionirt und daher den deutschen gesetzlichen Vorschriften nicht unterworfen sind. Die Berechtigung dieser Klagen wird nicht wohl in Zweifel gezogen werden können. Eine wirksame Fürsorge für die Auswanderer erscheint in der That nur möglich bei einer Beförderung, welche bis zum Ausschiffungshafen im Bestimmungslande unter dem Schutze des deutschen Gesetzes sich vollzieht und bei welcher im Falle des Vorkommens von Unzuträglichkeiten eine unmittelbare Einwirkung in der deutschen Machtsphäre liegt.

Es hat daher auch schon die vom Reichskanzler im Jahre 1868 zur Prüfung der Auswandererverhältnisse in Hamburg und Bremen eingesetzte Kommission, deren Vorschläge vom Bundesrathe für eine künftige Auswanderungsgesetzgebung als geeignet anerkannt worden sind, sich dahin ausgesprochen, daß die indirekte Beförderung von Auswanderern aus deutschen Häfen möglichst zu erschweren sei. Auch Dr. Kapp hat sich in dem von ihm dem Reichstage vorgelegten Gesetzentwurfe auf diesen Standpunkt gestellt und die Reichstagskommission hat ihn durch Annahme der betreffenden Bestimmungen des Kapp'schen Entwurfs gebilligt. Zur Erschwerung der indirekten Beförderung schlug Kapp vor, daß eine solche nur eintreten dürfe, wenn sie ausdrücklich vereinbart ist, und daß für diesen Fall in den Passageverträgen spezielle Angaben enthalten sein sollen, welche die Verpflichtungen des Unternehmers klarstellen. Ferner sollte der Bundesrath ermächtigt sein, Vorschriften über die Kontrolle und Einrichtung der Schiffe zu erlassen, mit denen die Auswanderer bei indirekter Beförderung von dem deutschen Hafen nach dem ausländischen Zwischenhafen befördert werden sollen. Endlich ist in dem Kapp'schen Entwurfe als letztes und außerordentliches Mittel die Befugniß vorgesehen, die Beförderung über nichtdeutsche Häfen zu untersagen.

Daß die ersten beiden von Kapp vorgeschlagenen Mittel eine erhebliche Einschränkung der indirekten Beförderung herbeizuführen geeignet seien, muß füglich bezweifelt werden. Der Abschluß eines schriftlichen Passagevertrags und die Aufnahme aller wesentlichen, die Beförderung betreffenden Punkte in denselben ist gewiß eine Einrichtung, die zur Verhütung von Uebervortheilungen der Auswanderer die volle Beachtung des Gesetzgebers verdient. Aber diese Einrichtung allein vermag Mißstände nicht zu verhindern, da der Auswanderer in vielen Fällen nicht genügend zu übersehen vermag, welche Bedeutung die Abreden, die er unterschreiben soll, im Einzelnen besitzen. Thatsache ist, daß nach den Hansestädten häufig Auswanderer kommen, welche, von gewissenlosen Agenten angeworben, nicht ahnen, daß sie nicht direkt, sondern über einen englischen Zwischenhafen nach Amerika befördert werden sollen. Das Unzureichende des zweiten von Kapp vorgeschlagenen Mittels ergiebt sich daraus, daß, obwohl in Hamburg seit Erlaß des neuen Auswanderungsgesetzes vom 14. Januar 1887 die indirekt befördernden Linien der gleichen Schiffsuntersuchung unterworfen worden sind, welche schon früher für die direkten Linien bestand, dennoch seither eine Abnahme der indirekten Beförderung nicht eingetreten ist. Wenn das Gesetz gleichwohl davon absieht, die indirekte Beförderung überhaupt zu verbieten, so war dabei einerseits der Wunsch maßgebend, die in erfreulichem Aufschwung begriffene Entwickelung des maritimen und merkantilen Verkehrs in den großen deutschen Hafenplätzen nicht durch einen grundsätzlichen Ausschluß der fremden Flagge von der Auswandererbeförderung zu hemmen, andererseits konnte es aber auch nicht als zweckmäßig erachtet werden, die gegenwärtig bestehenden Verhältnisse — zumal bei der erheblichen Ausdehnung der indirekten Auswandererbeförderung in Hamburg — in so plötzlicher und radikaler Weise zu ändern, da die Tragweite eines derartigen Schritts in seiner Wirkung sowohl auf den von jenen Häfen ausgehenden Auswandererverkehr, als auch auf die gewerblichen Verhältnisse der an der indirekten Beförderung betheiligten Unternehmer zur Zeit nicht hinreichend übersehen werden konnte.

Auf der anderen Seite wird unbedingt darauf bestanden werden müssen, daß auch die der indirekten Beförderung dienenden Schiffe eine Einrichtung und Ausstattung erhalten, welche den gesetzlichen Anforderungen Genüge leistet und daß seitens der Unternehmer auch die erforderlichen Vorkehrungen getroffen werden, um die Interessen der Auswanderer während ihrer Beförderung vom außerdeutschen Zwischenhafen nach dem Einschiffungshafen und von dort weiter bis zum Reiseziele in wirksamer Weise zu wahren. Dies konnte sich nur durch eine sorgfältige Prüfung aller für den einzelnen Fall in Betracht kommenden Verhältnisse und durch eine spezialisirte Feststellung der danach vom Unternehmer im In- und Auslande zu erfüllenden Bedingungen erreichen lassen. Diese umfassendere Prüfung der auf die indirekte Beförderung der Auswanderer gerichteten Konzessionsgesuche glaubte auch schon der Entwurf besser gewahrt zu sehen, wenn die Erlaubniß in diesem Falle nur mit Zustimmung des Bundesrathes ertheilt werden sollte.

## § 3.

**Die Erlaubniß ist in der Regel nur zu ertheilen:**

**a) an Reichsangehörige, welche ihre gewerbliche Niederlassung im Reichsgebiete haben;**

**b) an Handelsgesellschaften, eingetragene Genossenschaften und juristische Personen, welche im Reichsgebiet ihren Sitz haben; an offene Handelsgesellschaften, Kommanditgesellschaften und Kommanditgesellschaften auf Aktien jedoch nur, wenn ihre persön-**

lich haftenden Gesellschafter sämmtlich Reichsangehörige sind.

### Zu § 3.

Der Entwurf vom Jahre 1892 bestimmte im § 3:

„Die Erlaubniß darf nur ertheilt werden:

a) an Reichsangehörige, welche ihren Wohnsitz sowie ihre gewerbliche Niederlassung im Reichsgebiete und bei beabsichtigter Beförderung nach außereuropäischen Ländern (überseeische Beförderung) an einem deutschen Hafenplatze haben;

b) an juristische Personen, eingetragene Genossenschaften und Aktiengesellschaften, welche im Reichsgebiete ihren Sitz haben, sowie an diejenigen Kommanditgesellschaften auf Aktien, welche im Reichsgebiete ihren Sitz haben, und deren persönlich haftende Gesellschafter sich sämmtlich im Besitze der Reichsangehörigkeit befinden, bei beabsichtigter überseeischer Beförderung jedoch nur, sofern diese Personen oder Gesellschaften ihren Sitz an einem deutschen Hafenplatze haben.

Vor Ertheilung der Erlaubniß hat der Nachsuchende eine Kaution im Mindestbetrage von dreißigtausend Mark zu bestellen und im Falle überseeischer Beförderung den Nachweis zu führen, daß ihm zu dieser Beförderung geeignete eigene Schiffe zur Verfügung stehen."

In der Kommission zur Berathung des Entwurfes vom Jahre 1897 war der Antrag gestellt worden dem § 3 folgenden zweiten Absatz hinzuzufügen:

„Den unter a) und b) bezeichneten Personen und Gesellschaften ist die Erlaubniß nur dann zu versagen, wenn gegen den Nachsuchenden Thatsachen vorliegen, welche dessen Unzuverlässigkeit in Beziehung auf den Gewerbebetrieb eines Auswanderungsunternehmers darthun."

Der Antragsteller wies zur Begründung seines Antrags auf die Rechtlosigkeit hin, die für die in Frage kommenden Gesellschaften durch den Wegfall von Normativbestimmungen und durch das ausschließliche diskretionäre Recht des Reichskanzlers entstehen würde.

Ein Vertreter der Regierung hielt den Antrag für unannehmbar. Normativbestimmungen würden ein Recht auf die Ertheilung von Konzessionen gewähren, bei dem die Handhabung einer nationalen Auswanderungspolitik unmöglich sei. Die hauptsächlich in Frage kommenden beiden großen Gesellschaften in Hamburg und Bremen hätten aber überhaupt nichts zu befürchten. Davon könne keine Rede sein, ihnen die Erlaubniß überhaupt zu versagen. Vielmehr könne nur die Versagung für bestimmte geographische Besiedelungsgebiete nach dem sogenannten Spezialisirungsprinzip in Frage kommen. Aber es sei auch nicht nur mit den beiden großen Gesellschaften zu rechnen. Dem auch im Plenum vertheidigten Antrag der Abgg. Frese und Barth zu § 3 wurde jedoch keine Folge gegeben.

## § 4.

**Ausländischen Personen oder Gesellschaften, sowie solchen Reichsangehörigen, welche ihre gewerbliche Niederlassung nicht im Reichsgebiete haben, darf die Erlaubniß nur ertheilt werden, wenn sie**

a) **einen im Reichsgebiete wohnhaften Reichsangehörigen zu ihrem Bevollmächtigten bestellen, welcher sie in den auf die Beförderung der Auswanderer bezüglichen Angelegenheiten Behörden und Privaten gegenüber rechtsverbindlich zu vertreten hat,**

b) **wegen der aus der Annahme und Beförderung der Auswanderer erwachsenden Rechtsstreitigkeiten dem deutschen Rechte und den deutschen Gerichten sich unterwerfen.**

### Zu §§ 3 und 4.

Erfordernisse für die Konzessionirung. Im engen Anschlusse an den Kapp'schen Entwurf und den Entwurf der Reichstagskommission von 1878 stellt der § 3 als Regel den Grundsatz auf, daß die Erlaubniß nur solchen Bewerbern ertheilt werden darf, welche im Besitze der Reichsangehörigkeit sich befinden und welche ihre gewerbliche Niederlassung im Reichsgebiete haben. Bestimmend hierfür war die Erwägung, daß eine wirksame Fürsorge für die Auswanderer sowohl vor, als auch während der Reise, sowie ein sicherer Schutz ihrer mannigfaltigen Interessen nur dann gewährleistet werden kann, wenn die Einschiffung innerhalb der Machtsphäre des Reichs sich vollzieht, die Beförderung also von deutschen Häfen, auf deutschen Schiffen und durch deutsche Unternehmer erfolgt. Nur unter dieser Voraussetzung erscheint eine sorgsame Ueberwachung des gesammten Auswandererverkehrs, eine eingehende Beaufsichtigung der Auswandererherbergen in den Hafenplätzen, sowie eine ausreichende Kontrolle hinsichtlich der Einrichtung und Ausrüstung der Auswandererschiffe ausführbar und gesichert.

Auf der anderen Seite war jedoch zu berücksichtigen, daß für die Auswanderer aus gewissen Theilen des westlichen und südwestlichen Deutschlands bestimmte belgische, niederländische und französische Häfen als die auf dem kürzesten, bequemsten und billigsten Wege zu erreichenden Seeplätze sich darstellen. Es kommen hierbei zur Zeit vornehmlich die Häfen: Antwerpen, Rotterdam, Amsterdam und Havre in Betracht. Es muß daher darauf Bedacht genommen werden, auch den Bedürfnissen jener Landestheile in ausreichendem Maße gerecht zu werden. Dies kann in zweifacher Weise geschehen. Der nächstliegende Weg ist der, die Erlaubniß zur Beförderung von Auswanderern von den genannten Häfen aus solchen inländischen Unternehmern zu ertheilen, welche dieselben, wie dies beispielsweise schon jetzt in Antwerpen seitens des Norddeutschen Lloyds und in Havre seitens der Hamburg-Amerikanischen Packetfahrt-Aktiengesellschaft (Hamburg-Amerika-Linie) geschieht, mit ihren von deutschen Häfen aus die Reise antretenden Schiffen anlaufen. Dies würde zur Folge haben, daß die in Rede stehenden inländischen Unternehmer für den betreffenden ausländischen Zweig ihres Transportgeschäfts in Deutschland auch Agenten zu bestellen befugt sind.

Soweit indeß auf diesem Wege dem Bedürfnisse der erwähnten deutschen Landestheile nicht völlig genügt werden kann, ist durch den § 4 der Reichsinstanz ferner die Befugniß eingeräumt, auch ausländischen oder solchen Rhedereien, welche von Reichsangehörigen von ausländischen Häfen aus betrieben werden, die Unternehmerkonzession zu ertheilen. Hierbei wird indeß mit besonderer Vorsicht zu verfahren sein, zumal bei der Beförderung deutscher Auswanderer von den vorerwähnten Hafenplätzen aus wiederholt ernste Mißstände hervorgetreten sind, welche Veranlassung dazu geboten haben, den in Betracht kommenden ausländischen Gesellschaften in der weitaus größeren Hälfte des Reichsgebiets die früher ertheilte Konzession wieder zu entziehen.

Die Zulassung ausländischer Transportgesellschaften zur Auswandererbeförderung wird jedenfalls nur dann erfolgen dürfen, wenn diese — wie dies § 4 vorschreibt und wie dies auch schon im § 5 des preußischen Ausführungs-Reglements vom 6. September 1853 vorgesehen war — wegen aller aus der Annahme und Beförderung der Auswanderer erwachsenden Rechtsstreitigkeiten dem deutschen Rechte und den deutschen Gerichten sich unterwerfen, und wenn sie außerdem, unbeschadet ihrer aus § 9 sich ergebenden Verpflichtung zur Bestellung von Agenten, einen Bevollmächtigten im Inlande bestellen, welcher sie in allen auf die Beförderung der Auswanderer bezüglichen Angelegenheiten Behörden und Privaten gegenüber rechtsverbindlich zu vertreten hat.

Welche Bedingungen außerdem noch den ausländischen Gesellschaften im Interesse der deutschen Auswanderer aufzuerlegen sein möchten, wird der besonderen Prüfung im einzelnen Falle vorzubehalten sein, wie denn überhaupt mit der Aufstellung der in §§ 3 und 4 erwähnten Erfordernisse **nicht** beabsichtigt worden ist, auf die Ertheilung der Konzession beim Zutreffen dieser Erfordernisse einen **Anspruch** zu gewähren. Der Sinn der Bestimmungen geht vielmehr dahin, daß ausländischen Personen oder Gesellschaften jedenfalls nur bei Erfüllung der im § 4 erwähnten Bedingungen die Unternehmerkonzession ertheilt werden *darf*, wogegen für diejenigen Unternehmungen, welche von inländischen Häfen aus betrieben werden sollen, die Erbringung des Nachweises, daß die Bewerber im Besitze der Reichsangehörigkeit sich befinden und ihre gewerbliche Niederlassung im Reichsgebiete haben, nur die *Regel* bilden soll. Danach würde es also der Konzessionirungsinstanz unbenommen sein, von der Erfüllung der letzterwähnten beiden Erfordernisse in besonders gearteten Fällen ausnahmsweise abzusehen. (Begr. S. 24 fg.)

Zu § 4 lagen der Reichstagskommission Petitionen der Handelskammern Stuttgart und Mannheim vor, welche sich gegen den Ausschluß der *auswärtigen* Gesellschaften richteten.

Regierungsseitig wurde darauf hingewiesen, daß der Entwurf die ausländischen Auswanderungsgesellschaften durchaus nicht ganz ausschließe; sie seien nur gesetzgeberisch anders behandelt worden, als in den bisherigen Landesgesetzen, indem man sie früher grundsätzlich geduldet habe, jetzt aber sie in der Regel ausschließe und ihre ausnahmsweise Zulassung an besondere Bedingungen knüpfe. Die in der Petition behauptete polizeiliche Einschränkung liege nicht vor, nur eine Wahrung der deutschen Rechtszuständigkeit.

§ 4 wurde darnach in der Kommission wie im Plenum mit großer Mehrheit angenommen.

## § 5.

**Vor Ertheilung der Erlaubniß hat der Nachsuchende eine Sicherheit im Mindestbetrage von fünfzigtausend Mark zu bestellen und im Falle beabsichtigter überseeischer Beförderung den Nachweis zu führen, daß er Rheder ist.**

### Zu § 5.

Im Entwurf hatte der Paragraph die Fassung:

„Vor Ertheilung der Erlaubniß hat der Nachsuchende eine Sicherheit im Mindestbetrage von fünfzigtausend Mark zu bestellen und im Falle beabsichtigter überseeischer Beförderung den Nachweis zu führen, daß ihm hierzu geeignete eigene Schiffe zur Verfügung stehen."

Die Motive gingen hierbei hinsichtlich der Sicherheitsbestellung von der Ansicht aus, daß die in früheren Entwürfen geforderte Summe von 30000 Mark dem thatsächlichen Bedürfnisse nicht genüge.

Sicherheitsbestellung. Im § 5 des gegenwärtigen Gesetzes ist die Erlegung einer solchen im Mindestbetrage von 50000 Mark vorgesehen. Diese Summe erscheint nicht zu hoch bemessen, da es — wie schon die Motive zum Kapp'schen Entwurfe hervorheben — im Interesse der Sache liegt, daß nur große, mit bedeutenden Anlage- und Betriebskapitalien ausgestattete Geschäftshäuser die Auswandererbeförderung betreiben, und da andererseits im Hinblick auf den Umfang der von dem Unternehmer zu tragenden Verpflichtungen, sowie bei der Bedeutsamkeit der sonst in Frage stehenden Interessen auf die Bereithaltung einer starken finanziellen Sicherheit besonderer Werth gelegt werden muß. Dieser letztere Grund läßt es auch angezeigt erscheinen, im Gesetze selbst nur den Mindestbetrag der Sicherheit festzulegen, im Uebrigen aber dem Ermessen der konzessionirenden Instanz bei der Feststellung des Betrags im Einzelfalle den nöthigen Spielraum zu gewähren. Hiervon wird insbesondere den ausländischen Konzessionssuchern gegenüber Gebrauch zu machen sein, von denen in der Regel eine den Mindestbetrag mehr oder minder übersteigende Summe zu erfordern sein wird, um die Erfüllung der ihnen in der Konzessionsurkunde auferlegten Verpflichtungen genügend sicherzustellen. — Auf der anderen Seite gewährt eine derartige Regelung der Angelegenheit die Möglichkeit, von der nochmaligen Bestellung einer Sicherheit oder auch nur von der Erhöhung derselben in solchen Fällen abzusehen, in denen die einem Unternehmer für bestimmte überseeische Gebiete ertheilte Erlaubniß auf andere, in der ursprünglichen Konzession nicht enthaltene Gebiete ausgedehnt wird.

Neu war gegenüber dem Kapp'schen Entwurfe das Erforderniß, wonach der Konzessionssucher vor Ertheilung der Konzessionsurkunde den Nachweis zu führen hätte, daß ihm zur Beförderung der Auswanderer geeignete eigene Schiffe zur Verfügung stehen. Diese Bestimmung verfolgte nicht den Zweck, den Unternehmer daran zu hindern, im Bedarfsfalle neben seinen eigenen auch fremde gecharterte Schiffe zu verwenden; der Sinn derselben sollte vielmehr dahin gehen, daß, abgesehen von dem Fall des § 8, bei der überseeischen Beförderung die Unternehmerkonzession nur solchen Personen ertheilt werden dürfe, welche selbst Rheder sind.

Ausschluß der sogenannten binnenländischen Unternehmer. Diese Regelung beruht auf der Erwägung, daß der auf die überseeische Personenbeförderung gerichtete Geschäftsbetrieb seiner Natur nach seinen Sitz in den Seeplätzen haben muß und nach der Entwickelung der Verkehrsverhältnisse sich thatsächlich bereits jetzt in den Händen einiger mit Schiffen in genügender Zahl versehenen Transportanstalten und Rhedereien konzentrirt hat. Andererseits bezweckt die Bestimmung, von der Erlangung der Unternehmerkonzession diejenigen binnenländischen Gewerbetreibenden auszuschließen, welche, wie dies gegenwärtig unter der Herrschaft der auf ganz andere Verhältnisse berechneten partikularen Gesetzgebung der Fall ist, als Inhaber sogenannter Auswanderungsbüreaus, zwar in eignem Namen Beförderungsverträge abschließen, thatsächlich aber gar nicht im Besitze der erforderlichen Transportmittel sich befinden, vielmehr in der Weise verfahren, daß sie die ihre Dienste in Anspruch nehmenden Auswanderer entweder auf Grund zuvorigen Abkommens mit in- oder ausländischen Schiffsgesellschaften, oder aber auch ohne ein solches lediglich unter Ausnutzung der jeweilig sich darbietenden Beförderungsgelegenheiten dieser oder jener Schiffslinie zuweisen.

Auf diese Weise hat sich in Deutschland die Sache vielfach dahin gestaltet, daß neben denjenigen zwei Kategorien von Mittelspersonen, welche dem sachlichen Bedürfnisse bei der Auswandererbeförderung durchaus genügen, nämlich dem Unternehmer am Hafenplatze und dem für denselben thätigen Agenten, als dritter Faktor der sogenannte binnenländische Unternehmer, und nicht selten in Person eines besonderen Schiffsagenten noch ein vierter Faktor in Betracht kommt. Hierdurch sind wiederholt Unzuträglichkeiten hervorgerufen worden, namentlich auch insofern, als Faktoren mitwirken, deren Thätigkeit sich der gesetzlichen Kontrole entzieht, und als hierdurch die Gefahr nahe gelegt ist, daß der heimlichen Begünstigung gesetzwidriger Auswanderung Vorschub geleistet wird. Es kam deshalb darauf an, diesem thatsächlichen Mißstande den Boden zu entziehen. (Begr. S. 26 fg.)

In der Kommissionsberathung wie im Plenum (S. 216, Sitzung vom 6. Mai 1897 Stenogr. Berichte S. 5762 fg.) lag der Antrag vor, das Wort „eigene" vor „Schiffe" zu streichen, um damit auch die sogenannten binnenländischen Auswanderungsunternehmungen im Wettbewerb mit den Rhedereigesellschaften in Hafenstädten möglich zu machen.

Zur Begründung des Antrages wurde angeführt, daß die Schiffsgesellschaften vielleicht gegen ihren Willen gezwungen würden, das Monopol des Auswanderungsunternehmens in dem engeren Sinne der Beförderung der Auswanderer zu handhaben. Die im Binnenlande bestehenden Unternehmer würden ganz verschwinden und von den z. B. in Bremen bestehenden sogenannten 12 Schiffsexpedienten (selbständige Gewerbetreibende für das Auswanderungsgeschäft) würde nur einer als Organ des Norddeutschen Lloyd fortbestehen können.

Die Beschränkung der Zahl der Unternehmer würde auch die Zahl der im Binnenlande gesetzmäßig bestellten Agenten vermindern, die auswanderungslustigen Winkelagenten und durch diese ausländischen Schiffsgesellschaften in die Arme treiben. Der Antrag liege weniger im Interesse der Unternehmer, als in dem der Auswanderer, die dadurch vor Schaden gewahrt werden sollten.

Das öffentliche Interesse sei doch genügend durch die hohe Sicherheitsstellung von 50 000 Mark und durch die Prüfung der Schiffe auf ihre Geeignetheit gewahrt.

Regierungsseitig wurde darauf hingewiesen, daß der Staat Bremen das Fortbestehen der bisherigen Schiffsexpedienten durch die Dispensbefugniß des Bundesrathes gesichert halte. Binnenländische Unternehmen beständen eigentlich nicht mehr. Die Natur des Gewerbes dieser Gewerbetreibenden habe sich allmählig in ihr Gegentheil verkehrt. Ursprünglich seien sie die selbständigen Auswanderungsunternehmer gewesen, die sich der Schiffsgesellschaften und zwar beliebiger Gesellschaften als ihrer Organe bedient hätten. Thatsächlich seien heute die Schiffsgesellschaften die Unternehmer und die sogenannten Schiffsexpedienten und binnenländischen Unternehmer ihre Agenten. Zur Unternehmung gehöre die Uebernahme des geschäftlichen Risikos. Dieses tragen aber die Schiffsgesellschaften in ihren Schiffen, während von diesen binnenländischen Unternehmern eigentlich nur ihre Kaution riskirt werde. Das Gesetz wolle das thatsächliche Verhältniß zum rechtlichen machen und diese Kategorien von Gewerbetreibenden auch formell zu Agenten der Schiffsgesellschaften machen. Wenn diese Agenten ihre Auswanderer nicht beliebigen Schiffsgesellschaften überweisen könnten, sondern sie nur ihren Auftraggebern, also in der Mehrzahl der Fälle deutschen Schiffsgesellschaften zuführen müßten, so sei dadurch das Interesse der deutschen Schifffahrt besser gewahrt, als im anderen Falle. Und der Wucherung des Winkelagententhums werde die Bestellung einer genügenden Anzahl von Agenten im Binnenlande entgegenwirken, die auch jetzt schon in genügender Zahl selbst in den agrarischen Provinzen zugelassen seien. Die mit den binnenländischen Unternehmern bisher gemachten üblen Erfahrungen lassen sich etwa wie folgt zusammenfassen:

Der Geschäftsbetrieb der sogenannten binnenländischen Unternehmer hat erfahrungsmäßig eine große Zahl von Mißständen im Gefolge gehabt, die Interessen der Auswanderer selbst in beklagenswerther Weise geschädigt, die Durchführung polizeilicher Anordnungen im Eisenbahnverkehr überhaupt und insbesondere im Grenzverkehr vielfach erschwert oder selbst unmöglich gemacht, einen unlauteren Wettbewerb auf dem Gebiete der Auswandererbeförderung hervorgerufen oder begünstigt und ausländischen Schiffsgesellschaften die Handhabe zur Umgehung der zum Schutze der Auswanderer und zur Durchführung der Wehrpflicht im Inlande üblichen und erforderlichen Kontrolle geboten.

Zum Erweise dieser Mißstände dient eine große Zahl von — im Einzelnen näher mitgetheilten — Vorkommnissen, die im

Laufe der Zeit in Preußen zu einem administrativen gerichtlichen Einschreiten Anlaß gegeben haben.

Vielfach sind von binnenländischen Unternehmern den Auswanderern als Ueberfahrtsgelder höhere Beträge berechnet und mit Erfolg abgefordert worden, als die von den Transportgesellschaften verlangten. Zu einer Zeit, als die Eisenbahnfahrkarte von New-York nach Chicago 1 Dollar = 4,25 Mk. kostete, ließ sich ein binnenländischer Unternehmer von den Auswanderern für solche, ihnen übergebene, Fahrkarten regelmäßig 14,25 Mk. zahlen, was schließlich zur Folge hatte, daß auch die — inländische — Schiffsgesellschaft, durch welche dieser Unternehmer damals regelmäßig die Auswanderer beförderte, für solche Fahrkarten auch den bei ihr selbst sich meldenden Auswanderern diesen letzteren Preis abverlangte, um den erwähnten, lange Zeit hindurch mit ihr in Verbindung stehenden binnenländischen Unternehmer nicht bloßzustellen. In allen diesen Fällen erwies sich ein Einschreiten gegen den betreffenden binnenländischen Unternehmer als unthunlich, weil mit Rücksicht auf die Form seiner Konzessionirung und auf seine daraus folgende selbständige Stellung er nicht für verpflichtet gelten konnte, bei seinen Verträgen mit den Auswanderern die von den Schiffsgesellschaften veröffentlichten Ueberfahrtspreise oder die Tarife der amerikanischen Eisenbahnen für deren Fahrkarten innezuhalten.

Aehnlich erfolglos war das Einschreiten gegen einen binnenländischen Unternehmer, der die Cirkulare einer ausländischen Schiffsgesellschaft verbreitet hatte, durch welche den durch behördliche Bescheinigung als „Landarbeiter" sich ausweisenden Auswanderern nach einem südamerikanischen Staate die Ueberfahrt für den Preis von 33 Mk. — anstatt für den Preis von 122 Mk. — angeboten wurde. In Folge dieses Verfahrens haben vielfach Auswanderer, die zum Theil des Lesens und Schreibens unkundig waren, polizeilich abgestempelte und von der betreffenden Schiffsgesellschaft für ausreichend angenommene Meldungen für diese Ueberfahrt dem erwähnten Unternehmer übergeben, in denen sie als Landarbeiter bezeichnet waren, obgleich sie zur Landarbeit gänzlich untauglich waren und bei der Ankunft in dem überseeischen Bestimmungsorte dadurch dem Elend anheimfielen. Dem betreffenden Unternehmer konnte eine Beihülfe oder Anstiftung zur Bewirkung unrichtiger urkundlicher behördlicher Bescheinigungen nicht nachgewiesen werden und es erübrigte nur, ihm für die Zukunft jede Mitwirkung bei der Verbreitung jener Cirkulare von Aufsichtswegen zu untersagen.

Ein anderer binnenländischer Unternehmer hatte die Beförderung der Auswanderer, mit denen er Verträge abschloß, regelmäßig durch eine ausländische Schiffsgesellschaft bewirkt, nach deren Ankündigungen Militärpapiere auf ihren Schiffen nicht erforderlich waren. Auch hier konnte gegen den Unternehmer für die Vergangenheit nicht eingeschritten werden, weil der Nachweis seiner Mitwissenschaft bei einer auf Verletzung der Wehrpflicht gerichteten Handlungsweise nicht zu erbringen war. Auch hier konnte solchen Unternehmern die Verbindung mit einer bestimmten ausländischen Schiffsgesellschaft nur für die Zukunft bei Vermeidung der Nichtverlängerung oder der Entziehung der Konzession untersagt werden, es konnte dagegen nicht verhindert werden, daß der gekennzeichnete Geschäftsbetrieb einer ausländischen Gesellschaft durch binnenländische Unternehmer eine Zeit lang unbeanstandet ermöglicht oder doch wesentlich begünstigt wurde.

Zu den erheblichsten Mißständen hat der unlautere Wettbewerb binnenländischer Unternehmer geführt, ein unlauterer Wettbewerb, der in ähnlicher Weise nicht denkbar sein würde, wenn die Konzession von dem Erforderniß eigener Schiffe abhängig gemacht würde und also im Wesentlichen nur großen Rhedereigesellschaften ertheilt werden könnte, weil diese, zum Theil schon wegen der großen bei ihnen auf dem Spiel stehenden und durch eine etwaige Konzessionsentziehung bedrohten pekuniären Interessen ganz anders auf sorgfältigste Innehaltung des Verhaltens eines ehrbaren Kaufmanns und auf strenge Befolgung der im allgemeinen Staatsinteresse erforderlichen polizeilichen Anordnungen hingewiesen sind, als andere, häufig mittellose und im Kampf ums Dasein der Versuchung leichter unterliegende Konzessionäre. Wenn solche Gesellschaften überall als Konzessionsträger zu erscheinen hätten und als solche moralisch und juristisch verantwortlich wären, so würde ein Geschäftsverhalten ausgeschlossen sein, wie es mehrere Jahre hindurch durch die Angestellten binnenländischer Unternehmer üblich war. Damals machten binnenländische Unternehmer durch abgesandte Mittelspersonen auf den Strecken Bremen—Uelzen und Uelzen—Berlin und zwischen Berlin und der österreichischen und der russischen Grenze und auf den Berliner Bahnhöfen sich die Auswanderer zu deren großer Belästigung und Uebervortheilung und zum Schaden der allgemeinen polizeilichen Anordnung in zum Theil geradezu skandalöser Weise streitig.

Eine behördliche Anordnung, die zu einer Zeit, als mittellose österreichisch-ungarische Auswanderer nach Ueberschreitung der deutschen Grenze bei Oderberg in großer Zahl den diesseitigen Gemeinden zur Last fielen, vorschrieb, daß solche Auswanderer nicht über die Grenze gelassen werden sollten, wenn sie nicht den Nachweis des Besitzes eines gewissen Geldbetrags — neben dem des Besitzes des Ueberfahrtsbillets — erbrachten, wurde durch die Angestellten eines binnenländischen Unternehmers völlig vereitelt, welche den zum Theil gänzlich mittellosen Auswanderern das für diesen Ausweis erforderliche Geld zusteckten und ihnen natürlich unmittelbar nach diesem Gebrauche wieder abnahmen.

Aus allen diesen Vorkommnissen ergiebt sich ein trübes Gesammtbild der mit der Konzessionirung binnenländischer Unternehmer verbunden gewesenen, theilweise nur als eine unausbleibliche Folge eines unrichtigen Systems sich darstellenden Mißstände; es ergiebt sich auch, daß diese Mißstände im administrativen Wege häufig erst zu spät und immer nur für den einzelnen Fall beseitigt werden können, und daß daher das unrichtige System selbst beseitigt werden müsse, das ihre Quelle bildet. Dieses System selbst, nach welchem als „Unternehmer" überseeischer Beförderung Personen charakterisirt werden, die, im Binnenlande ansässig, eigene Schiffe nicht besitzen und nur als Beauftragte einer inländischen oder ausländischen Schiffsgesellschaft bald für diese, bald für jene Gesellschaft handeln, ist an sich unrichtig, weil es von nur fingirten, thatsächlich nicht zutreffenden Unterlagen ausgeht; es ist verderblich, weil es die Verantwortlichkeit des wirklichen Unternehmers verwischt; es ist völlig entbehrlich, weil bei dem, den thatsächlichen Verhältnissen entsprechenden, in dem Gesetzentwurfe vorgeschlagenen Aufbau die einzigen erforderlichen Mittelspersonen der Unternehmer am Hafenplatze und dessen Organe erst vollständig in ihre wirkliche Stellung und in ihr richtiges Verhältniß gerückt werden.

Der Antrag, das Wort „eigene" zu streichen, wurde daraufhin mit Mehrheit abgelehnt.

In der Plenarberathung wurde jedoch der Vorschlag der Abgg. Dr. Bachem und Dr. Schädler angenommen, dahingehend, daß in § 5 nicht gesagt werde, daß derjenige, welcher eine Konzession haben wolle, um das Gewerbe der Auswanderungsbeförderung zu betreiben, hierzu eigene Schiffe zur Verfügung haben müsse, sondern hier der Ausdruck genommen werde, den das Handelsgesetzbuch festgelegt hat, daß er Rheder sein müsse. Diese redaktionelle Aenderung umschließt nach Aeußerung des Regierungsvertreters in derselben Sitzung die auch durch die ursprüngliche Regierungsvorlage gedeckten zwei Fälle, daß nämlich erstens ein Rheder, weil seine Schiffe anderweitig in Anspruch genommen sind, im gegebenen Moment genöthigt werden könnte, ein Schiff zuzuchartern — das ist zweifellos im Sinne der Regierungsvorlage zulässig; — zweitens, daß ein Rheder, dessen Schiff im gegebenen Moment Havarie gelitten hat, wenn die Auswanderer zur Beförderung gelangen sollen, die Möglichkeit haben muß, ein andres Schiff für diesen Zweck zu chartern. Das im Entwurf aufgestellte Prinzip, daß die „eigenen" Schiffe „geeignet" sein müßten ist offenbar durch die beschlossene redaktionelle Aenderung nicht als beseitigt anzusehen, was auch durch den Berichterstatter Dr. Hasse a. a. O. ausdrücklich hervorgehoben worden ist. Uebrigens ergiebt sich diese technische Konsequenz aus den Vorschriften über die Beschaffenheit der Auswandererschiffe, welche in der vom Bundesrath erlassenen Bekanntmachung betreffend Vorschriften über Auswandererschiffe vom 14. März 1898 enthalten sind.

## § 6.

**Die Erlaubniß ist nur für bestimmte Länder, Theile von solchen oder bestimmte Orte und im Falle**

**überseeischer Beförderung nur für bestimmte Einschiffungshäfen zu ertheilen.**

### Zu § 6.

Einschiffungshäfen und Auswanderungsziele. In dieser sowohl in der Kommissionsberathung als im Plenum heftigst angefochtenen Bestimmung hat der in Nr. 1 des preußischen Ausführungs-Reglements vom 6. September 1853 und in ähnlicher Weise auch in den §§ 2a und 11c des Entwurfs der Reichstagskommission von 1878 und im § 10 des hamburgischen Auswanderungsgesetzes vom 14. Januar 1887 zur Anwendung gelangte Grundsatz Ausdruck gefunden, daß die Unternehmerkonzession keine unbeschränkte sein, sondern nur zur Beförderung über diejenigen Einschiffungshäfen und nach denjenigen Ländern, Ländertheilen oder bestimmten Orten berechtigen soll, welche in der Konzessionsurkunde besonders genannt sind. Diese Bestimmung soll, wie schon in dem Berichte der Reichstagskommission ausgeführt ist, die konzessionirende Stelle in den Stand setzen, die Ertheilung der Erlaubniß dann zu verweigern, wenn gegen Ziele oder Wege Bedenken vorhanden sind; es soll also auf diese Weise thunlichst vermieden werden, daß mittelst der obrigkeitlich ertheilten Erlaubniß die Auswanderer auf Wegen Beförderung finden, auf denen ihnen kein ausreichender Schutz gewährt werden kann, oder daß sie in solche Gegenden geführt werden, wo keine Aussicht für ihr Fortkommen ist. Mag der einzelne Auswanderer sich nach derartigen Gegenden wenden, wenn er es für gut findet, da ihm für diesen Zweck Schiffsgelegenheiten in fremden Häfen zu Gebote stehen; jedenfalls wird die in Deutschland die Unternehmerkonzession ertheilende amtliche Stelle nicht dazu mitwirken dürfen, daß die an die Auswanderung anknüpfenden materiellen Interessen des Einwanderungslands und der Transportanstalt über die Rücksichten auf das Wohl des Auswanderers die Oberhand gewinnen. Auch unter vorstehendem Gesichtspunkte schien es von Bedeutung, der Reichsinstanz für die Konzessionsertheilung das freie Ermessen zu wahren.

In der Kommission, wie in der Reichstagssitzung vom

5. Mai 1897 wurde gegen den § 6 geltend gemacht die nachtheilige Verquickung von Auswanderung und Ansiedelung, von Fürsorge und Schutz des Auswanderers und der politischen Leitung des Auswanderungsstromes. Bei der diskretionären Ausschließung beliebiger geographischer Gebiete als Auswanderungsziel könne ja auch der Ausschluß von ganz Nordamerika oder wenigstens einiger nordamerikanischer Häfen in Frage kommen. Das sei überaus gefährlich; und es sei doch nicht angängig, die Schiffsinstrumente mit ihren Waaren auf das eine, mit ihren Auswanderern auf ein anderes Ziel anzuweisen.

Von anderer Seite wurde gerade in die Bestimmung des § 6 der prinzipielle Schwerpunkt des Gesetzes verlegt.

Das Spezialisirungsprinzip sei das wirkungsvollste Machtmittel in der Auswanderungspolitik gegenüber beliebigen Staaten und die eigentliche Voraussetzung für eine Regelung des Auswanderungswesens im nationalen Interesse; die Erlaubnißertheilung nach freiem Ermessen aber auch die Voraussetzung für eine planmäßige Auswanderungspolitik in Deutschland selbst. In erster Linie stände die Rücksicht auf das Vaterland, in zweiter die auf die Auswanderer und erst an dritter Stelle die auf die Unternehmer und auf die Rhedereigesellschaften. Das Spezialisirungsprinzip entspreche den seit Jahrzehnten von sachverständiger Seite gestellten Forderungen, und es sei auch politisch die Vorbedingung für eine Fürsorge für die Auswanderer, die sachlich und geographisch weiter gehe als bisher. Ohne ein gewisses Maß von freiem Ermessen sei aber nicht auszukommen. In Rücksicht hierauf könne Niemandem ein Recht auf Gewährung der Erlaubniß eingeräumt werden.

Regierungsseitig wurde dabei noch betont, daß die Rhederei und die Schiffahrt als wichtige Seiten unseres Wirthschaftslebens eine Beeinträchtigung ihrer Interessen nicht zu befürchten brauchten. Der Verkehr mit Nordamerika sei übrigens so groß und werde namentlich durch die zahlreich überwiesenen Prepaids bedingt, daß er auf unabsehbare Zeit hinaus nicht unterbunden werden könne.

Nachdem in der Debatte wiederholt darauf hingewiesen

wurde, daß das Spezialisirungsprinzip im Hamburgischen Gesetz vom 19. Januar 1887 § 10 seit Jahren geltendes Recht und auch in älteren reichsrechtlichen Entwürfen in Aussicht genommen sei, wurde § 6 nach dem Regierungsentwurfe unverändert mit großer Mehrheit angenommen.

## § 7.

**Bei Ertheilung der Erlaubniß an solche deutsche Gesellschaften, welche sich die Besiedelung eines von ihnen in überseeischen Ländern erworbenen Gebiets zur Aufgabe machen, ist der Reichskanzler an die Vorschriften des § 5 nicht gebunden.**

**Im Uebrigen können aus besonderen Gründen Ausnahmen von den Vorschriften des § 5 zugelassen werden.**

### Zu § 7.

Kolonisationsgesellschaften. Wenn bei den in den vorhergehenden Paragraphen enthaltenen Vorschriften das Streben maßgebend war, die Beförderung des Auswanderers nach seinem Reiseziele mit schützenden Garantien zu umgeben, so hat bei dem § 7 die Erwägung obgewaltet, daß dahin gestrebt werden müsse, dem Auswanderer bei der Ansiedelung im fremden Lande nach Möglichkeit schon von seinem Heimathlande aus für ein gedeihliches Fortkommen die Wege zu ebnen. Soweit die Auswanderer sich nach Ländern wenden, in denen sie Angehörige, Freunde und Bekannte finden, die ihnen namentlich in der ersten schweren Zeit helfend zur Seite stehen, wird man die Sorge für ihr Schicksal billig ihnen selbst überlassen können. Viele Auswanderer aber gehen in die Fremde, ohne zu wissen, was ihnen dort bevorstehen wird, und ohne in ihrem neuen Wohnorte eine entsprechende Anlehnung zu finden. Dem fremden Staate mögen sie von Nutzen sein, aber dessen Wohl befördern sie häufig nur auf Kosten ihres eigenen Wohlergehens. Gegenüber dieser Auswanderung ins Ungewisse hinein erscheint es zweckmäßig, eine solche Auswanderung zu bevorzugen, bei welcher durch deutsche Kolonisationsgesellschaften, die — immer erst nach eingehender Prüfung der gesammten, für die beabsichtigte Ansiedelung in Betracht kommenden Verhältnisse — als Unternehmer zugelassen werden würden und die dem Reichskanzler sowohl wie dem Auswanderer gegenüber die volle Verantwortlichkeit zu übernehmen hätten, dem Auswanderer für seine Ansiedelung von vornherein günstigere Vorbedingungen geschaffen werden. Auf diese Weise würde zugleich erreicht werden, daß der Zusammenhang des Auswanderers mit der alten Heimath mehr, als dies jetzt häufig der Fall ist, im fremden Lande gewahrt bleibt. Um die etwaige Bildung solcher Kolonisationsgesellschaften möglichst zu erleichtern, ist im § 7 vorgesehen, daß der Reichskanzler bei der Konzessionirung derselben an die Vorschriften des § 5 nicht gebunden sein soll. Dem daselbst aufgestellten Erforderniß werden allerdings solche Gesellschaften voraussichtlich meistentheils nicht genügen können, wohl aber werden dieselben vor der Ertheilung der Konzession den Nachweis zu führen haben, daß für eine ordnungsmäßige Beförderung der Auswanderer von ihnen Sorge getragen worden ist. Die Verantwortlichkeit für die Ausführung dieser Beförderung würden in allen Stücken jene Gesellschaften zu übernehmen haben.

Wenn von derartigen Kolonisationsgesellschaften für das Gedeihen der Auswanderer Garantien geboten werden, so wird es auch angängig sein, die Beförderung von Auswanderern nach einzelnen zur Besiedelung gewählten Oertlichkeiten und Gegenden in solchen Ländern zu gestatten, welche als Ganzes kein geeignetes Auswanderungsziel darstellen.

Bei der Bedeutung der für die Konzessionirung derartiger Gesellschaften in Betracht kommenden Fragen empfiehlt es sich, für diese Fälle die Mitwirkung des Beiraths vorzuschreiben. (§§ 38, 39, Begr. S. 30 fg.)

Der Reichstagskommission lagen zu § 7 nachstehende zwei Anträge vor:

1. den Absatz 1 des § 7 zu streichen
   und
2. den Absatz 2 wie folgt zu fassen:

„Ausnahmen von den Vorschriften des § 5 können insbesondere zu Gunsten bestehender Auswanderungsunternehmer oder solcher Unternehmer, welche ausschließlich die Beförderung nichtdeutscher Auswanderer betreiben, zugelassen werden.“

Der zu § 7 Absatz 2 gestellte Antrag wurde vom Antragsteller als eine Uebergangsbestimmung bezeichnet und als ein Akt ausgleichender Gerechtigkeit gegenüber den bestehenden Gesellschaften sowie als eine Billigkeitsmaßregel gegenüber der Beförderung nicht deutscher Auswanderer.

Regierungsseitig wurde es als bedenklich bezeichnet, die nichtdeutschen Auswanderer im Gesetz anders zu behandeln als die deutschen. Der Antrag bilde aber auch gesetzgeberisch eine Unregelmäßigkeit, indem er nur ein Beispiel für die Dispensationsbefugniß herausgreife. Genügend und gesetzgeberisch besser sei die allgemeine Behandlung der Ausnahmen in dem zweiten Absatz des § 7 des Entwurfs.

Die beiden Anträge wurden daraufhin mit großer Mehrheit abgelehnt und der § 7 mit großer Mehrheit angenommen.

Bei Berathung der §§ 6 und 7 wurde eine Verquickung der beiden Unternehmungsformen der Auswanderung: der Beförderungsunternehmung und der Besiedelungsunternehmung, beanstandet, für deren Nothwendigkeit wurde aber regierungsseitig folgende Erklärung abgegeben:

Der Gesetzentwurf hat eine gesonderte Besiedelungskonzession neben der Beförderungskonzession nicht eingeführt, weil nach Ansicht der verbündeten Regierungen die Fragen der Besiedelung eines im Auslande befindlichen Gebietes und der Beförderung dorthin in Beziehung auf die Auswanderung enge zu einander gehören und ohne Gefährdung der Fundamente, auf welchen sowohl der Gesetzentwurf, als auch die bisherige bewährte Praxis beruhen, schlechterdings nicht getrennt behandelt werden könnten.

Mit der Besiedelungskonzession allein ist überhaupt Nichts anzufangen, wenn man daneben — wie dies die Anträge des Abg. Frese bezweckten — die Beförderung gewissermaßen freigeben, also auch die Beförderung von Auswanderern im Zwischendeck nach gleichen Grundsätzen behandeln will, wie etwa die Beförderung von Reisenden in der IV. Wagenklasse deutscher Eisenbahnen. Es kommt aber nicht nur darauf an, daß die Auswanderer auf gut eingerichteten Schiffen in das Ausland befördert werden, sondern ebensosehr und mehr noch darauf, **wohin** die Beförderung stattfinden soll. Ein Beispiel soll dies näher erläutern.

Angenommen es befindet sich auf einer abgelegenen Inselgruppe mit gesundem Klima ein fruchtbares Terrain, welches einer größeren Zahl von Ansiedlern günstige Aussichten für ihr Fortkommen bietet. Der Unternehmer erhält in Folge dessen die gewünschte Besiedelungskonzession. Die Beförderung von Deutschland aus bietet aber Schwierigkeiten, da die Schiffe des dafür in Aussicht genommenen Unternehmens den Anforderungen nicht genügen. Wie soll der Unternehmer nun die Besiedelung vornehmen? Es wird dagegen eingewendet werden, daß bei der heutigen Entwickelung der Verkehrsverhältnisse die Beförderung der Ansiedler auf geeigneten Schiffen mit Leichtigkeit zu ermöglichen sein wird. Das ist zuzugeben, das Beispiel mit der Besiedelung der Insel ist thatsächlich ein mehr theoretisches; eminent praktisch ist dagegen der umgekehrte Fall. Ein Unternehmer hat die Absicht ein in einer nahe dem Aequator gelegenen Provinz Brasiliens befindliches Gebiet mit deutschen Ansiedlern zu besetzen. Dies Gebiet ist klimatisch so ungesund, daß mit Sicherheit zu erwarten ist, daß der größte Theil nordeuropäischer Ansiedler daselbst baldigem Tode oder schwerem Siechthum verfällt. Ueberdies ist auch die Zutheilung eigener Landparzellen an die Ansiedler nur ein Scheinmanöver; in der That sollen die angeworbenen Kolonisten dazu dienen, harte und schwere Arbeit auf den Kaffeeplantagen zu leisten, für welche sie zudem schlecht bezahlt werden. Es ist natürlich, daß unter solchen Umständen der Reichskanzler die nachgesuchte Besiedelungskonzession versagen muß. Da aber die tadellos ausgestatteten Schiffe des Norddeutschen Lloyd und der Hamburg-Südamerikanischen Dampfschiffahrtsgesellschaft die Genehmigung zur Beförderung der Auswanderer nach jenem Gebiete haben, so ist es dem Unternehmer ein Leichtes, das von dem Reichskanzler als ungeeignet bezeichnete Gebiet doch mit deutschen landwirthschaftlichen Arbeitern zu besiedeln. Es ist das in der That auch ganz natürlich, da die Machtsphäre des Reichskanzlers eben nicht über die Grenzen des deutschen Reichs und der deutschen Schutzgebiete hinaus geht. Wenn man daher verlangt, daß die Besiedelung überseeischer Gebiete mit deutschen Ansiedlern von einer Erlaubniß des Reichskanzlers abhängig sein soll, so bedeutet das nichts Anderes, als das Ansinnen, daß der Reichskanzler etwa feierlich und förmlich erlauben soll, was er weder zu verbieten, noch zu verhindern in der Lage ist. Das Verlangen der Einführung einer besonderen Besiedelungskonzession erscheint daher weder vom juristischen, noch vom logischen Standpunkte aus als haltbar.

Aber auch sonst ist nicht recht ersichtlich, was eigentlich mit der Schaffung einer besonderen Besiedelungskonzession bezweckt werden soll. Unter „Besiedelung" versteht man sprachgebräuchlich doch nur die Besetzung eines landwirthschaftlich zu nutzenden Gebietes mit Kolonisten, und aus der Fassung des von dem Abgeordneten Frese beantragten § 11a geht auch thatsächlich hervor, daß der Antragsteller nur die Ansiedelung landwirthschaftlicher Auswanderer im Auge hat. Demgegenüber muß sich doch die Frage aufdrängen, weshalb gerade nur die Annahme landwirthschaftlicher Auswanderer von einer besonderen Konzession abhängig sein soll. Haben denn nicht Tagearbeiter, Handwerker, Gesinde u. s. w. ebensoviel Anspruch auf die Fürsorge und den Schutz des Reichs? Bejaht man diese Frage, so müßte konsequenter Weise auch der Vertragsabschluß mit Auswanderern dieser Branchen an die Erlangung einer besonderen Konzession geknüpft werden. Die verbündeten Regierungen sind demgegenüber der Ansicht, daß es der Schaffung neuer derartiger Konzessionen nicht bedarf, daß vielmehr die Bestimmungen des § 35 der Gewerbe-Ordnung im Verein mit der durch den Gesetzentwurf vorgesehenen Beförderungskonzession ausreichend sind, um den auf dem angegebenen Gebiete etwa hervortretenden Mißständen mit Erfolg zu begegnen.

Seitens eines Mitgliedes der Kommission wurde der Antrag gestellt, einen neuen § 7a einzuschalten, mit folgendem Wortlaut:

„Der Unternehmer ist verpflichtet, dem Reichskanzler alle die Verträge in ihrem vollen Wortlaute sogleich nach deren Abschluß vorzulegen, die der Unternehmer mit der Regierung oder einer Behörde des Einwanderungslandes oder mit dem Verkäufer des zur Besiedelung bestimmten Landes abgeschlossen hat."

Der Antrag wurde begründet mit den namentlich in nationaler Hinsicht bedenklichen Bedingungen, die Auswanderungsunternehmern früher von Einwanderungsländern und von den Verkäufern von Besiedelungsland auferlegt worden seien.

Derartige Verträge kämen auch nicht immer nur am Beginn des Unternehmens, also bei der Erlaubnißertheilung in Frage, sondern manchmal bei der Erweiterung des Besiedelungsgebietes.

Die Vertreter der verbündeten Regierungen erklärten sich mit dem Inhalte des Antrages einverstanden. Da aber derartige Bestimmungen zweckmäßiger in den Erlaubnißurkunden zu behandeln seien, möge man von der Aufnahme des Antrages in das Gesetz absehen.

Der Antrag wurde daraufhin mit großer Mehrheit abgelehnt.

In Ansehung der Dispensationsbefugniß in § 7 Abs. 2 war im Entwurf jede Abweichung von den Vorschriften des § 5 nur mit Zustimmung des Bundesrathes zugelassen. Einer solchen ausdrücklichen Betonung der Mitwirkung des Bundesrathes bedurfte es nach der entsprechenden Aenderung des § 2 nicht mehr und der Passus des Entwurfes wurde denn auch konsequenter Weise bei der Abstimmung im Reichstag abgelehnt. Dagegen wurde im 1. Abs. die alte Fassung des Entwurfes irrthümlicher Weise beibehalten, wonach „der Reichskanzler an die Vorschriften des § 5 nicht gebunden ist". Unzweifelhaft ist aber auch die Erlaubnißertheilung an deutsche Siedelungsgesellschaften unter den Voraussetzungen des § 7 an die Bewilligung der Konzessionirungsinstanz nach § 2 des Gesetzes gebunden. (S. auch Goetsch a. a. O. S. 53.)

## § 8.

**Die Erlaubniß berechtigt den Unternehmer zum Geschäftsbetrieb im ganzen Reichsgebiete mit der Einschränkung, daß er außerhalb des Gemeindebezirkes seiner gewerblichen Niederlassung und des Gemeindebezirkes seiner etwaigen Zweigniederlassungen bei der Ausübung seines gesammten Geschäftsbetriebs, soweit es sich dabei nicht lediglich um die Ertheilung von Auskunft auf Anfrage oder um die Veröffentlichung der Beförderungsgelegenheiten und Beförderungsbedingungen handelt, ausschließlich der Vermittelung seiner nach § 11 ff. zugelassenen Agenten sich zu bedienen hat.**

### Zu § 8.

Geltungsbereich der Unternehmerkonzession. Das Gesetz geht davon aus, daß die dem Unternehmer ertheilte Erlaubniß zum Geschäftsbetriebe für das ganze Reichsgebiet wirksam sein soll; die konzessionirende Stelle würde daher dafür Sorge zu tragen haben, daß alle Betheiligten im Reiche, namentlich also auch die Landesbehörden, von der Ertheilung ebenso wie von dem Widerrufe einer Unternehmerkonzession gehörig Kenntniß erhalten.

Agentenzwang. Die Befugniß zum Geschäftsbetriebe ist indessen für den Unternehmer insofern eingeschränkt, als letzterer außerhalb des Gemeindebezirks seiner gewerblichen Niederlassung und des Gemeindebezirks seiner etwaigen Zweigniederlassungen im Allgemeinen nicht selbst handeln darf, sondern sich der Vermittelung von Zwischenpersonen, der in den §§ 11 ff. des Näheren gekennzeichneten Agenten, zu bedienen hat. Schon jetzt ist in einer Reihe von Bundesstaaten ein derartiger Agentenzwang vorgeschrieben. In Preußen bestimmt in dieser Beziehung das Gesetz vom 7. Mai 1853, daß Verträge mit Auswanderern, welche deren Beförderung nach außerdeutschen

Ländern zum Zwecke haben, nur von solchen Personen abgeschlossen oder vermittelt werden dürfen, welche hierzu von der Bezirksregierung ihres Wohnorts eine Konzession erhalten haben. Bei einer reichsgesetzlichen Regelung des Gegenstands empfiehlt es sich, diesem Vorbilde zu folgen, einmal weil auf solche Weise die Landesregierungen und die Behörden der einzelnen von der Auswanderung betroffenen Bezirke in den Stand gesetzt werden, die Art und den Umfang, in welchem sich die Auswanderung vollzieht, zu überwachen und etwa dabei sich ergebenden Mißbräuchen entgegenzutreten, andererseits weil das Vorhandensein von zugelassenen Agenten in den an der Auswanderung betheiligten Gegenden geeignet ist, das Aufkommen von unkonzessionirten und unkontrollirten Winkelagenten zu erschweren.

Durch die Zulassung der Ertheilung von Auskunft — nach vorausgegangener Anfrage — und der Veröffentlichung der Beförderungsgelegenheiten und Beförderungsbedingungen sowie durch die Zulassung von Zweigniederlassungen ist dabei im § 8 den Unternehmern diejenige Bewegungsfreiheit gegeben, welche für ihren Geschäftsbetrieb nothwendig und zweckmäßig erscheint, und zugleich den Auswanderern die Möglichkeit eröffnet, wenn sie es wünschen, nicht bloß bei dem Agenten, sondern auch direkt bei dem Unternehmer in dessen Haupt- oder Zweigniederlassung sich über alles für sie Wissenswerthe zu unterrichten. Einem Mißbrauche dieser Bewegungsfreiheit würde durch den Erlaß geeigneter Vorschriften über die Beaufsichtigung der Unternehmer und deren Stellvertreter, wozu nach § 21 der Bundesrath befugt ist, entgegengewirkt werden können.

Endlich ist noch darauf hinzuweisen, daß durch die Fassung des § 8 die Benutzung von Winkelagenten seitens der Unternehmer hat ausgeschlossen werden sollen. (Begr. S. 31 ff.)

Der Reichstagskommission lagen zu § 8 die nachstehenden zwei Anträge vor:

1. den § 9 wie folgt zu fassen:

„Die Erlaubniß berechtigt den Unternehmer zum Geschäftsbetrieb und insbesondere zum Abschluß von Beförderungsverträgen im ganzen Reichsgebiete.

Behufs Vermittelung von Vertragsabschlüssen darf sich der Unternehmer nur der nach § 11 ff. zugelassenen Agenten bedienen."

2. in § 9 an Stelle des Schlußsatzes „ausschließlich der Vermittelung seiner nach § 11 ff. zugelassenen Agenten sich zu bedienen hat" die Worte zu setzen: „sich nicht der Vermittelung anderer Personen, als seiner nach § 11 ff. zugelassenen Agenten zu bedienen hat."

Beide wollten den direkten Verkehr der Auswanderungsunternehmungen auch außerhalb des Ortes ihrer Niederlassung mit den Auswanderungslustigen ermöglichen, der erstere vom Standpunkte der Unternehmer aus, der andere im Interesse der Auswanderungslustigen.

Nachdem sich im Laufe der Besprechung herausgestellt hatte, daß man an der Hand des § 8 eine örtliche Beschränkung des Agentenwesens in einzelnen Gebieten von Deutschland plane, erblickten einige Mitglieder der Kommission hierin einen Rest der früher bestandenen und der in dem Entwurf von 1892 § 21 geplanten polizeilichen Beschränkung der Auswanderung gegenüber dem in der Begründung zu diesem Entwurf ausdrücklich ausgesprochenen Grundsatz der unbedingten Auswanderungs- und Verkehrsfreiheit.

Von den Regierungsvertretern wurde aber geltend gemacht, daß in diejenigen, im wesentlichen rein ländlichen Bezirke Deutschlands, in denen ein Bedürfniß für Auswanderungsagenturen noch nicht bemerkbar gewesen sei, durch die Entstehung solcher eine Bewegung zu Gunsten der Belebung der Auswanderung hineingetragen werden könne; namentlich sei es aber nicht zu wünschen, daß mehrere an einem Orte oder für ein und dasselbe Gebiet zugelassene Agenten im Auftrag wettbewerbender Rhedereien sich in dem Passagierpreis unterbieten und schon dadurch die Auswanderungslust beleben; überhaupt sei eine gewisse Höhe des Passagepreises durchaus wünschenswerth. Ein direkter Verkehr der Auswanderungsunternehmer mit den Auswanderungslustigen über das im § 9 Gestattete hinaus sei auch deshalb nicht zu wünschen, weil die Unternehmer sich wie andere Gewerbetreibende dann der Beihülfe von Reisenden und Kommis-

bedienen könnten, deren Thätigkeit sich nothwendig zu einer Agitation für die Auswanderung gestalten müsse. Die den Agenten zufließende Provision werde bei Umgehung oder Vermeidung von Agenten nicht den Auswanderern zukommen, sondern von den Unternehmern einbehalten werden. Der Agentenzwang bestehe bereits in den meisten Einzelstaaten und es sei durchaus erwünscht, an ihm festhalten zu können. Uebrigens habe in Preußen seit 1861 die Praxis bestanden, nicht zu sparsam mit der Konzessionirung von Auswanderungsagenten zu sein, und auch hieran solle festgehalten werden.

Der Württembergische Bevollmächtigte sprach sich gleichfalls für die Aufrechterhaltung des Agentenzwangs aus, weil dieser durchaus nothwendig sei, um die Ordnung im Auswanderungswesen zu wahren, insbesondere gegen die Beförderung Wehrpflichtiger, welche nicht zur Auswanderung berechtigt sind, Kontrolle zu üben und die Anreizung zur Auswanderung hintanzuhalten. Die Württembergische Regierung wolle gewiß die Auswanderung nicht verhindern, erkenne dieselbe vielmehr gerade für Württemberg als nothwendig an. Aber daraus folge nicht, daß man eine künstliche Anreizung zur Auswanderung dulden dürfe. Eine solche Anreizung würde aber erleichtert werden, wenn die Auswanderungsunternehmer ohne Vermittelung von Agenten Geschäfte aufsuchen könnten. Es sei ferner nicht anzuerkennen, daß aus der Gültigkeit der Unternehmerkonzession für das ganze Reich auch die Beseitigung des Agentenzwangs oder die Berechtigung, überall Agenten aufzustellen, als Konsequenz folge. Vielmehr müsse es dem Ermessen der Regierungen überlassen werden, den Geschäftsbetrieb einzelner Unternehmer durch Nichtkonzessionirung von Agenten derselben in bestimmten Bezirken auszuschließen. Während beispielsweise die Konzessionirung von Agenten für eine niederländische oder belgische Linie einem Bedürfnisse in Westdeutschland, speziell in Württemberg, entspreche, fehle ein solches Bedürfniß im Osten. Eine über das Bedürfniß hinausgehende Zulassung der Konkurrenz der Auswanderungsunternehmer und Agenten führe zu Mißständen, insbesondere zu einer künstlichen Anreizung zur Auswanderung.

Die Mehrheit der Kommission schloß sich diesen Anschauungen an und lehnte beide Anträge gegen fünf Stimmen ab, nahm dagegen einen dritten Antrag an, das Wort „von" durch die Worte „eines nachgesuchten" zu ersetzen und billigte endlich in zweiter Lesung die von der Redaktionskommission gewählte gegenwärtige Fassung des § 8, die auch das Plenum des Reichstages in der Sitzung vom 6. Mai 1897 akzeptirte. (S. Kommissions-Ber. Anlagen Nr. 769 zu den Verhandl. des Reichstages, 9. Leg.-Periode, IV. Session 1895/97 und Stenogr. Berichte 1897 S. 5787.)

## § 9.

**Der Unternehmer kann seine Befugnisse zum Geschäftsbetriebe durch Stellvertreter ausüben. Die Bestellung eines solchen ist erforderlich für die Geschäftsführung in Zweigniederlassungen.**

**Nach dem Tode des Unternehmers sowie im Falle einer Vormundschaft oder Pflegschaft kann der Geschäftsbetrieb noch längstens sechs Monate durch Stellvertreter fortgesetzt werden.**

**Die Bestellung eines Stellvertreters bedarf der Genehmigung des Reichskanzlers.**

### Zu § 9.

Persönlicher Charakter der Unternehmerkonzession. Die Unternehmerkonzession ist nach dem Entwurfe als eine höchstpersönliche gedacht, welche den in den §§ 3 und 4 bezeichneten Personen und Gesellschaften selbst ohne die Dazwischenkunft eines Konzessionsträgers ertheilt wird und für deren Ausübung diese die uneingeschränkte Verantwortlichkeit zu übernehmen haben. Bei juristischen Personen und bei Gesellschaften würde die Ausübung der Konzession selbstverständlich durch deren gesetzliche Vertreter erfolgen, die für etwaigen Mißbrauch nach allgemeinen Grundsätzen auch in strafrechtlicher Beziehung haftbar wären.

Stellvertretung. Durch diese höchstpersönliche Eigenschaft der Unternehmerkonzession hat nicht ausgeschlossen werden sollen, daß die Konzessionare bei der Ausübung ihrer Geschäftsthätigkeit Hülfsorgane benutzen; letztere müßten indessen ihre Mitwirkung auf die Vorbereitung der Handlungen, welche der Unternehmer vornimmt, beschränken und wären zu einem Betriebe der Geschäfte des Unternehmers nicht berechtigt. Zu diesem Zwecke bedarf es vielmehr nach dem Gesetze der Bestellung eines Stellvertreters. Erst wenn sie in dieser Eigenschaft bestellt sind, können Disponenten, Prokuristen und sonstige kaufmännische Angestellte für ihren Prinzipal, mag dies ein einzelner Rheder oder eine Schiffsgesellschaft sein, dessen Thätigkeit als Unternehmer ausüben. Der Geschäftsherr bleibt aber stets für die Handlungen seines Stellvertreters verantwortlich, was in der Strafvorschrift des § 43 Abs. 2 zum Ausdrucke gelangt ist.

Der Gesetzentwurf hindert nicht, daß ein Stellvertreter auch an einem anderen Orte bestellt wird, als an demjenigen, an welchem sich der Unternehmer befindet; beispielsweise kann es von Werth sein, einen Unternehmer, welcher mit seinen vom deutschen Hafen ausgehenden Schiffen behufs Aufnahme von Auswanderern einen außerdeutschen Zwischenhafen anläuft, zur Bestellung eines Stellvertreters an letzterem Orte anzuhalten. Zum Betriebe einer Zweigniederlassung ist die Bestellung eines Stellvertreters unerläßlich.

Im zweiten Satze des § 9 ist vorgesehen, daß nach dem Tode des Unternehmers oder im Falle einer Vormundschaft oder Pflegschaft der Geschäftsbetrieb noch eine Zeit lang durch Stellvertreter fortgesetzt werden darf. Auf diese Weise kann auch bei plötzlich eintretenden Fällen dieser Art ein Zwischenzustand vermieden werden, der für die Auswanderer, welche mit dem Unternehmer oder dessen Agenten kontrahirt haben, von unliebsamen Folgen begleitet sein würde.

Angesichts der aus Vorstehendem sich ergebenden Stellung des Stellvertreters erschien es nothwendig, die Bestellung eines solchen von der Ertheilung einer Genehmigung abhängig zu machen und letztere derselben Instanz zu übertragen, welche in

Verbindung mit dem Bundesrathe für die Ertheilung der Unternehmerkonzessionen zuständig ist. (Begr. S. 32 ff.)

## § 10.

**Die den Unternehmern ertheilte Erlaubniß kann unter Zustimmung des Bundesraths vom Reichskanzler jederzeit beschränkt oder widerrufen werden. Die Genehmigung der Bestellung eines Stellvertreters kann vom Reichskanzler jederzeit widerrufen werden.**

### Zu § 10.

Beschränkung und Widerruf der Unternehmerkonzession. Im Entwurf lautete der Paragraph:

> „Die dem Unternehmer ertheilte Erlaubniß kann jederzeit beschränkt oder widerrufen werden. Ebenso ist die Genehmigung der Bestellung eines Stellvertreters jederzeit widerruflich."

Die Vorschrift, daß die dem Unternehmer ertheilte Erlaubniß jederzeit beschränkt oder widerrufen werden kann, ergiebt sich da als eine Konsequenz aus dem bei der Ertheilung der Konzessionen dem Reichskanzler zugestandenen freien Ermessen. Da der Entwurf für die Ertheilung der Konzessionen nur ein Minimum von Erfordernissen aufstellt, im Uebrigen aber die Konzessionirung von der Prüfung und Entscheidung des Einzelfalls abhängig machte, so mußte es der konzessionirenden Stelle überlassen bleiben, beim Wegfalle von Voraussetzungen, welche für sie bei der Ertheilung der Erlaubniß von maßgebender Bedeutung gewesen sind, die Erlaubniß zurückzuziehen. Auch läßt sich eine wirksame Beaufsichtigung der Unternehmer und gegebenenfalls eine Einwirkung auf dieselben im Interesse der Auswanderer nicht denken, wenn nicht der obersten Aufsichtsbehörde durch deren Befugniß zum Widerrufe der Konzession ein Zwangsmittel in die Hand gegeben ist.

Durch die Fassung des § 10 hat zum Ausdrucke gebracht werden sollen, daß nicht nur die gesammte Unternehmerkonzession, sondern auch ein Theil derselben, beispielsweise bei Erstreckung derselben auf verschiedene Auswanderungsziele, die Erlaubniß zur Beförderung nach einem derselben widerrufen werden kann. Als eine Beschränkung der Unternehmerkonzession würde auch die Zurückziehung der Genehmigung zur Bestellung eines Stellvertreters anzusehen sein.

Es erschien angemessen, für die Beschlußnahme über die Beschränkung oder über den Widerruf einer Unternehmerkonzession die Mitwirkung des Beiraths vorzuschreiben (§§ 38, 39.) (Begr. S. 33.)

Daß die Zurücknahme der ertheilten Erlaubniß entgegen dem ursprünglichen Entwurf im Sinne des Kommissionsbeschlusses dem Reichskanzler unter Zustimmung des Bundesrathes anheimgestellt ist, entspricht dem über die Konzessionirung aufgestellten Prinzip im § 2 des Gesetzes.

Normativbestimmungen, etwa nach der Richtung hin, daß die Konzession nur unter gewissen Voraussetzungen widerruflich ist oder daß der Widerruf beim Eintritte gewisser Bedingungen erfolgen muß, sind im Gesetze nicht gegeben. (Anders bei den Agenten § 18.)

Ein im Schooße der Reichstagskommission gestellter und auch im Reichstage wieder aufgenommener Antrag, im Falle der Zurücknahme der Erlaubniß das Prinzip des freien Ermessens durch Normativbestimmungen einzuengen, fand keine Mehrheit. (Komm.Ber. S. 12 und Stenogr. Ber. 1897, S. 5739.)

## II. Agenten.

### § 11.

**Wer bei einem Betriebe der im § 1 bezeichneten Art durch Vorbereitung, Vermittelung oder Abschluß des Beförderungsvertrags gewerbsmäßig mitwirken will (Agent), bedarf hierzu der Erlaubniß.**

## Zu § 11.

Agenten. Begriffsbestimmung und Konzessionspflicht.

Das Gesetz geht davon aus, daß außer und neben dem Unternehmer auch die in seinem Interesse thätigen Auswanderungsagenten einer Erlaubniß bedürfen. Als Agenten bezeichnet § 11 denjenigen, welcher es sich zum Geschäfte macht, bei einem Betriebe der im § 1 bezeichneten Art durch Vorbereitung, Vermittelung oder Abschluß des Beförderungsvertrags mitzuwirken. Die Agententhätigkeit ist hiernach in enge Beziehung zu dem Geschäftsbetriebe des Unternehmers gesetzt, für welchen der Agent wirksam sein will. Eine von einem Betriebe der im § 1 bezeichneten Art losgelöste, für sich selbst bestehende Agententhätigkeit kann es daher nach dem Gesetze nicht geben (vergl. § 16).

Um jedoch nicht schon eine jede bei besonderer Gelegenheit erfolgende Thätigkeit, durch welche der Abschluß eines Beförderungsvertrags in einem einzelnen Falle — etwa dadurch, daß Jemand einem Auswanderungslustigen auf dessen Ansuchen einen Unternehmer in Vorschlag bringt — vorbereitet wird, zu hemmen, ist das Erforderniß der Erlaubniß auf die geschäftsmäßige Wirksamkeit im Interesse eines Unternehmers beschränkt.

Der Begriff der Geschäftsmäßigkeit setzt die Absicht voraus, in einem bestimmten Sinne dauernd oder wiederholt, wenn auch nicht um des eigenen Vortheils willen, thätig zu werden (vergl. Olshausen, Kommentar zum Strafgesetzbuche Note 1 zu § 144). Liegt diese Absicht vor, so kann auch schon eine einzelne Handlung den Charakter des „Geschäftsmäßigen“ an sich tragen.

Eine nicht auf Vorbereitung, Vermittelung oder Abschluß des Beförderungsvertrags gerichtete Thätigkeit, wie etwa die Ertheilung von Auskunft und Rath durch Verwandte, Freunde sowie durch Gesellschaften, welche religiöse oder humanitäre Bestrebungen verfolgen, begründet hiernach nicht die Konzessionspflicht. Andererseits kann dagegen unter Umständen auch schon die öffentliche Ankündigung von Beförderungsgelegenheiten als eine den Vertragsabschluß vorbereitende Mitwirkung sich darstellen. (Begr. S. 33 ff.)

Zu der ursprünglichen Fassung des Paragraphen im Entwurf:

> „Wer sich zum Geschäfte machen will, bei einem Betriebe der im § 1 bezeichneten Art durch Vorbereitung, Vermittelung oder Abschluß des Beförderungsvertrags mitzuwirken (Agent), bedarf hierzu der Erlaubniß."

wurde im Schooße der Reichstagskommission die Befürchtung ausgesprochen, es möchten die gemeinnützigen Bestrebungen im Interesse der Auswanderer als unter die §§ 8 und 11 fallend angesehen und demnach unter Strafe gestellt werden. Die in der Begründung Seite 34 und 51 ausgesprochene Erklärung erschien ungenügend, nachdem einige Mitglieder der Kommission auf die Erfahrungen Bezug genommen hatten, die sie als Mitglieder eines Vereins zum Schutze deutscher Auswanderer selbst gemacht hatten. Dem § 11 wurde daraufhin die in das Gesetz aufgenommene Fassung gegeben, nachdem ein Vertreter der verbündeten Regierungen die nachstehend ersichtliche Erklärung zu Protokoll gegeben hatte:

> „Bezüglich des Raphaelvereins darf zunächst auf die Bemerkungen Seite 34 und 51 der Motive verwiesen werden; wonach die Thätigkeit jenes Vereins, wenn sie sich in den von einem Mitglied der Kommission bezeichneten Grenzen hält, weder konzessionspflichtig ist noch unter den Begriff strafbarer Werbung fällt.
>
> Im Uebrigen kann nach der ganzen Tendenz des Gesetzentwurfs kein Zweifel darüber bestehen bleiben, daß unter den Mitteln zur Erreichung des angestrebten Zweckes die Förderung der kirchlichen und Schulinteressen der deutschen Ansiedler jedweder Konfession in erster Reihe steht.
>
> Wenn der Raphaelverein seine Thätigkeit in der jetzigen Weise und in den jetzigen Grenzen fortsetzt, so wird er ein willkommener Gehülfe für die Durchführung der in den Motiven dargelegten Auswanderungspolitik sein."

Das Agentenwesen, insbesondere die Konzessionirung und Beaufsichtigung der Agenten nach Maßgabe des Reichsgesetzes ist ausschließlich Sache der Landesregierungen. Der in der

Reichstagskommission (vergl. Ber. S. 13 ff.) gestellte Antrag, die Konzessionirung auch hinsichtlich der Agenten dem Reichskanzler und zwar im Einvernehmen mit den Landesbehörden zu übertragen, fand keine Mehrheit, nachdem regierungsseitig darauf hingewiesen worden war, daß nach Art. 4 der Reichsverfassung dem Reiche nur die Gesetzgebung und die Beaufsichtigung über das Auswanderungswesen überlassen, die Ausführung aber, von besonderen Fällen abgesehen, den Landesregierungen vorbehalten sei, die überdies die örtlichen Verhältnisse am besten zu beurtheilen in der Lage wären.

Die Thätigkeit des Agenten ist keine für sich selbst bestehende, sondern in Beziehung zu dem Betriebe eines bestimmten konzessionirten Unternehmers gebracht. (Anders in Italien und in der Schweiz.) Einen Agenten, der für eigene Rechnung arbeitet, kennt das Gesetz nicht (§§ 11 und 16); daraus ergiebt sich, daß mit dem Erlöschen der Konzession des Unternehmers auch die Erlaubniß des Agenten erlischt und jeder weitere Geschäftsbetrieb — etwa für einen anderen Unternehmer — unstatthaft ist (s. Goetsch a. a. O. S. 66 ff.)

Der Motivenbericht zum Entwurf vom Jahre 1892 enthielt noch die beiden Hinweise, die auch für den geltenden Gesetzestext zutreffende Kraft bewahrt haben dürften:

a) Die gelegentliche Ertheilung von Auskunft und Rath, wie sie Verwandte oder Freunde nahestehenden Personen in Bezug auf eine von diesen beabsichtigte Auswanderung im Einzelfalle wohl zu gewähren pflegen, fällt nicht unter den Begriff der konzessionspflichtigen Agententhätigkeit.

b) Die Thätigkeit der bei der Ausführung des abgeschlossenen Beförderungsvertrages mitwirkenden, im Dienste des Unternehmers stehenden Personen, wie z. B. des Führers des Auswandererschiffs, ist als eine „Mitwirkung" im Sinne dieses Paragraphen nicht anzusehen.

## § 12.

**Die Erlaubniß wird von der höheren Verwaltungsbehörde ertheilt.**

## § 13.

Die Erlaubniß darf nur ertheilt werden an Reichsangehörige, welche im Bezirke der höheren Verwaltungsbehörde (§ 12) ihre gewerbliche Niederlassung oder ihren Wohnsitz haben und von einem zugelassenen Unternehmer (§ 1) bevollmächtigt sind.

Die Erlaubniß darf auch bei Erfüllung der vorstehenden Erfordernisse nicht ertheilt werden:

a) wenn Thatsachen vorliegen, welche die Unzuverlässigkeit des Nachsuchenden in Beziehung auf den beabsichtigten Geschäftsbetrieb darthun;

b) wenn einer den Verhältnissen des Verwaltungsbezirkes der zuständigen Verwaltungsbehörde entsprechenden Anzahl von Personen die Erlaubniß zum Betriebe des Geschäfts eines Auswanderungsagenten ertheilt oder ausgedehnt (§ 15) worden ist.

### Zu §§ 12 u. 13.

Konzessionirungsinstanz und Erfordernisse für die Konzessionirung. Im Anschlusse an das preußische Gesetz vom 7. Mai 1853 ist vorgeschrieben, daß die Erlaubniß von der höheren Verwaltungsbehörde ertheilt wird.

Die an den Agenten zu stellenden persönlichen Anforderungen entsprechen den für den Unternehmer vorgeschriebenen. Es kommt hinzu das Erforderniß der Bevollmächtigung durch einen zugelassenen Unternehmer. Damit wird insbesondere die Agententhätigkeit im Interesse solcher ausländischer Schiffsgesellschaften, welche im Reichsgebiete nicht als Unternehmer zugelassen sind, ausgeschlossen. Ein von der Erfüllung gewisser Voraussetzungen abhängiger Anspruch auf die Ertheilung der Erlaubniß wird für den Agenten ebensowenig wie für den Unternehmer anerkannt. Im Anschlusse an die Bestimmungen des preußischen Gesetzes soll die Verwaltungsbehörde auch hier im Wesentlichen nach freiem Ermessen entscheiden. Während indeß hinsichtlich der Unternehmerkonzession eine Weisung an die konzessionirende Behörde darüber, in welchen Fällen eine Versagung erfolgen muß, entbehrlich war, zumal eine die Innehaltung einer solchen Vorschrift überwachende Instanz dort nicht gegeben ist, erschien es behufs Sicherstellung eines einheitlichen Vorgehens der Landeszentralbehörden zweckmäßig, bezüglich der Agentenkonzession im Gesetze selbst diejenigen Fälle zu bezeichnen, in denen die Erlaubniß, auch bei Vorhandensein der sonst vorgeschriebenen Erfordernisse, nicht ertheilt werden darf. Danach soll eine Versagung der Erlaubniß insbesondere auch dann erfolgen, wenn einer den Verhältnissen des Verwaltungsbezirks der zuständigen Verwaltungsbehörde entsprechenden Anzahl von Personen die Erlaubniß zum Betriebe des Geschäfts eines Auswanderungsagenten ertheilt worden ist. Es rechtfertigt sich dies aus der auf Erfahrungen gegründeten Erwägung, daß die Zulassung einer zu großen Zahl von Agenten ernste Unzuträglichkeiten sowohl für die Auswanderer, als auch für den Geschäftsbetrieb der Agenten selbst zur Folge hat. (Begr. S. 34 ff.)

## § 14.

**Vor Ertheilung der Erlaubniß hat der Nachsuchende eine Sicherheit im Mindestbetrage von fünfzehnhundert Mark zu bestellen.**

### Zu § 14.

Sicherheitsbestellung. In betheiligten Kreisen ist der Wegfall der Kautionspflicht der Agenten unter angemessener Erhöhung der Sicherheit der Unternehmer befürwortet worden. Das Gesetz hat jedoch auf die Bestellung einer Sicherheit durch die Agenten nicht verzichten zu können geglaubt, da, selbst wenn die Unternehmerkaution auch für Pflichtwidrigkeiten des Agenten haftbar gemacht würde, es im Interesse der Auswanderer und der betheiligten Behörden liegen kann, daß auch am Sitze des Agenten eine für die entstehenden Ansprüche haftbare und leicht erreichbare Summe vorhanden ist. Ein Mindestbetrag von 1500 Mark erscheint angemessen und namentlich für solche Agenten ausreichend, welche zwar zur Vorbereitung, nicht aber zum Abschlusse von Verträgen befugt sein sollen und demgemäß ein geringeres Maß von Verantwortlichkeit tragen. (Begr. S. 35 ff.)

## § 15.

**Die Erlaubniß berechtigt zum Geschäftsbetrieb im Bezirke der die Erlaubniß ertheilenden Behörde, wenn sie nicht auf einen Theil desselben beschränkt wird. Im Einvernehmen mit dieser Behörde kann jedoch dem Agenten die Ausdehnung seines Geschäftsbetriebs auf benachbarte Bezirke von den für letztere zuständigen höheren Verwaltungsbehörden gestattet werden.**

### Zu § 15.

Geltungsbereich der Agentenkonzession. Die Erlaubniß kann sich nach allgemeinen Grundsätzen nur auf den Bezirk der konzessionirenden Behörde oder Theile desselben erstrecken. Es wird sich jedoch unter Umständen ein Bedürfniß dafür ergeben, daß ein Agent seine Geschäftsthätigkeit über den Bezirk, in welchem sein Wohnort belegen ist, hinaus in eine oder mehrere benachbarte höhere Verwaltungsbezirke sei es desselben oder eines anderen Bundesstaates hinein erstreckt; eine derartige Ausdehnung des Geschäftsbetriebs eines Agenten kann im gegebenen Falle auch vom Standpunkte der Behörden aus der Zulassung mehrerer besonderer Agenten vorzuziehen sein. Der Entwurf bestimmt deshalb, daß im Einvernehmen mit der Erlaubniß ertheilenden Behörde eine derartige Ausdehnung des Geschäftsbetriebs auf Nachbarbezirke von den für diese zuständigen höheren Verwaltungsbehörden gestattet werden kann. Eine Erlaubniß im Sinne des § 12 erhält in diesem Falle der Agent immer nur von der Behörde des Bezirks, in welchem er wohnt, dergestalt, daß mit ihrem Wegfalle auch die von den Behörden der Nachbarbezirke gestattete Ausdehnung des Geschäftsbetriebs von selbst aufhören muß. (Begr. S. 35 ff.)

## § 16.

**Für andere als den in der Erlaubnißurkunde namhaft gemachten Unternehmer sowie auf eigene Rechnung darf der Agent Geschäfte der im § 11 bezeichneten Art nicht besorgen.**

## § 17.

**Dem Agenten ist es untersagt, seine Geschäfte in Zweigniederlassungen, durch Stellvertreter oder im Umherziehen zu betreiben.**

### Zu § 17.

Persönlicher Charakter der Agentenkonzession. Wie bei dem Unternehmer, ist auch für den Agenten die ertheilte Erlaubniß eine höchstpersönliche. Während aber bei dem seinen Geschäftsbetrieb über das ganze Reichsgebiet erstreckenden Unternehmer die Mitwirkung von Mittelspersonen außerhalb seines Wohnsitzes, und unter Umständen auch die Bestellung eines Stellvertreters mit der Maßgabe geboten erscheint, daß auch diese dazwischentretenden Personen hinsichtlich ihrer Qualität einer Prüfung und Anerkennung durch die Behörden unterliegen, besteht für eine entsprechende Art der Geschäftsführung bei dem im engeren Bezirke thätigen Agenten ein Bedürfniß nicht. Der Agent soll für alle geschäftlichen Handlungen ausnahmslos die volle persönliche Verantwortung tragen und demgemäß auch die Geschäftsführung ausschließlich persönlich besorgen. Die Zulassung von Unteragenten ist im Gesetze nicht vorgesehen, der Geschäftsbetrieb durch Stellvertreter oder in Zweigniederlassungen, welche doch nur wieder unter der Leitung eines Bevollmächtigten stehen könnten, untersagt. Nach dem Vorbilde der schweizerischen und der italienischen Gesetzgebung (Art. 11 der schweizerischen Vollziehungsordnung vom 10. Juli 1888 und Art. 11 des italienischen Gesetzes vom 30. Dezember 1888) ist ferner dem Agenten der Geschäftsbetrieb im Umherziehen, durch welchen die Auswanderungslust nur im bedenklichsten Maße befördert werden könnte, verboten. Der Begriff des Geschäftsbetriebs im Umherziehen bestimmt sich nach Analogie des § 55 der Gewerbeordnung. (Begr. S. 35 fg.)

## § 18.

**Die dem Agenten ertheilte Erlaubniß kann jederzeit beschränkt oder widerrufen werden.**

**Die Erlaubniß muß widerrufen werden:**

**a) wenn den Erfordernissen nicht mehr genügt wird, an welche die Ertheilung der Erlaubniß nach § 13 Absatz 1 gebunden ist;**

**b) wenn Thatsachen vorliegen, welche die Unzuverlässigkeit des Agenten in Beziehung auf den Geschäftsbetrieb darthun;**

**c) wenn die Sicherheit ganz oder zum Theil zur Deckung der auf ihr haftenden Ansprüche verwendet worden ist und nicht binnen vier Wochen nach ergangener Aufforderung neu bestellt oder ergänzt wird.**

### Zu § 18.

Beschränkung und Widerruf der Agentenkonzession. Auch über die Beschränkung und den Widerruf der Agentenkonzession soll die zuständige Verwaltungsbehörde im

Wesentlichen nach freiem Ermessen entscheiden. Entsprechend den Bestimmungen im § 13 sind jedoch auch hier bindende Vorschriften darüber getroffen, in welchen Fällen der Widerruf der Konzession erfolgen **muß**. Aus denselben geht zugleich hervor, daß die Erlaubniß, selbst beim Wegfalle der für die Ertheilung maßgebenden gesetzlichen Voraussetzungen, nicht von selbst, sondern immer nur durch den diese Thatsache feststellenden Widerruf der Behörde erlischt. (Begr. S. 36 fg.)

## § 19.

**Gegen die auf Grund der §§ 11 bis 15 und 18 von der höheren Verwaltungsbehörde getroffenen Verfügungen ist Beschwerde an die Aufsichtsbehörde zulässig. Die Frist zur Einlegung der Beschwerde beträgt zwei Wochen.**

### Zu §§ 12—19.

Beschwerde. Gegen die auf die Konzessionirung der Agenten bezüglichen Entscheidungen und sonstigen Verfügungen der höheren Verwaltungsbehörde gewährt der Entwurf dem davon Betroffenen das Rechtsmittel der Beschwerde an die vorgesetzte Aufsichtsbehörde, d. h. also an diejenige Behörde, welcher in den einzelnen Bundesstaaten die Aufsicht über das Auswanderungswesen zusteht. (Begr. S. 36 fg.)

In der Reichstagskommission lagen zu den §§ 12 bis 19 die nachstehenden Anträge vor:

1. § 12 zu streichen und dafür zu setzen:
   „Die Erlaubniß wird vom Reichskanzler ertheilt im Einvernehmen mit der Landesbehörde, in deren Bezirke der Nachsuchende seine gewerbliche Niederlassung hat und für deren Bezirk die Erlaubniß nachgesucht wird.“;
2. im § 13 erster Absatz die Worte zu streichen:
   „im Bezirke der höheren Verwaltungsbehörde (§ 13) ihre gewerbliche Niederlassung oder ihren Wohnsitz haben und“;

3. in § 13 den Absatz b wie folgt zu fassen:
„wenn einer den Verhältnissen des Bezirkes, für den die Erlaubniß nachgesucht wird, entsprechenden Anzahl u. s. w.“;
4. dem § 15 folgende Fassung zu geben:
„Die Erlaubniß berechtigt zum Geschäftsbetriebe nur in den in den Erlaubnißurkunden genannten Bezirken.“
5. § 19 zu streichen.

Sie wurden vom Antragsteller mit dem Hinweis auf den Artikel 4 der Verfassung begründet, der nach der Auffassung des Antragstellers das Auswanderungswesen in Gesetzgebung, Organisation und Beaufsichtigung ausschließlich zur Sache des Reichs mache. Die etwa nöthige Rücksichtnahme auf die örtlichen Verhältnisse werde durch das in Aussicht genommene Einvernehmen mit den Landesbehörden bei Ertheilung der Erlaubniß an die Agenten gewährleistet.

Die Erlaubnißertheilung an die Agenten unterscheide sich doch grundsätzlich überhaupt nicht von der Erlaubnißertheilung an die Unternehmer, bei der man ausschließlich den Reichskanzler zuständig machen wollte; auch werde die Planmäßigkeit des Vorgehens gefördert, wenn man die Erlaubnißertheilung an die Agenten ebenfalls in die Hände des Reichskanzlers lege.

Die Vertreter der verbündeten Regierungen legten den Artikel 4 der Verfassung in anderem Sinne aus, indem sie nur die Gesetzgebung und die Beaufsichtigung über das Auswanderungswesen dem Reich überlassen, die Ausführung der Gesetze aber den Landesregierungen vorbehalten wollten. Aber ganz abgesehen hiervon sei es viel einfacher und praktischer, die Erlaubnißertheilung an die Agenten den Landesbehörden ausschließlich zu überlassen, die doch die örtlichen Verhältnisse am besten beurtheilen könnten; dies werde auch unnöthige Reibungen zwischen dem Reich und den Einzelstaaten vermeiden.

Da die Mehrheit der Kommission sich diesen Anschauungen anschloß, zog der Antragsteller obige Anträge zurück.

Auch der von anderer Seite gestellte nachstehende Antrag:
den § 13 Absatz 2 wie folgt zu fassen:

„Bei Erfüllung der vorstehenden Erfordernisse ist die Erlaubniß nur zu versagen, wenn Thatsachen vorliegen, welche die Unzuverlässigkeit des Nachsuchenden in Beziehung auf den beabsichtigten Geschäftsbetrieb darthun.“

wurde vom Antragsteller mit Hinblick auf die Ablehnung seines Antrags zu § 3 zurückgezogen.

Ein Antrag,

in den §§ 12 und 13 an die Stelle „der höheren Verwaltungsbehörden“ „die Bundesstaaten“ zu setzen,

wurde ebenfalls vom Antragsteller zurückgezogen, nachdem regierungsseitig die nothwendige Dezentralisation auch auf diesem Gebiete zur Entlastung der Zentralbehörden betont worden war. Auch ermögliche die Erlaubnißertheilung durch die höheren Verwaltungsbehörden eine Beschwerdeinstanz in den Zentralbehörden.

Die §§ 12 bis 19 wurden daraufhin in der Kommission wie im Plenum des Reichstages unverändert nach dem Entwurf angenommen.

## III. Gemeinsame Bestimmungen für Unternehmer und Agenten.

### § 20.

**Die von den Unternehmern und von den Agenten bestellten Sicherheiten haften für alle anläßlich ihres Geschäftsbetriebs gegenüber den Behörden und gegenüber den Auswanderern begründeten Verbindlichkeiten sowie für Geldstrafen und Kosten.**

**Zu § 20.**

Gemeinsame Bestimmungen für Unternehmer und Agenten. Die vom Unternehmer bestellte Sicherheit haftet ſelbſtverſtändlich auch für die von ihm zu vertretenden Handlungen ſeines zugelaſſenen Stellvertreters. (Begr. S. 36 fg.)

## § 21.

**Der Bundesrath erläßt nähere Beſtimmungen über den Geſchäftsbetrieb der Unternehmer und Agenten und deren Beaufſichtigung, namentlich auch**

**a) über die von ihnen zu führenden Bücher, Liſten, ſtatiſtiſchen und ſonſtigen Nachweiſungen ſowie über die in Anwendung zu bringenden Vertragsformulare;**

**b) über die Art und Weiſe der Sicherheitsbeſtellung und die Bedingungen, welche über die Haftbarkeit ſowie über die Ergänzung und die Rückgabe der Sicherheit in die Beſtellungsurkunde aufzunehmen ſind.**

### Zu § 21.

Bundesrathsvorſchriften. Die nach § 21 vom Bundesrathe zu erlaſſenden Vorſchriften werden namentlich auch die Mitwirkung der Reichskommiſſare (§ 41) bei der Beaufſichtigung des Geſchäftsbetriebs der Unternehmer zu regeln haben. Wenn unter a die Anwendung beſtimmter Vertragsformulare vorgeſehen iſt, ſo ſoll damit dem Bundesrathe zugleich die Befugniß gegeben werden, ſeinerſeits nur über den obligatoriſchen Inhalt der Verträge Beſtimmung zu treffen, die Feſtſtellung der äußeren formularmäßigen Einrichtung der Verträge aber den Landesbehörden zu überlaſſen.

Vom rechtlichen Standpunkte erſcheint es richtiger, daß die Vorſchriften über die Haftbarkeit, Ergänzung und Rückgabe der Sicherheit nicht auf Grund einſeitiger reglementariſcher Beſtimmung des Bundesraths, ſondern durch eine vertragsmäßige

Anerkennung seitens des Bestellers gegenüber der Behörde Wirksamkeit erlangen. Es ist deshalb vorgeschrieben, daß die hierauf bezüglichen Bedingungen in die Bestellungsurkunde aufzunehmen sind. Dies schließt indessen nicht aus, daß der Inhalt der Einzelbestimmungen in den vom Bundesrathe zu erlassenden Vorschriften festgestellt, in der Urkunde aber nur auf diese Einzelbestimmungen Bezug genommen wird. (Begr. S. 36 fg.)

Zu § 21 war in der Kommission der Antrag gestellt worden: einen neuen § 21 b einzuschalten:

„Die Unternehmer und Agenten sind verpflichtet, den Beauftragten des Reichskanzlers, den Auswanderungsbehörden (§§ 39, 40, 41) und den Landespolizeibehörden jederzeit Einblick in die auf das Auswanderungsgeschäft bezüglichen Bücher, Listen, Akten und Schriften zu gestatten und die vom Bundesrathe angeordneten statistischen Nachweisungen über die Auswanderer und das Auswanderungsgeschäft zu geben."

Dieser Antrag wurde vom Antragsteller mit dem Hinweis darauf begründet, daß es erforderlich erscheine, für die hierin ausgesprochenen Verpflichtungen, namentlich für die Lieferung statistischer Nachweisungen, die bisher mehr oder weniger auf der Freiwilligkeit beruhen, eine gesetzliche Grundlage zu gewinnen.

Der Antrag wurde angenommen, aber dem § 21 von der Redaktions-Kommission in der oben ersichtlichen Weise eingegliedert.

## IV. Allgemeine Bestimmungen über die Beförderung von Auswanderern.

### § 22.

**Der Unternehmer darf Auswanderer nur befördern auf Grund eines vorher abgeschlossenen schriftlichen Vertrags.**

**Den Auswanderern darf nicht die Verpflichtung auferlegt werden, den Beförderungspreis oder einen Theil desselben oder ihnen geleistete Vorschüsse nach ihrer Ankunft am Bestimmungsorte zu zahlen oder zurückzuerstatten oder durch Arbeit abzuverdienen; ebensowenig dürfen sie in der Wahl ihres Aufenthaltsorts oder ihrer Beschäftigung im Bestimmungslande beschränkt werden.**

Zu § 22.

Schriftlicher Beförderungsvertrag. Damit der Auswanderer über seine Rechte gegenüber dem Unternehmer einen urkundlichen Nachweis in Händen habe, und um zugleich eine Kontrolle darüber zu ermöglichen, daß bei der Beförderung die gesetzlichen Vorschriften seitens der Betheiligten beobachtet werden, soll der Beförderung der Abschluß eines schriftlichen Beförderungsvertrages vorangehen.

Der Inhalt des Beförderungsvertrags wird nicht ohne Einschränkung der freien Vereinbarung zwischen dem Unternehmer und dem Auswanderer überlassen werden dürfen. Die näheren Festsetzungen über die in den Vertrag aufzunehmenden Bestimmungen dürften jedoch im Wege der vom Bundesrathe zu erlassenden Ausführungsvorschriften (§ 21 unter a) zu treffen sein, da im Interesse der Auswanderer eine weit ins Einzelne gehende Festsetzung der betreffenden Punkte nicht zu umgehen ist. (Begr. S. 37 fg.)

Zu § 22 wurde in der Reichstagskommission in eingehender Weise erwogen, ob der Entwurf die richtige Mittellinie einhalte zwischen dem, was in das Gesetz aufzunehmen, und dem, was der Bundesrathsausführungsverordnung zu überlassen sei. In der Sache selbst herrschte Uebereinstimmung darüber, daß die bewährten Bestimmungen des Hamburger Auswanderungsgesetzes und eines Bremer Entwurfs vom Jahre 1892 zu billigen seien, und es wurde nur eine Gewähr dafür gewünscht, daß diese Bestimmungen auch wirklich für Hamburg und Bremen fortbestehen und auf das übrige deutsche Gebiet erstreckt würden, dann, wenn mit dem Inkrafttreten des Reichsgesetzes jene Landesgesetze außer Kraft treten würden.

Von verschiedenen Seiten wurden deshalb in erster Lesung Anträge gestellt, eine ganze Reihe von Paragraphen des Hamburger Gesetzes vom 18. September 1896 in das Reichsgesetz zu übernehmen. Nach eingehenden Berathungen wurden dann schließlich alle diese Anträge zurückgezogen mit Ausnahme des nachstehenden Antrags:

Hinter den § 22 der Vorlage einen neuen Paragraphen mit folgendem Wortlaut einzuschieben:

„Den zur Beförderung angenommenen Auswanderern darf nicht die Verpflichtung auferlegt werden, den Passagepreis oder einen Theil desselben oder ihnen geleistete Vorschüsse nach ihrer Ankunft am Bestimmungsorte zu zahlen oder zurückzuerstatten oder durch Arbeit abzuverdienen; ebensowenig dürfen sie in der Wahl ihres Aufenthaltsortes oder ihrer Beschäftigung im Bestimmungslande beschränkt werden."

Der Antrag wurde mit den allerdings früher häufiger als gegenwärtig gemachten üblen Erfahrungen völlig mittelloser Auswanderer begründet, die bei Abstattung der ihnen geleisteten Vorschüsse in den Zustand einer vorübergehenden Sklaverei gerathen sind.

Der Antrag fand schließlich durch die Redaktions-Kommission Aufnahme in einem zweiten Absatz des § 23 in der im Gesetz ersichtlichen Fassung, während die auf den Schutz der Auswanderer in gesundheitlicher und sittlicher Hinsicht abzielenden Wünsche in dem § 37 die dort ersichtliche Aufnahme fanden, nachdem regierungsseitig die nachstehende Erklärung zu Protokoll gegeben worden war:

„Die von den Herren Abgeordneten Gerisch und Metzger einerseits und von dem Herrn Dr. Lingens andererseits gestellten Anträge bezwecken übereinstimmend eine Reihe der im Hamburgischen Auswanderungsgesetz enthaltenen Bestimmungen über Einrichtung und Ausrüstung der Auswandererschiffe, insonderheit der für die Auswanderer bestimmten Schiffsräume 2c. in das Gesetz selbst aufzunehmen. Nach Ansicht der verbündeten Regierungen empfiehlt es sich nicht, den Gesetzentwurf mit derartig ins Einzelne gehenden kasuistischen Bestimmungen zu belasten. Der von den Herren Antragstellern beabsichtigte Zweck wird vielmehr besser und vollkommener erreicht, wenn die Regelung der einschlagenden Fragen, wie dies der Gesetzentwurf vorsieht, den vom Bundesrath zu erlassenden Ausführungsvorschriften vorbehalten bleibt, da es auf diesem Wege ermöglicht werde, den öfterem Wechsel unterworfenen Verhältnissen, sowie den stetig sich steigernden Anforderungen hinsichtlich einer zweckentsprechenden Unterbringung der Auswanderer sich anzupassen. Schon die neuerdings fertiggestellten und die noch im Bau begriffenen großen Dampfer der deutschen Schiffsgesellschaften werden den Auswanderern in mancher Hinsicht weitergehende Vergünstigungen bieten, als solche durch die einschlagenden Bestimmungen des Hamburger Gesetzes gefordert werden, und es ist anzunehmen, daß bei späteren Schiffsneubauten unter dem Einflusse der Konkurrenz und der fortschreitenden Technik noch vollkommenere Einrichtungen werden geschaffen werden. Will man daher die gegenwärtigen Hamburger Bestimmungen, dem Vorschlage der Herren Antragsteller gemäß, dem vorliegenden Gesetzentwurfe einverleiben, so ist zu besorgen, daß diese Bestimmungen durch die Praxis bald überholt werden und daß es dann den mit der Ueberwachung und Beaufsichtigung des Auswandererverkehrs befaßten Behörden nicht mehr möglich sein wird, an der Hand dieser veralteten Bestimmungen auf eine den vorgeschrittenen Anschauungen Rechnung tragende Unterbringung und Versorgung der Auswanderer erfolgreich hinzuwirken.

Wenn die Herren Antragsteller mit ihrem Antrage nur sicherstellen wollen, daß auch unter der Herrschaft des neuen Gesetzes den Auswanderern jedenfalls die ihnen durch das Hamburger Gesetz gewährleisteten Vergünstigungen zu Theil werden sollen, so muß demgegenüber hervorgehoben werden, daß es selbstverständlich nicht in der Absicht der verbündeten Regierungen liegt, bei der Fürsorge für die Auswanderer hinter den schon gegenwärtig bestehenden Vorschriften zurückzubleiben. Im Gegentheil sind die Grundsätze des Hamburger Gesetzes über die Sicherheit des Schiffsbetriebes, sowie über die räumliche Unterbringung und den Schutz der Auswanderer in leiblicher und sittlicher Beziehung im Allgemeinen als das Mindestmaß dessen zu betrachten, was in den Ausführungsvorschriften des Bundesraths vorgeschrieben werden wird. Für diese Ausführungsvorschriften wird daher das Hamburger Gesetz im Wesentlichen als Richtschnur angenommen und es werden Abänderungen voraussichtlich nur insoweit vorgenommen werden, als dadurch der beabsichtigte Zweck der möglichst weitgehenden Fürsorge für die Auswanderer noch vollkommener erreicht wird."

§ 22 wurde in der Fassung der Kommission unter Ablehnung aller Ablehnungsanträge bei der 2. Lesung (Sitz. v. 6. Mai 1897) mit großer Mehrheit angenommen.

## § 23.

**Verboten ist die Beförderung sowie der Abschluß von Verträgen über die Beförderung:**

a) **von Wehrpflichtigen im Alter vom vollendeten siebzehnten bis zum vollendeten fünfundzwanzigsten Lebensjahre, bevor sie eine Entlassungsurkunde (§ 14 des Gesetzes über die Erwerbung und den Verlust der Bundes- und Staatsangehörigkeit vom 1. Juni 1870) oder ein Zeugniß der Ersatzkommission darüber beigebracht haben, daß ihrer Auswanderung aus dem Grunde der Wehrpflicht kein Hinderniß entgegensteht;**

b) **von Personen, deren Verhaftung oder Fest-**

**nahme von einer Gerichts- oder Polizeibehörde angeordnet ist;**

**c) von Reichsangehörigen, für welche von fremden Regierungen oder von Kolonisationsgesellschaften oder ähnlichen Unternehmungen der Beförderungspreis ganz oder theilweise bezahlt wird oder Vorschüsse geleistet werden; Ausnahmen von dieser Bestimmung kann der Reichskanzler zulassen.**

Zu § 23.

Auswanderungsfreiheit. In der Mehrzahl der einzelstaatlichen Verfassungsgesetze ist der Grundsatz zum Ausdrucke gelangt, daß die Freiheit der Auswanderung von Staatswegen nur in Bezug auf die Wehrpflicht beschränkt werden dürfe. Auch die bisherige Reichsgesetzgebung schließt sich diesem Grundsatze an. Das Gesetz über das Paßwesen vom 12. Oktober 1867 (Bundes-Gesetzbl. S. 33) bestimmt im § 1, daß Bundesangehörige zum Ausgange aus dem Bundesgebiete keines Reisepapiers bedürfen. Gleiches gilt nach § 2 für Ausländer beim Austritte über die Grenze des Bundesgebiets.

Das Reichsgesetz über die Erwerbung und den Verlust der Staatsangehörigkeit vom 1. Juni 1870 (Bundes-Gesetzbl. S. 355), welches im § 15 diejenigen, im Wesentlichen durch die Rücksicht auf die Wehrpflicht bedingten Fälle aufzählt, in denen die Entlassung aus der Staatsangehörigkeit nicht ertheilt werden darf, knüpft daran im § 17 die Bestimmung, daß aus anderen, als den soeben erwähnten Gründen in Friedenszeiten die Entlassung nicht verweigert werden darf. Die Auswanderung ist auch nur in solchen Fällen als eine ungesetzliche unter Strafe gestellt, in welchen sie unter Verletzung der dem Auswandernden aus dem Gesichtspunkte der Wehrpflicht obliegenden Verpflichtungen erfolgt. — Vgl. Strafgesetzbuch §§ 140 und 360 Nr. 3; Gesetz, betreffend die Verpflichtung zum Kriegsdienste, vom 9. November 1867 (Bundes-Gesetzbl. S. 131) § 15

Absatz 3; Reichsmilitärgesetz vom 2. Mai 1874 (Reichs-Gesetzbl. S. 45) § 60 Nr. 2; Gesetz, betreffend Aenderungen der Wehrpflicht, vom 11. Februar 1888 (Reichs-Gesetzbl. S. 11) § 4 Nr. 3.

Auch das vorliegende Gesetz hält an dem Grundsatze der Auswanderungsfreiheit fest und sieht Beschränkungen derselben nur insoweit vor, als dies durch die vorangeführten gesetzlichen Bestimmungen über die Wehrpflicht, durch die Rücksicht auf die Auswanderer selbst, sowie behufs Durchführung gerichtlicher und polizeilicher Sicherungsmaßnahmen geboten ist.

Im Einzelnen ist Folgendes zu bemerken:

Wehrpflicht. Um die Einhaltung derjenigen gesetzlichen Vorschriften möglichst sicher zu stellen, welche die Auswanderungsfreiheit aus Rücksichten der Wehrpflicht gewissen Einschränkungen unterwerfen, ist unter a für die Unternehmer und Agenten das Verbot ausgesprochen, Auswanderer, welche nicht die erforderlichen militärischen Ausweise beibringen, zu befördern oder Beförderungsverträge mit ihnen abzuschließen. Hinsichtlich der Altersgrenzen, innerhalb deren ein urkundlicher Nachweis in Betreff der Erfüllung der militärischen Pflichten zu verlangen ist, schließt sich die Bestimmung dem § 15 Nr. 1 des Staatsangehörigkeitsgesetzes an.

Das hier ausgesprochene Verbot ist lediglich gewerbepolizeilicher Natur. Daher ist bei einer nach § 43 strafbaren Verletzung des Verbots die Frage, ob damit eine nach dem Strafgesetzbuche zu beurtheilende strafbare Handlung — z. B. Beihülfe zur Wehrpflichtverletzung (§ 140) oder vorsätzlicher Beförderung der Desertion (§ 141) — zusammentrifft, nach allgemeinen Grundsätzen zu entscheiden. Der Thatbestand eines derartigen Vergehens kann auch dann vorliegen, wenn das hier ausgesprochene Verbot nicht Platz greift, da unter Umständen eine Wehrpflichtsverletzung auch von Auswanderern anderer Altersklassen begangen werden kann.

Gerichtliche und polizeiliche Sicherungsmaßnahmen. Der Grundsatz der Auswanderungsfreiheit kann nach allgemeinen Rechtsgrundsätzen solchen Personen gegenüber nicht praktisch wirksam werden, deren Verhaftung oder Festnahme von einer Gerichts- oder Polizeibehörde angeordnet ist.

Es erscheint vielmehr im Interesse einer geordneten Rechtspflege unbedingt geboten, solche Personen bis zur Entscheidung über den ihnen zur Last gelegten Verstoß gegen die öffentliche Rechtsordnung im Inlande zurückzuhalten. In gleicher Weise ist auch in der Begründung zu dem oben angeführten § 17 des Staatsangehörigkeitsgesetzes, demzufolge die Entlassung aus der Staatsangehörigkeit aus anderen, als den im § 15 daselbst bezeichneten, auf die Erfüllung der Wehrpflicht bezüglichen Gründen nicht verweigert werden darf, besonders hervorgehoben, daß dadurch selbstverständlich die Anwendung prozeßrechtlicher Sicherungsmaßregeln nicht ausgeschlossen werden soll.

Vorschüsse und Freipassagen. Große Mißstände sind seit Jahren und namentlich in neuerer Zeit durch solche Werbeversuche hervorgetreten, bei welchen den Auswanderern die ganz oder theilweise unentgeltliche Beförderung im Auftrage fremder Regierungen oder von Kolonisationsgesellschaften oder ähnlichen Unternehmungen angeboten, oder die Bestreitung der Reisekosten durch Vorschüsse erleichtert wird. Diese Werbungen bilden nicht nur ein wirthschaftliches Uebel, insofern durch sie die Neigung, das deutsche Vaterland zu verlassen, in unerwünschter Weise geweckt oder genährt wird; sie sind auch zumeist mit bitteren Enttäuschungen für die Auswanderer selbst verbunden, da diese in der Regel die gewährten Vortheile im Lande der Ankunft mit Entbehrungen jeglicher Art bezahlen müssen. Es hat sich herausgestellt, daß Agenten, welche unter derartigen Anerbietungen in gewissenloser Weise Werbungen betrieben, nicht zur Rechenschaft gezogen werden konnten, weil die Gesetze der Partikularstaaten keine Handhabe zum Einschreiten boten. Um diesen Mißständen zu begegnen, empfiehlt es sich, nach dem Vorbilde der schweizerischen Gesetzgebung (Art. 42 der durch Bundesrathsbeschluß vom 12. Februar 1889 ergänzten Vollziehungsverordnung vom 10. Juli 1888 zum Bundesgesetze vom 22. März 1888) die Beförderung von Reichsangehörigen unter derartigen Bedingungen sowie den Abschluß entsprechender Beförderungsverträge grundsätzlich zu verbieten. Da jedoch unter Umständen Ausnahmen sich als erwünscht erweisen möchten, namentlich in dem Falle, wenn deutsche Kolonisationsgesellschaften

(§ 7 Abs. 1) ihre als förderungswerth erkannten Ziele ohne die Gewährung von Erleichterungen der angegebenen Art nicht würden erreichen können, so wird die Zulassung von Ausnahmen von dem die Regel bildenden Verbote durch den Reichskanzler vorzusehen sein. Den Kolonisationsgesellschaften sind „ähnliche Unternehmungen" gleichgestellt, da nach neueren Erfahrungen nicht selten industrielle und andere nicht unmittelbar kolonisatorischen Zwecken dienende Unternehmungen in überseeischen Ländern, die Anwerbung deutscher Arbeiter unter Anerbietung der bezeichneten Vortheile betreiben. Die in Deutschland zugelassenen Auswanderungsunternehmer fallen nicht unter die Bestimmung. Soweit diese behufs Förderung ihres Geschäftsbetriebs zu Mitteln der bezeichneten Art greifen sollten, wird im Verwaltungswege Abhülfe geschafft werden können.

**Prepaids.** Auf diejenigen Freipassagen und Vorschüsse, welche als sogenannte **Prepaids** von im Auslande wohnenden Deutschen ihren Angehörigen in der Heimath behufs Bewerkstelligung ihrer Auswanderung übermittelt werden, findet die Verbotsbestimmung selbstverständlich keine Anwendung. (Begr. S. 39 fg.)

Zu dem in der Reichstagskommission von einem Mitgliede gestellten Antrage

im § 23 Absatz a hinzuzufügen:

> „Die Beförderung Verfügungsunfähiger ist nur mit Zustimmung ihrer gesetzlichen Vertreter, die Beförderung körperlich Hülfloser nur in Begleitung für sie sorgender Angehöriger gestattet."

wurde von einem der Regierungsvertreter bemerkt:

> „Soweit der Antrag die Beförderung Verfügungsunfähiger betreffe, sei die Frage bereits durch den § 23 geregelt. Die Beförderung dürfe nur auf Grund eines vorher abgeschlossenen Vertrags erfolgen. Daraus ergebe sich, daß nach Maßgabe des bürgerlichen Rechts bei Geschäftsunfähigen der Beförderungsvertrag vom gesetzlichen Vertreter abgeschlossen werden müsse. Bei den in ihrer Geschäftsfähigkeit Beschränkten habe, wenn sie selbst den Vertrag abschlössen, die Zustimmung des Vertreters hinzuzutreten.

Was die Beförderung körperlich Hülfloser anbetreffe, so werde es Aufgabe der Ausführungsbestimmungen sein, die erforderlichen Vorschriften zu treffen. Die Regelung derartiger Einzelheiten durch das Gesetz dürfe sich nicht empfehlen."

Der Antrag wurde daraufhin vom Antragsteller zurückgezogen.

Es wurde die Frage aufgeworfen, ob es der besonderen im § 23 unter b enthaltenen Vorschrift gegenüber den Bestimmungen des Strafgesetzbuchs bedürfe. Von einem der Regierungsvertreter wurde darauf hingewiesen, daß das in erster Linie in Betracht kommende Vergehen der Begünstigung nach § 257 des Strafgesetzbuchs nur bei Verbrechen oder Vergehen strafbar sei. Im Uebrigen verstehe es sich nach allgemeinen strafrechtlichen Grundsätzen von selbst, daß Zuwiderhandlungen gegen das Verbot unter b nur strafbar sind, wenn dem Zuwiderhandelnden ein Verschulden — Vorsatz oder Fahrlässigkeit — zur Last falle.

Für den Schluß des vierten Abschnitts des Entwurfs war seitens eines Mitgliedes der Kommission der nachstehende Antrag gestellt worden:

im Abschnitt IV folgende Bestimmung aufzunehmen:

„Der Unternehmer ist verpflichtet, mit seinen Schiffen beförderte, im Bestimmungslande zurückgewiesene, sowie solche Auswanderer, die durch ihn angenommen, aber wegen Nichtzahlung des Ueberfahrtgeldes nicht befördert sind, auf seine Kosten in die Heimath und, soweit es sich um nichtdeutsche Auswanderer handelt, über die deutsche Grenze hinaus zurückzubefördern."

Der Antragsteller begründete ihn durch die schlimmen Erfahrungen, die in Hamburg, Bremen und Berlin mit Rückwanderern, insbesondere mit ausländischen, mittellosen Rückwanderern gemacht worden sind, für deren Rückbeförderung es an verpflichteten Personen gefehlt habe.

Regierungsseitig wurde anerkannt, daß solche Mißhelligkeiten früher vorgekommen seien, aber betont, daß dies schon seit mehreren Jahren nicht mehr der Fall sei. Die Abstellung dieser Mißstände werde sich leichter durch Bundesrathsverordnung und noch leichter im Rahmen der an die Unternehmer zu ertheilenden Erlaubnißurkunden regeln lassen.

Der Antragsteller zog auf Grund dieser Erklärungen seinen Antrag zurück.

Zu § 23 Absatz c war beantragt worden, zu sagen:

„von ausländischen Kolonisationsgesellschaften".

Nachdem es aber als wünschenswerth nachgewiesen worden war, die Beschränkung auch auf inländische Gesellschaften anwenden zu können, wurde der Antrag zurückgezogen.

Durch die Beschränkung auf die im § 23 enthaltenen Verbotsfälle hat sich das Reichsgesetz vom 9. Juni 1897 in dem positiv rechtlich erreichbaren Umfang zum Prinzip der Auswanderungsfreiheit bekannt und damit eine legislative Aufgabe erfüllt, die von zahlreichen früheren deutschen parlamentarischen Versammlungen nicht in befriedigender Weise gelöst worden ist. Der der Verkehrsfreiheit günstigere Zug des neuen Gesetzes zeigt sich am deutlichsten durch die Vergleichung seiner Vorschriften mit den Bestimmungen des Entwurfes vom Jahre 1892. Dieser enthielt im § 21 als allgemeine Bestimmung über die Auswanderung:

„Wer aus dem Reichsgebiete auswandern will, hat hiervon der Ortspolizeibehörde seines Wohnsitzes oder, in Ermangelung eines solchen, derjenigen seines gewöhnlichen Aufenthaltsortes für sich und die ihn begleitenden Familienangehörigen Anzeige zu machen. Die Anzeige hat den voraussichtlichen Zeitpunkt der Auswanderung zu enthalten.

Die Ortspolizeibehörde hat über die bevorstehende Auswanderung eine öffentliche Bekanntmachung zu erlassen. Nach Ablauf von vier Wochen seit dem Tage der Bekanntmachung ist dem Auswandernden über letztere eine Bescheinigung zu ertheilen. Die Bescheinigung kann auf Antrag vor Ablauf von vier Wochen ertheilt werden, falls kein Grund zu der Annahme vorliegt, daß der Auswandernde sich durch die Auswanderung bestehenden Verpflichtungen entziehen will.

Soll die Auswanderung später als drei Monate nach dem in der Bescheinigung angegebenen Zeitpunkte oder unter

Zurücklassung eines der darin bezeichneten Angehörigen stattfinden, so bedarf es einer erneuten Anzeige und Bekanntmachung.

Die öffentliche Bekanntmachung und die Ertheilung der Bescheinigung erfolgt stempel= und kostenfrei."

Der Entwurf ging dabei von der Erwägung aus, daß das Gesetz es als eine seiner vornehmlichen Aufgaben betrachten müsse durch geeignete Maßregeln den Mißbräuchen vorzubeugen, zu welchen die gewährleistete Auswanderungsfreiheit benutzt werden kann. Es handle sich dabei vor Allem um die Verhinderung der **heimlichen** Auswanderung, wenn der Auswandernde durch diese bestehenden Verpflichtungen sich entziehen will. Denn dem Rechte zur Auswanderung stehe die Pflicht des Auswandernden zur vorherigen Erfüllung oder Regelung der ihm obliegenden öffentlichrechtlichen und privatrechtlichen Verpflichtungen gegenüber. Es kommen hierbei insbesondere in Betracht die Ansprüche, welche der Staat aus strafbaren Handlungen des Auswandernden, der Staat und sonstige öffentliche Verbände aus seiner Abgabepflicht, Armenverbände aus armenrechtlichen Verpflichtungen des Auswanderers, einzelne Personen aus privatrechtlichen Titeln gegen den Auswandernden zu erheben haben. Um die Interessen dieser Betheiligten zu wahren, ist es nothwendig, daß die Absicht des Auswandernden, seine Heimath zu verlassen, rechtzeitig und in glaubhafter Form zur Kenntniß der Betheiligten gebracht wird, so daß die Letzteren Gelegenheit erhalten, ihre Ansprüche geltend zu machen, bevor der Auswanderer das Reichsgebiet verläßt.

Deshalb sollte der Auswanderer verpflichtet werden, seine Absicht auszuwandern, regelmäßig nicht später als vier Wochen vor ihrer Ausführung der Ortspolizeibehörde seines Wohnsitzes oder, in Ermangelung eines solchen, der Behörde seines gewöhnlichen Aufenthaltsorts anzuzeigen. Die Behörde sollte sodann die bevorstehende Auswanderung durch Bekanntmachung zur öffentlichen Kenntniß bringen und nach Ablauf von vier Wochen über die erfolgte Bekanntmachung von Amtswegen eine Bescheinigung ertheilen. Die Auswanderung selbst sollte nur nach Ertheilung der Bescheinigung, also regelmäßig erst nach Ablauf von vier Wochen nach der Anzeige zulässig sein, jedoch nicht von dem Nachweise der Erledigung der etwa inzwischen geltend gemachten Ansprüche abhängig gemacht werden.

Nach Ansicht des Entwurfes stand dieses Verfahren ebensowenig mit dem Grundsatz der Auswanderungsfreiheit in Widerspruch, wie die polizeiliche Meldepflicht mit dem Grundsatz der Freizügigkeit.

Die Anzeige der Auswanderungsabsicht sollte erst dann erfolgen, wenn der Auswandernde in der Lage ist, den voraussichtlichen Zeitpunkt der Auswanderung selbst zu bestimmen. Dieser Zeitpunkt ist in der Anzeige anzugeben. Der Zeitpunkt der Bekanntmachung der Auswanderung sollte demjenigen des Vollzuges der letzteren so nahe liegen, daß — worüber das verständige Ermessen der Behörde entschieden haben würde — die Auswanderung als eine „bevorstehende" angesehen werden kann. Die Ertheilung der Bescheinigung über die erfolgte Bekanntmachung sollte vier Wochen nach dem Tage der letzteren erfolgen. Die ausnahmslose Einhaltung dieser Frist würde jedoch in denjenigen Fällen zu Härten geführt haben, wo nach Lage der Umstände eine Verletzung der Interessen Dritter nicht füglich in Frage kommen konnte. Der Ortspolizeibehörde war deshalb die Befugniß eingeräumt, dann, wenn nach ihrem Ermessen kein Grund zu der Annahme vorliegt, daß der Auswandernde sich bestehenden Verpflichtungen entziehen wolle, die Bescheinigung schon früher zu ertheilen. In diesem Falle wurde aber ein entsprechender Antrag des Auswandernden vorausgesetzt.

Der Bescheinigung sollte eine Gültigkeit von drei Monaten, gerechnet von dem in der Anzeige und demgemäß auch in der Bekanntmachung angegebenen Zeitpunkte an, beigelegt werden. Innerhalb dieser Frist würde einerseits der Auswandernde in der Regel seine Absicht thatsächlich zur Ausführung bringen können, andererseits die Entstehung neuer Verbindlichkeiten, deren Erfüllung er sich entziehen könnte, nicht vorauszusetzen sein. Bei Ueberschreitung der Frist wäre ein neues Bekanntmachungsverfahren einzuleiten gewesen.

Die Anzeige sollte zugleich für die den Auswandernden begleitenden Familienangehörigen erfolgen, damit die betheiligten

Armenverbände in die Lage gesetzt werden, bei etwa beabsichtigter Zurücklassung hülfloser oder unterstützungsbedürftiger Angehöriger die erforderlichen Maßregeln zu ergreifen. Die ertheilte Bescheinigung sollte daher ihre Gültigkeit einbüßen, falls die Auswanderung unter Zurücklassung eines der in der Anzeige namhaft gemachten Angehörigen vollzogen werden sollte. Durch das Ausscheiden eines Angehörigen durch den Tod wurde dagegen die Gültigkeit der Bescheinigung nicht berührt. Gesinde oder sonstige nicht zur Familie gehörige Hausgenossen waren den Familienangehörigen nicht gleichgestellt, hätten vielmehr die Anzeige für ihre Person selbständig zu bewirken.

Diese Verpflichtung zur Anzeige der Auswanderungsabsicht sollte behufs Erfüllung ihrer Zweckbestimmung gleichmäßig Reichsangehörige wie Ausländer treffen, soweit letztere vor der Auswanderung einen Wohnsitz oder wenigstens einen dauernden Aufenthalt im Reichsgebiet genommen haben. Die Verpflichtung sollte bindend sein für die Auswanderung sowohl nach europäischen wie nach außereuropäischen Ländern.

Der § 23 des Entwurfes vom Jahre 1892 enthielt abweichend vom Text des gegenwärtigen § 23 noch unter Z. 2 das Verbot der Auswanderung von Personen, welchen nach den im Bestimmungslande geltenden Vorschriften die Einwanderung untersagt ist. Der Entwurf ging dabei von der Anschauung aus, daß ein solches Verbot sowohl im öffentlichen Interesse wie zum Nutzen der Auswanderer selbst getroffen werden müsse. Denn bei den verschiedentlich bestehenden — namentlich in den Vereinigten Staaten von Amerika sehr strengen — Einwanderungsverboten könne es nur im wahren Interesse der Auswanderer liegen, wenn sie durch die einheimische Gesetzgebung gehindert würden, eine mit Kosten verbundene beschwerliche Reise anzutreten, sofern von vornherein feststeht, daß sie an ihrem Reiseziel zurückgewiesen werden. Auch das Interesse derjenigen Armenverbände, welchen solche Auswanderer im Falle der Zurückweisung zur Last fallen, rechtfertige die Verbotsbestimmung, welche in gleicher Weise in der neueren Auswanderungsgesetzgebung überall wiederkehrt. — Vergl. hamburgisches Gesetz vom 14. Januar 1887 § 25; italienisches Reglement vom 10. Januar

1889 Artikel 12; schweizerisches Gesetz vom 22. März 1888 Artikel 11 Nr. 4. — Diese polizeilichen Prohibitivmaßregeln des Entwurfes vom Jahre 1892 fanden in der Publizistik, wie im Parlament den energischsten Widerspruch und verhinderten das Zustandekommen des Gesetzes. Durch die Ausscheidung dieser Bestimmungen hat sich das Gesetz vom 9. Juni 1897, von einem Ballast mehr chikanöser als wirksamer Normen befreit, die der Auswanderung nicht nur deutscher Staatsangehöriger, sondern auch Fremder empfindliche Erschwerungen bereiten konnten und darum voraussichtlich nur zur Ablenkung des Auswanderungsverkehrs von deutschen Häfen geführt hätten.

## § 24.

**Auswanderer, welche sich nicht im Besitze der nach § 23, a erforderlichen Urkunde befinden, oder welche zu den im § 23 unter b und c bezeichneten Personen gehören, können durch die Polizeibehörden am Verlassen des Reichsgebiets verhindert werden.**

**Die Polizeibehörden in den Hafenorten sind befugt, die Unternehmer an der Einschiffung von Personen zu verhindern, deren Beförderung auf Grund dieses Gesetzes verboten ist.**

### Zu § 24.

Kontrolle in den Hafenorten und an der Landgrenze. Um den Vorschriften, durch welche die in ungesetzlicher Weise sich vollziehende Auswanderung verhütet werden soll, Wirksamkeit zu sichern, bedarf es einer strengen Kontrolle an den deutschen Hafenplätzen, in welchen die Einschiffung der Auswanderer stattzufinden pflegt, sowie für diejenigen Auswanderer, welche das Reichsgebiet auf dem Landwege verlassen, an der Landgrenze.

Durch die Bestimmung im Absatze 2 wird für die betheiligten Polizeibehörden die Befugniß außer Zweifel gestellt, die unge=

setzliche Einschiffung von Auswanderern seitens der Unternehmer thatsächlich zu verhindern. Um der heimlichen, mit Verletzung bestehender Verpflichtungen sich vollziehenden Auswanderung (§ 23 unter a) vorzubeugen und um den das Interesse der Auswanderer selbst wahrnehmenden Vorschriften des § 23 unter c volle Wirksamkeit zu verschaffen, bedarf es aber ferner einer Vorschrift, welche die Polizeibehörden ermächtigt, in den angegebenen Fällen die Auswanderer selbst am Verlassen des Reichsgebiets zu verhindern. Diese im Absatze 1 vorgesehene Befugniß der Polizeibehörden ist insbesondere an der Landgrenze von praktischer Bedeutung. Denn hier kommen vorzugsweise solche Auswanderer in Betracht, welche durch Vermittelung eines ausländischen, dem deutschen Gesetz nicht unterworfenen Unternehmers befördert werden wollen. (Begr. S. 39 ff.)

## V. Besondere Bestimmungen für die überseeische Auswanderung nach außereuropäischen Ländern.

### § 25.

**Verträge über die überseeische Beförderung von Auswanderern müssen auf Beförderung und Verpflegung bis zur Landung im außereuropäischen Ausschiffungshafen gerichtet sein. Sie sind auf die Weiterbeförderung und Verpflegung vom Ausschiffungshafen bis an das Auswanderungsziel zu erstrecken, insoweit dies bei der Ertheilung der Erlaubniß (§ 1) zur Bedingung gemacht ist.**

**Soll das Schiff in einem außerdeutschen Hafen bestiegen oder gewechselt werden, so ist dies in den Beförderungsvertrag aufzunehmen.**

### Zu § 25.

Schutzvorschriften für die überseeische Beförderung. Für die überseeische Beförderung, während welcher die Auswanderer ihre Person und ihre Habe für längere Zeit einem Seeschiffe anvertrauen müssen und in ihrem Wohlergehen vollständig von den Einrichtungen dieses Schiffs und dessen Schicksalen abhängig sind, bedarf es besonderer Schutzvorschriften. Solche Vorschriften, welche den Auswanderern einerseits eine pünktliche Beförderung nach dem Bestimmungsorte, andererseits eine angemessene Unterkunft und Verpflegung während der Reise sichern, sind in der Gesetzgebung der meisten ausländischen Seestaaten enthalten. Auch der Kapp'sche Entwurf zum Auswanderungsgesetze hatte eine Anzahl hierauf abzielender Bestimmungen vorgesehen, welche in dem hamburgischen Auswanderungsgesetze vom 14. Januar 1887 durchweg Aufnahme gefunden haben.

Das vorliegende Gesetz schließt sich im Wesentlichen dem Kapp'schen Gesetzentwurfe an, namentlich auch insofern, als nur ein Theil der in der fraglichen Richtung zu erlassenden Bestimmungen in das Gesetz selbst aufgenommen, ein anderer Theil aber der Festsetzung im Wege der Ausführungsvorschriften überlassen ist. Die Aufnahme in das Gesetz selbst empfahl sich besonders bei denjenigen Vorschriften, welche die privatrechtlichen Ansprüche der Auswanderer gegenüber dem Unternehmer regeln. Hinsichtlich der im öffentlichen Interesse unter polizeilichen Gesichtspunkten dem Unternehmer aufzuerlegenden Verpflichtungen erschien es angemessen, nur die grundsätzlichen Vorschriften im Gesetze selbst festzulegen, die Einzelbestimmungen aber, welche je nach den wechselnden Bedürfnissen dem Wandel unterliegen, den Ausführungsvorschriften zu überlassen.

Die Vorschriften des Abschnitts V finden nur auf die konzessionspflichtige Beförderung von Auswanderern nach außereuropäischen Ländern und überdies in der Regel nur dann Anwendung, wenn das Schiff von einem deutschen Hafen ausgeht.

Falls ausländischen Unternehmern die Erlaubniß zur Beförderung von Auswanderern von ausländischen Häfen aus auf Grund des § 4 des Gesetzes ertheilt werden sollte, wird die

Befolgung der in diesem Abschnitte getroffenen Bestimmungen (unter den hinsichtlich der §§ 34 und 35 aus der Natur der Sache sich ergebenden Modifikationen), sowie der durch den Bundesrath auf Grund des § 36 getroffenen Anordnungen durch Aufnahme zweckdienlicher Vorschriften in die Konzessionsurkunde sicherzustellen sein.

Beförderung bis zum Ausschiffungshafen. Das Gesetz geht davon aus, daß es besonderer gesetzlicher Vorschriften, welche den Auswanderern außergewöhnliche Rechte geben, nur für die längeren Reisen nach außereuropäischen Ländern bedarf, daß dagegen bei einer etwaigen überseeischen Auswanderung nach europäischen Ländern — beispielsweise nach England — solche Schutzvorschriften entbehrlich sind.

Für den Fall der überseeischen Auswanderung nach außereuropäischen Ländern ist zunächst Sorge dafür zu tragen, daß mit dem Auswanderer nur solche Verträge abgeschlossen werden, auf Grund deren er nach dem von ihm für sein Auswanderungsziel gewählten überseeischen Ausschiffungshafen befördert und dort gelandet werden muß, nicht aber vor Landung in diesem Hafen auf anderweitige Beförderungsgelegenheit angewiesen wird. Der Vertrag muß sich neben der Beförderung auch auf die Verpflegung des Auswanderers erstrecken, damit diese für alle Fälle sichergestellt ist. In welcher Weise die Verpflegung zu gewähren ist, wird, soweit darüber zwingende Normen erforderlich erscheinen, durch die Auswanderungsvorschriften festzusetzen sein. Im Wesentlichen entspricht der Paragraph dem § 20 des Kapp'schen Entwurfs und des Entwurfs der Reichstagskommission. (Begr. S. 40 ff.)

Die gegenwärtige Fassung des § 25 rührt von der Kommission her, die bei der ausführlicheren Bestimmung in § 25 einerseits die Durchführung des sogenannten Spezialisirungsprinzips, andererseits den Schutz der Auswanderer gegen etwaige Uebervortheilungen und Belästigungen bei indirekter Beförderung im Auge hatte.

## § 26.

**Der Verkauf von Fahrscheinen an Auswanderer zur Weiterbeförderung von einem überseeischen Platze aus ist verboten.**

**Dieses Verbot findet jedoch keine Anwendung auf Verträge, durch welche der Unternehmer (§ 1) sich zugleich zur Weiterbeförderung vom überseeischen Ausschiffungshafen aus verpflichtet.**

### Zu § 26.

Verkauf von Fahrscheinen für die Weiterbeförderung. Auswanderer werden nicht selten durch den Verkauf von Fahrscheinen für die weitere Beförderung von ihrem Bestimmungshafen aus, namentlich für die Eisenbahnbeförderung in das Innere des Landes, übervortheilt, wenn sie solche Fahrscheine in Unkenntniß der Verhältnisse bereits im Inlande vor der Abreise erstehen.

Der Verkauf von Fahrscheinen, welche von einem überseeischen Platze aus gelten, wird daher schlechthin zu verbieten sein, und zwar gleichviel, ob die Weiterbeförderung auf der Eisenbahn in das Innere des Landes oder mit einer anderweitigen Schiffsgelegenheit nach einem Hafenplatze erfolgen soll. Nur wenn, wie dies bei den großen Schiffsgesellschaften häufig geschieht, der Unternehmer die Weiterbeförderung des Auswanderers nach seinem letzten Reiseziele über den überseeischen Bestimmungshafen hinaus im Beförderungsvertrage übernimmt und damit zugleich für diese Weiterbeförderung Gewähr leistet, wird von dieser Verbotsregel abzusehen sein. (Begr. S. 41 ff.)

## § 27.

**Der Unternehmer ist verpflichtet, den Auswanderern an dem zu ihrer Einschiffung oder Weiterbeförderung bestimmten Orte bei jeder nicht von**

**ihnen selbst verschuldeten Verzögerung der Beförderung von dem vertragsmäßig bestimmten Abfahrtstag an ohne besondere Vergütung Unterkunft und Verpflegung zu gewähren.**

Zu § 27.

Verzögerung der Beförderung. Die Bestimmungen des Handelsgesetzbuchs über den Rücktritt vom Beförderungsvertrage und über die Auflösung des letzteren sind, wie bereits in der Begründung zu den §§ 25 ff. des Kapp'schen Entwurfs ausgeführt ist, nicht ausreichend, um die Auswanderer vor Schädigungen zu bewahren, welche ihnen aus einer ihrerseits nicht verschuldeten Verzögerung des Antritts der Reise oder aus einer Unterbrechung derselben durch Unglücksfälle erwachsen können.

Das Gesetz geht davon aus, daß alle Nachtheile, welche aus derartigen Hindernissen entstehen, dem finanziell leistungsfähigeren Unternehmer zur Last fallen, dem Auswanderer aber die rechtzeitige Beförderung nach dem vertragsmäßigen Bestimmungshafen ohne weitere als die im Vertrage ausbedungenen Kosten unter allen Umständen gesichert werden müsse.

Demgemäß sorgt zunächst die Vorschrift im § 27, welche übrigens einem in den deutschen Abgangshäfen bereits jetzt geltenden Grundsatze Ausdruck giebt, für die kostenlose Unterkunft und Verpflegung der Auswanderer bis zum Augenblicke der Einschiffung. Herkömmlich lauten die Verträge auf die Beförderung von den großen Hafenplätzen selbst aus, während die Einschiffung neuerdings wegen des Tiefgangs der Schiffe zumeist in mehr seewärts gelegenen Häfen erfolgt, nach welchen die Auswanderer für Rechnung der Unternehmer mit der Eisenbahn befördert zu werden pflegen. Die Unterbringung der Auswanderer soll in beiden Orten zulässig sein. Nähere Bestimmungen über die Art der Unterkunft (Abs. 2 des § 24 im Kapp'schen Entwurfe) sind den Ausführungsvorschriften überlassen. Die Unterkunft und Verpflegung der Auswanderer bei einer Unterbrechung der Reise wird im § 30 geregelt. (Begr. S. 42 f.)

Der gescheiterte Entwurf vom Jahre 1892 bezweckte in seinem § 27, lautend:

> „Der Unternehmer ist verpflichtet, nach näherer Bestimmung des Bundesraths die Ueberfahrtsgelder und Lebensmittel sowie die etwaigen Verluste und Schäden, welche in Folge gänzlicher oder theilweiser Nichterfüllung des Beförderungsvertrages eintreten können, zu versichern oder einen der Versicherungssumme entsprechenden Betrag zu hinterlegen.
>
> Der Auswanderungsbehörde des Hafenplatzes (§ 38) ist vor Abgang des Schiffes der Nachweis zu liefern, daß dieser Vorschrift genügt ist."

eine erhöhte Sicherstellung der Ansprüche der Auswanderer, für welche die ein für allemal vom Unternehmer zu leistende Kaution allein nicht immer ausreichend erschien. Die Versicherung sollte vor Abgang des Schiffes in einer solchen Höhe genommen werden, daß sie auch beim Hinzutritt von Auswanderern in einem Zwischenhafen ausreichend bleibt. Unter dieser Voraussetzung sollte von einem erneuten, etwa dem betreffenden Konsul zu liefernden Nachweise der vorschriftsmäßigen Versicherung im Zwischenhafen abgesehen werden können. Der neue Entwurf hat auf diese lebhaft angefochtene kautelarische Maßregel verzichten zu können geglaubt.

## § 28.

**Falls die Verzögerung länger als eine Woche dauert, hat der Auswanderer, unbeschadet der ihm nach dem bürgerlichen Rechte etwa zustehenden Ansprüche auf Schadensersatz, das Recht, von dem Vertrage zurückzutreten und die Rückerstattung des gezahlten Ueberfahrtsgeldes zu verlangen.**

### Zu § 28.

§ 28 geht davon aus, daß dem Auswanderer eine längere Wartefrist als eine Woche nicht angesonnen werden dürfe. Im Kapp'schen Entwurfe war eine Frist von 14 Tagen vorgesehen.

Die Abkürzung dürfte sich aus der inzwischen eingetretenen erheblichen Vermehrung der Schiffsgelegenheiten rechtfertigen, welche es dem Unternehmer erleichtert, im Verhinderungsfalle die Auswanderer mit einem anderen Schiffe zu befördern. Die Frage, ob der Verpflichtung des Unternehmers genügt wird, wenn er dem Auswanderer zur Beförderung mit einem anderen als dem im Vertrage etwa namhaft gemachten Schiffe innerhalb der Frist Gelegenheit bietet, wird im Einzelfalle nach der dem Vertrage zu Grunde liegenden Absicht beider Theile zu entscheiden sein. In Betreff der an die Verzögerung der Beförderung geknüpften rechtlichen Folgen entspricht der Entwurf dem Kapp'schen Entwurfe und dem hamburgischen Auswanderungsgesetze. (Begr. S. 42 ff.)

## § 29.

**Die Rückerstattung des Ueberfahrtsgeldes kann auch dann verlangt werden, wenn der Auswanderer oder einer der ihn begleitenden Familienangehörigen vor Antritt der Seereise stirbt oder nachweislich durch Krankheit oder durch sonstige außer seiner Macht liegende Zwischenfälle am Antritte der Seereise verhindert wird.**

**Das Gleiche gilt, wenn in Fällen des § 26 Absatz 2 die Verhinderung im überseeischen Ausschiffungshafen eintritt, rücksichtlich des den Weiterbeförderungskosten entsprechenden Theiles des Ueberfahrtsgeldes.**

**Die Hälfte des Ueberfahrtsgeldes kann zurückverlangt werden, wenn der Auswanderer vor Antritt der Reise vom Vertrag aus anderen Gründen zurücktritt.**

### Zu § 29.

Nichtantritt der Reise. Das Handelsgesetzbuch verlangt bei Nichtantritt der Reise wegen Todes, Krankheit oder anderer in der Person des Reisenden sich ereignenden Zufälle die Zahlung der Hälfte des Ueberfahrtsgeldes. (§ 667 H.G.B.) Die abweichende Bestimmung des Entwurfs entspricht im Wesentlichen dem hamburgischen Gesetze (§ 20) und dem belgischen Gesetze vom 14. Dezember 1876 (Artikel 5), soweit sie über die Vorschriften dieser Gesetze hinausgeht, der in Hamburg geltenden Praxis. Als Familienangehörige kommen hier nur diejenigen Personen in Betracht, welche als ein geschlossener Kreis von Familiengliedern die Auswanderung gemeinschaftlich zu vollziehen beabsichtigen. (Begr. S. 42 ff.)

## § 30.

Wird das Schiff durch einen Seeunfall oder einen anderen Umstand an der Fortsetzung der Reise verhindert oder zu einer längeren Unterbrechung derselben genöthigt, so ist der Unternehmer (§ 1) verpflichtet, ohne besondere Vergütung den Auswanderern angemessene Unterkunft und Verpflegung zu gewähren und die Beförderung derselben und ihres Gepäcks nach dem Bestimmungsorte so bald als möglich herbeizuführen.

Diese Vorschrift findet sinngemäße Anwendung auf die Weiterbeförderung vom überseeischen Ausschiffungshafen aus (§ 26 Absatz 2).

Die Reichstagskommission hat an Stelle des im Entwurfe enthaltenen Ausdrucks „einstweilige" Unterkunft „angemessene" gesetzt, eine Aenderung, die im Plenum angenommen wurde.

## § 31.

Vereinbarungen, welche den Bestimmungen der §§ 27 bis 30 zuwiderlaufen, haben keine rechtliche Wirkung.

Zu § 31.

Die Bestimmungen in den §§ 28 bis 31 können ihren Zweck nur dann erfüllen, wenn sie öffentlich-rechtlichen Charakter erhalten, und demgemäß einer vertragsmäßigen Abänderung derselben die rechtliche Wirkung versagt bleibt. (Begr. S. 42 ff.)

## § 32.

**Der Unternehmer kann verpflichtet werden, zur Sicherstellung der ihm aus den §§ 27 bis 30 entstehenden Verpflichtungen eine das Ueberfahrtsgeld um den halben Betrag übersteigende Summe zu versichern oder einen der Versicherungssumme entsprechenden Betrag zu hinterlegen.**

Zu § 32.

Versicherungspflicht des Unternehmers. Diese dem § 21 des Kapp'schen Entwurfs und des Entwurfs der Reichstagskommission nachgebildete Bestimmung bezweckt die Möglichkeit einer erhöhten Sicherstellung der Ansprüche der Auswanderer für den Fall, daß hierauf nicht bereits bei Bemessung des Betrags der von dem Unternehmer zu leistenden Sicherheit Rücksicht genommen worden ist. Die näheren Bestimmungen, insbesondere auch in Betreff des der Auswanderungsbehörde des Hafenplatzes (§ 40) zu liefernden Nachweises über die Erfüllung der Vorschrift des § 32, werden im Wege der Ausführungsvorschriften zu treffen sein. (Begr. S. 43 ff.)

S. oben Ausführungen zu § 27.

## § 33.

**Der Unternehmer hat dafür Sorge zu tragen, daß das Schiff, mit welchem die Auswanderer befördert werden sollen, für die beabsichtigte Reise völlig**

seetüchtig, vorschriftsmäßig eingerichtet, ausgerüstet und verproviantirt ist.

Die gleiche Verpflichtung trifft den Führer des Schiffes.

## § 34.

Jedes Auswandererschiff unterliegt vor dem Antritte der Reise einer Untersuchung über seine Seetüchtigkeit, Einrichtung, Ausrüstung und Verproviantirung.

Die Untersuchung erfolgt durch amtliche, von den Landesregierungen bestellte Besichtiger.

## § 35.

Vor Abgang des Schiffes ist der Gesundheitszustand der Auswanderer und der Schiffsbesatzung durch einen von der Auswanderungsbehörde (§ 40) zu bestimmenden Arzt zu untersuchen.

### Zu § 35.

In der Kommission erst wurde die Verpflichtung der ärztlichen Untersuchung nach § 35 auch auf die Schiffsbesatzung erstreckt und demgemäß die oben ersichtliche Einschaltung gemacht.

## § 36.

Der Bundesrath erläßt Vorschriften über die Beschaffenheit, Einrichtung, Ausrüstung und Verproviantirung der Auswandererschiffe, über die amtliche Besichtigung und Kontrolle dieser Schiffe, ferner über die ärztliche Untersuchung der Reisenden und

**der Schiffsbesatzung vor der Einschiffung, über die Ausschließung kranker Personen, über das Verfahren bei der Einschiffung und über den Schutz der Auswanderer in gesundheitlicher und sittlicher Hinsicht.**

**Die vom Bundesrath erlassenen Vorschriften sind durch das Reichs-Gesetzblatt zu veröffentlichen und dem Reichstage bei seinem nächsten Zusammentritte zur Kenntnißnahme vorzulegen.**

Zu §§ 34—36.

Kontrolle der Auswandererschiffe und ärztliche Untersuchung. Diese Vorschriften regeln die den Unternehmern den Behörden gegenüber aufzuerlegenden Verpflichtungen im Interesse einer sicheren Beförderung der Auswanderer. Das Gesetz begnügt sich damit, grundsätzliche Bestimmungen dahin zu treffen, daß für die Seetüchtigkeit, die vorschriftsmäßige Einrichtung, Ausrüstung und Verproviantirung des Schiffes Sorge zu tragen ist, daß über die Erfüllung dieser Vorschrift bei jedem einzelnen Auswandererschiffe eine amtliche Kontrolle stattfinden soll, und daß auch der Gesundheitszustand der Auswanderer durch eine vorgängige ärztliche Untersuchung festzustellen ist. Es macht für den Zustand des Schiffes in Erweiterung der Vorschrift des Handelsgesetzbuchs nicht nur den Schiffer, sondern in erster Linie den Unternehmer verantwortlich, da es sich hierbei im Wesentlichen um finanzielle Aufwendungen handeln wird, für welche naturgemäß der Unternehmer einzutreten hat.

Bundesrathsvorschriften. Im Uebrigen überläßt das Gesetz die Festsetzung der näheren Vorschriften zur Ausführung dieser grundsätzlichen Bestimmungen dem Bundesrathe in der Erwägung, daß die Einzelvorschriften sich den jeweiligen Bedürfnissen anpassen müssen und deshalb zweckmäßig nicht im Gesetze selbst festzulegen sind. Für den Erlaß solcher Vorschriften, welche unter Anderem auch die nothwendige Wahrung der Rücksichten der Sittlichkeit sicherzustellen haben werden, wird namentlich der Inhalt des hamburgischen Auswanderungsgesetzes, dessen Bestimmungen (§§ 30 ff.) sich in der Praxis bewährt haben, einen geeigneten Anhalt bieten.

Im Einzelnen ist hervorzuheben, daß die ärztliche Untersuchung durch jeden von der Auswandererbehörde bestimmten Arzt, beispielsweise den Schiffsarzt geschehen kann, nicht aber nothwendig durch beamtete Aerzte zu erfolgen braucht. Die ärztliche Untersuchung ist für die Auswanderer obligatorisch gemacht. Der Zweck, den Gesundheitszustand an Bord zu sichern, würde jedoch nicht erreicht, wenn nicht zugleich die Möglichkeit eröffnet würde, auch solche mit demselben Schiffe fahrende Personen, welche nicht zu den Auswanderern gehören, nämlich die Kajütspassagiere und die Schiffsbesatzung, nöthigenfalls einer Untersuchung in Betreff ihres Gesundheitszustands zu unterwerfen, sowie kranke Personen, deren Anwesenheit auf dem Schiffe den Auswanderern gefährlich werden könnte, von der Mitfahrt auszuschließen. Inwieweit sich zu diesem Zwecke besondere Vorschriften empfehlen, wird füglich der Festsetzung des Bundesraths überlassen bleiben können. (Begr. S. 43 ff.)

§ 36 hat einen großen Raum in den Kommissionsverhandlungen eingenommen. Es handelte sich vornehmlich darum, Kautelen zu schaffen für den Schutz der Auswanderer während der Fahrt, und zwar um Einrichtungen sowohl in gesundheitlicher wie in sittlicher Beziehung. Die Zusatzanträge waren dem Hamburger Auswanderergesetz entnommen, dessen Bestimmungen nach den von den Regierungsvertretern abgegebenen Erklärungen den Auswanderern zu Gute kommen sollen. Da es nun aber für nothwendig erkannt wurde, daß der Reichstag hinterher auch Kenntniß davon erlange, welche Vorschriften der Bundesrath betreffs der Beschaffung, der Einrichtungen, der Ausrüstung und Verproviantirung, betreffs der amtlichen Kontrolle der Auswandererschiffe 2c. thatsächlich erlassen hat, wurde der letzte Absatz dem § 36 beigefügt und so dem Reichstag die Möglichkeit geboten, sich amtliche Kenntniß davon zu verschaffen, ob und inwieweit der Bundesrath den gegebenen Versprechen nachgekommen ist.

## § 37.

**Als Auswandererschiffe im Sinne dieses Gesetzes gelten alle nach außereuropäischen Häfen bestimmten Seeschiffe, mit denen, abgesehen von den Kajütspassagieren, mindestens fünfundzwanzig Reisende befördert werden sollen.**

### Zu § 37.

Begriff der Auswandererschiffe. Die Nothwendigkeit einer Feststellung des Begriffs der Auswandererschiffe, auf welche die Vorschriften dieses Gesetzes, insbesondere die §§ 33—36 und 41 Anwendung zu finden haben, ist bereits in der Begründung des Kapp'schen Entwurfs zum § 36 näher dargelegt. Die dort angeführten Gesetze haben das Gemeinsame, daß sie die Eigenschaft eines Auswandererschiffs von einer zwischen 12 und 50 schwankenden Minimalzahl der Reisenden abhängig machen. Der vorliegende Entwurf schließt sich im Wesentlichen dem hamburgischen Gesetze an, wenn er als Auswandererschiffe nur solche Schiffe ansieht, mit denen außer den nicht als Auswanderer in Betracht kommenden Kajütspassagieren mindestens 25 Reisende befördert werden. Daß nur diejenigen Reisenden hierbei mitgezählt werden, welche nach außereuropäischen Ländern befördert werden sollen, entspricht der Beschränkung des Abschnitts V auf die nach diesen Ländern gerichtete Auswanderung. (Begr. S. 44 ff.)

# VI. Auswanderungsbehörden.

## § 38.

**Zur Mitwirkung bei Ausübung der dem Reichskanzler auf dem Gebiete des Auswanderungswesens zustehenden Befugnisse wird ein sachverständiger Bei-**

**rath gebildet, welcher aus einem Vorsitzenden und mindestens vierzehn Mitgliedern besteht. Den Vorsitzenden ernennt der Kaiser. Die Mitglieder werden vom Bundesrathe gewählt. Alle zwei Jahre findet eine Neuwahl sämmtlicher Mitglieder statt. Im Uebrigen wird die Organisation des Beiraths durch ein vom Bundesrathe zu erlassendes Regulativ und seine Thätigkeit durch eine selbstgegebene Geschäftsordnung geregelt.**

### Zu § 38.

Reichsbehörde. Durch die Ertheilung der Konzessionsbefugniß an Reichskanzler und Bundesrath hat nicht ausgeschlossen werden sollen, daß diese sich bei Ausübung dieser Befugniß der Mitwirkung einer der bestehenden Reichsbehörden bedienen. Dies würde im Verwaltungswege möglich sein, soweit die betreffende Reichsbehörde nicht etwa einen gesetzlich fest abgegrenzten Geschäftskreis hat. Für die Errichtung einer neuen Reichsbehörde, sofern eine solche für den vorliegenden Zweck sich in Zukunft etwa als nothwendig erweisen sollte, würde die Auswerfung einer entsprechenden Position im Etat genügen, jedenfalls bedurfte es hierfür nicht eines ausdrücklichen Vorbehalts im Gesetze.

Auskunftsbüreau. In der Absicht einer erweiterten Fürsorge für die Auswanderer wird von vielen Seiten und mit besonderem Nachdrucke verlangt, daß durch das Gesetz die Einrichtung einer centralen Auskunftsstelle vorgesehen werde, welche sich die Einen als eine staatliche, die Anderen als eine staatlicherseits mit den nöthigen Informationen versehene private, etwa in Vereinsform gekleidete, noch Andere als eine gemischte Einrichtung denken. Man exemplifizirt dabei neuerdings für die erstere Alternative vielfach auf entsprechende Organisationen in anderen Ländern (England, Belgien, Schweiz).

Die Berechtigung des Verlangens, daß dem Auswanderungslustigen die Möglichkeit verläßlicher Auskunft gegeben sein muß, steht außer Zweifel. Eine andere Frage aber ist es, ob und welcher besonderer neuer Einrichtungen es hierzu bedarf, und ob namentlich gesetzliche Vorschriften hierzu erforderlich sind. Das Gesetz verneint diese Frage stillschweigend, aber dieses Stillschweigen berührt nicht die Nothwendigkeit einer staatlichen Auskunftsstelle. Die gegebene Stelle hierfür war und ist das Auswärtige Amt. Dieses verfügt über alles erforderliche Material beziehungsweise über die nöthigen Organe zu dessen Beschaffung. Beim Auswärtigen Amte laufen seit langen Jahren fortgesetzt zahllose Anfragen von Auswanderungslustigen ein. Die weitaus größte Mehrzahl dieser Anfragen hat sich bisher auf solche Auswanderungsziele bezogen, vor welchen nach den vorliegenden amtlichen Informationen unbedingt oder bedingt gewarnt werden mußte, und diese Warnungen sind stets auf geeignetem Wege in Beantwortung der Anfragen erfolgt. Schwieriger gestaltet sich allerdings die positive Seite der Auskunftsertheilung. Handelt es sich dabei nur um Beantwortung von Fragen über Thatsachen, wie beispielsweise über Landpreise, Absatzwege, Bodenprodukte, Ansiedelungsbedingungen, Kirche, Schule u. s. w., so kann eine solche Auskunft auch von staatlicher Seite unbedenklich ertheilt werden. Anders aber liegt der Fall, wenn, was häufig geschieht, die Frage so gestellt wird, daß die Auskunft den Charakter einer präjudiziellen Rathsertheilung an den Einzelnen hat. Eine solche würde nicht nur eine direkte Verantwortlichkeit begründen, wie sie füglich nicht übernommen werden soll und kann, sondern auch die Gefahr einer staatlichen Förderung des Auswanderns nahelegen; denn daß die Auskunft nur für solche Personen verwerthet werden würde, welche zur Auswanderung ohnehin fest entschlossen sind, ist keineswegs gewährleistet. Anders stellt sich die Sache, wenn, nach den Intentionen des Gesetzes, der Unternehmer als Hauptträger der Verantwortlichkeit zwischen den Auswanderer und die staatlichen Organe tritt. Die legale Thätigkeit des Unternehmers kann auch durch staatsseitige Rathsertheilung jeder Art unbedenklich gefördert werden. Ebensowenig besteht ein Bedenken, zuverlässigen deutschen Siedelungs- oder sonstigen Gesellschaften, welche sich, auch ohne als Unternehmer aufzutreten, die Auskunftsertheilung zur Aufgabe machen, die Erfüllung dieser Aufgabe durch geeignete Informationsbeschaffung seitens des Auswärtigen Amts zu ermöglichen beziehungsweise zu erleichtern. Das Verlangen nach einer besonderen Auskunftstelle wird unter Anderem namentlich auch durch die Erwägung zu begründen versucht, daß auf diese Weise sich eine zweckmäßige Lenkung der deutschen Auswanderung und beziehungsweise die Ansiedelung kompakter Massen deutscher Auswanderer am sichersten erreichen lassen werde. Dieses Argument entfällt, wenn diejenige Ablenkungsart zur Durchführung gelangt, welche vom Standpunkte des Gesetzentwurfs weiter oben dargelegt worden ist. Denn dann erfüllt der in Aussicht genommene Konzessionirungsmodus mit seinem Spezialisirungsprinzipe die wesentlichen Zwecke, auf welche das Verlangen nach einer besonderen Auskunftsstelle abzielt, da die bloße Thatsache, daß für ein spezielles Ansiedelungsprojekt der Reichskanzler einen Unternehmer konzessionirt hat, diejenigen Garantien für das Vorhandensein der allgemeinen Bedingungen einer gedeihlichen Existenz bietet, welche — abgesehen von etwa noch wünschenswerther Auskunft über thatsächliche Einzelheiten — billigerweise verlangt und geboten werden können.

Dies sind die Gründe, weshalb der, bei der bisherigen Gestaltung des Auswanderungswesens allerdings erklärliche und berechtigte Vorschlag der Einrichtung einer besonderen Auskunftsstelle in dem vorliegenden Gesetze keine Berücksichtigung gefunden hat, die Einrichtung des Auskunftswesens vielmehr, wie bisher, der administrativen Handhabung überlassen worden ist. Sollte sich in Zukunft in dieser Hinsicht das Bedürfniß der Festlegung einer besonderen Organisation ergeben, so würde dies jederzeit im Verwaltungswege geschehen beziehungsweise auch hier — wie dies oben in Betreff der etwaigen Errichtung einer besonderen Reichsbehörde für das Auswanderungswesen bemerkt worden ist — der Weg der Einstellung einer betreffenden Etatsposition beschritten werden können.

Die in England, Belgien und der Schweiz bestehenden staatlichen Auskunftsstellen, auf welche vielfach exemplifizirt worden ist, sind auf ganz andere Verhältnisse als die in Deutschland vorliegenden berechnet. Das englische Emigrants Infor-

**mation Office**, welches am 11. Oktober 1886 errichtet ist, nach seinem ersten, den Zeitraum bis zum 31. März 1887 umfassenden Rechenschaftsberichte unter der Leitung eines aus einer Anzahl von Persönlichkeiten zusammengesetzten Komitees steht und dessen Geschäfte von zwei Mitgliedern dieses Komitees, einem Vorsteher und mehreren Assistenten besorgt werden, hat hauptsächlich die Aufgabe, Auswanderungslustigen über die Verhältnisse in den englischen Kolonien die gewünschten Aufschlüsse zu geben. Hier handelt es sich also überhaupt nicht um Auswanderung. In Belgien bestehen Auskunftsbüreaus in Brüssel in dem **Musée commercial**, in Antwerpen in dem **Musée commercial, industriel et ethnographique**, sowie in Arlon, Brügge, Gent, Hasselt, Lüttich, Mons und Namur bei den dortigen Provinzialregierungen. Hier ist also das Auskunftswesen in einer Weise dezentralisirt, wie dies wohl in einem kleinen Staate, aber nicht im Deutschen Reich durchführbar erscheint. Das schweizerische Auswanderungsbüreau, welches dem Departement des Auswärtigen beigegeben ist und in zwei Abtheilungen zerfällt, von denen die eine die Aufsicht über den Geschäftsbetrieb der Agenten, Unteragenten und Passage-Billetverkäufer führt (administrative Abtheilung), die andere die Vertretung der Interessen der schweizerischen Auswanderung im Allgemeinen, sowie die Ertheilung von Auskunft, Rath und Empfehlungen an Auswanderer zur Aufgabe hat (kommissarische Abtheilung), entspricht — wie dies auch auf die englischen und belgischen Auskunftsstellen mehr oder weniger zutrifft — im Wesentlichen nur demjenigen staatlichen Behördenapparate, welcher nach unseren Einrichtungen dem fraglichen Zwecke unmittelbar dienstbar ist. (Begr. 44 ff.)

## § 39.

**Die Anhörung des Beiraths muß erfolgen vor Ertheilung der Erlaubniß für solche Unternehmungen, welche die Besiedelung eines bestimmten Gebiets in überseeischen Ländern zum Gegenstande haben, sowie**

**im Falle der Beschränkung oder des Widerrufs der einem Unternehmer ertheilten Erlaubniß.**

**Außerdem können auf dem Gebiete des Auswanderungswesens von dem Reichskanzler geeignete wichtigere Fragen dem Beirathe zur Begutachtung vorgelegt und von letzterem Anträge an den Reichskanzler gestellt werden.**

### Zu §§ 38 u. 39.

Beirath. Aus den weiter oben dargelegten Gründen ist es unerläßlich, die Handhabung des Konzessionswesens bezüglich der Unternehmer dem freien Ermessen des Reichskanzlers nach Maßgabe der Bestimmungen des Gesetzes zu überlassen.

Um jedoch hierbei einerseits die Fühlung der Konzessionirungsstelle mit den an dem Auswanderungswesen interessirten Kreisen und andererseits den Ausgleich widerstreitender Interessen dieser Kreise unter einander sicherzustellen, ist in dem Gesetze die Mitwirkung eines aus Vertretern der letzteren zusammengesetzten Beiraths in Aussicht genommen.

Diese Mitwirkung kann der Natur der Sache nach nur eine berathende sein, und wird namentlich in Auskunftsertheilung und Begutachtung über prinzipielle Konzessionirungsfragen zu bestehen haben, was jedoch die Einbringung selbständiger Vorschläge seitens des Beiraths und die Befragung desselben über andere als Konzessionierungsfragen nicht ausschließt. Bei der Zusammensetzung desselben wird auf die verschiedenen Interessentengruppen gleichmäßig Rücksicht zu nehmen sein.

In Anbetracht der Wandelbarkeit der in Frage kommenden Verhältnisse erschien es zweckmäßig, die Zusammensetzung des Beiraths in dem Gesetze nur durch Bestimmung einer Minimalmitgliederzahl und einer bestimmten Wahlperiode festzulegen, im Uebrigen aber die Organisation einem von dem Bundesrathe zu erlassenden Regulative vorzubehalten. In diesem Regulative wird — obwohl hierüber nach der Fassung des § 38 kaum ein Zweifel bestehen kann — auch noch besonders vorgeschrieben werden können, daß es dem Bundesrathe unbenommen ist, innerhalb einer Wahlperiode und für die Dauer derselben je nach Bedarf Ersatz- oder Kooptationswahlen vorzunehmen, und daß beim Ablaufe einer Wahlperiode die Wiederwahl bisheriger Mitglieder zulässig ist. Dem vom Bundesrathe zu erlassenden Regulative bleibt es ferner vorbehalten, den Beirath zur Bestellung von Ausschüssen aus seiner Mitte behufs Erledigung der laufenden Geschäfte und für spezielle Angelegenheiten zu ermächtigen. Bezüglich des Vorsitzenden erschien es angemessen, nicht nur die Ernennung, sondern auch deren Zeitdauer dem Kaiser vorzubehalten.

Die Mitgliedschaft im Beirathe ist, unbeschadet der Bewilligung von Reisekosten und eventuell Tagegeldern an die außerhalb von Berlin wohnhaften Mitglieder, als eine ehrenamtliche gedacht. (Begr. S. 46 ff.)

## § 40.

**Zur Ueberwachung des Auswanderungswesens und der Ausführung der darauf bezüglichen Bestimmungen sind an denjenigen Hafenplätzen, für welche Unternehmer zugelassen sind, von den Landesregierungen Auswanderungsbehörden zu bestellen.**

### Zu §§ 38—40.

In der Kommission lagen zu den §§ 38—40 die nachstehenden Anträge vor:

1. Hauptantrag: dem § 38 folgende Fassung zu geben:
   „Zur Leitung, Organisation und Beaufsichtigung des gesammten Auswanderungswesens wird ein unmittelbar unter dem Reichskanzler stehendes Reichs-Auswanderungsamt gebildet, dem ein sachverständiger Beirath (Auswanderungsrath) beigegeben wird und dem die vom Reichskanzler in den Hafenplätzen eingesetzten örtlichen Auswanderungsbehörden (§ 40) sowie die in den Einwanderungsgebieten zu bestellenden Kommissare unterstehen.

Der Auswanderungsrath besteht aus einem Vorsitzenden und mindestens 14 Mitgliedern. Den Vorsitzenden ernennt der Kaiser. Sieben Mitglieder werden vom Reichstage, die übrigen vom Bundesrathe aus den an der Auswanderung betheiligten Kreisen (Kolonisation, Schutzvereine, Rhederei u. s. w.) gewählt.

Alle fünf Jahre findet eine Neuernennung bezw. Neuwahl statt.

Der Auswanderungsrath giebt sich seine Geschäftsordnung selbst und tritt mindestens alle drei Monate einmal zusammen."

2. Eventualantrag zu § 38.

Im Falle der Ablehnung des Hauptantrages im § 38 des Regierungsentwurfes die Worte:

„Die Mitglieder werden vom Bundesrathe gewählt. Alle zwei Jahre findet eine Neuwahl sämmtlicher Mitglieder statt."

durch die Worte zu ersetzen:

„Sieben Mitglieder werden vom Reichstage, die übrigen vom Bundesrathe gewählt. Alle fünf Jahre findet eine Neuwahl sämmtlicher Mitglieder statt."

3. im § 39 erster Absatz vierte Zeile hinter „Unternehmer" die Worte einzuschalten „oder Agenten" und einen dritten Absatz anzufügen, folgenden Wortlauts:

„Der Auswanderungsrath ist auch befugt, über die in den Kreis seiner Erwägungen zu ziehenden das Auswanderungswesen betreffenden Fragen selbständig zu beschließen, Erhebungen zu veranstalten und die von ihm erstatteten Berichte und gestellten Anträge zu veröffentlichen.

Er ist verpflichtet, dem Reichskanzler über seine Thätigkeit alljährlich Bericht zu erstatten."

4. dem § 40 folgende Fassung zu geben:

„Zur Ueberwachung des Auswanderungswesens und der Ausführung der darauf bezüglichen Bestimmungen sind an diejenigen Hafenplätze, für welche Unternehmer zugelassen sind, vom Reichskanzler Auswanderungsbehörden (Auswanderungsämter) zu bestellen.

Die Ortspolizeibehörden der Hafenplätze haben den auf die Abstellung wahrgenommener Mängel und Verstöße gerichteten Ersuchen dieser Auswanderungsbehörden zu entsprechen."

5. im § 41 die beiden ersten Absätze zu streichen und dem dritten Absatze folgende Fassung zu geben:

„Die Führer von Auswanderungsschiffen sind verpflichtet, den Mitgliedern der Auswanderungsbehörde auf Erfordern wahrheitsgetreue u. s. w. zu gestatten (vergl. § 34);"

6. im § 41 den letzten Absatz zu streichen und einen neuen § 41a einzuschalten folgenden Wortlauts:

„Zur Wahrnehmung der Rechte und Interessen deutscher Auswanderer im Auslande sind in den Ausschiffungshäfen und in den Besiedelungsgebieten, für die Unternehmern Erlaubniß ertheilt worden ist (§§ 6 und 25), Reichskonsuln oder besondere Reichskommissare zu bestellen.

Die Führer von Auswanderungsschiffen sind verpflichtet, diesen Konsuln oder Kommissaren namentliche Listen der Auswanderer zu überreichen und ihnen vor Ausschiffung der Auswanderer das Betreten der Schiffsräume, die Einsicht in die Schiffspapiere und die Entgegennahme etwaiger Beschwerden der Auswanderer zu gestatten. Die Reichskommissare und die mit den entsprechenden Aufgaben betrauten Reichskonsuln haben dem Reichs-Auswanderungsamte über ihre Erhebungen und Erfahrungen fortlaufend Berichte zu erstatten, die dann in geeigneter Weise zur allgemeinen Kenntniß zu bringen sind."

Sie gingen gemeinsam von der bereits oben dargelegten Anschauung aus, daß der Artikel 4 der Reichsverfassung das

Auswanderungswesen zur ausschließlichen Sache des Reiches mache und sie wurden mit denselben Gründen bekämpft, wie sie oben für die Erlaubnißertheilung beim Agentenwesen geltend gemacht worden waren. Insbesondere wurde vom Vertreter der Hamburger Regierung ausführlich nachgewiesen, daß es bei der Schaffung von Reichs-Auswanderungsbehörden in den Hafenplätzen sein Bewenden nicht haben könne; alle örtlichen polizeilichen Einrichtungen im weitesten Sinne des Wortes ständen in den Auswanderungshäfen im Dienste der Fürsorge für die Auswanderer; man könne doch nicht die gesammte Polizei von Hamburg und Bremen in eine Reichspolizei verwandeln. Würden aber die Ortspolizeibehörden in ihrer Thätigkeit an die Initiative eines Reichs-Auswanderungsamtes gebunden, so würden sie in ihrer eigenen Thätigkeit erlahmen und das Auswanderungswesen werde geschädigt und nicht gefördert.

Die in dem Antrage zu § 38 angestrebte Errichtung eines selbständigen **Reichs-Auswanderungsamtes** wurde aus gesetzgeberischen Gründen bekämpft. Mit Ausnahme von Organisationen, mit denen richterliche Funktionen verbunden sind, sei es nicht üblich, Reichsämter und Reichsbeamte auf einem anderen Wege, als auf dem des Etats ins Leben zu rufen. Zur Schaffung eines selbständigen Reichs-Auswanderungsamtes sei die Zeit noch nicht gekommen. Man dürfe derartige Entwickelungen nicht überstürzen. Noch heute sei die Kolonialabtheilung des Auswärtigen Amtes nicht zu einem selbständigen vom Auswärtigen Amte losgelösten Amte ausgewachsen. Gerade weil das neue Gesetz dem Reichskanzler und dem Auswärtigen Amte neue große Aufgaben stelle, müßte man erst über deren Umfang und Natur Erfahrungen sammeln, ehe man an die Organisation eines neuen Amtes gehe.

Was den **Beirath** anbelangt, so wurde die Art seiner Zusammensetzung und der Vorschlag, ihn alle zwei Jahre neu wählen zu lassen, regierungsseitig ausführlich begründet, der Vorschlag in dem Antrag zu § 38, wonach ein Theil dieses Beiraths durch den Reichstag zu wählen sei, als unpraktisch zurückgewiesen, und die Verweisung des Antragstellers auf die Kommission für Arbeiterstatistik als nicht zutreffend erachtet. Insbesondere sei es nicht erwünscht, daß man dann, wenn ein bewährtes Mitglied des Beirathes, das etwa Mitglied des Reichstags sei, durch Nichtwiederwahl in den Reichstag aus dem Beirath ausscheide, auf dieses endgiltig verzichten müsse. Die Häufigkeit einer Neuwahl werde sich nothwendig machen, weil neue Besiedelungsgebiete in Frage kommen könnten, für die andere, im Beirath noch nicht vertretene Sachverständige gewonnen werden müßten. Die dem Beirathe in dem Entwurfe eingeräumte Initiative muß mindestens für den Anfang ausreichen.

Da die Vertreter der verbündeten Regierungen und die Mehrheit der Kommission sich dieser Auffassung anschlossen, zog der Antragsteller seine Anträge zu den §§ 38 und 39 zurück, während die Anträge zu den §§ 40 und 41 abgelehnt wurden und der Antragsteller es sich vorbehielt, an die Stelle des letzten Antrags eine Resolution treten zu lassen.

## § 41.

**In den Hafenorten übt der Reichskanzler die Aufsicht über das Auswanderungswesen durch von ihm bestellte Kommissare aus.**

**Diese Kommissare sind befugt, den im § 34 vorgesehenen Untersuchungen beizuwohnen, auch selbstständig Untersuchungen der Auswandererschiffe vorzunehmen. Sie haben die Landesbehörden auf die von ihnen wahrgenommenen Mängel und Verstöße aufmerksam zu machen und auf deren Abstellung zu dringen.**

**Die Führer von Auswandererschiffen sind verpflichtet, den Kommissaren auf Erfordern wahrheitsgetreue Auskunft über alle Verhältnisse des Schiffes und über dessen Reise zu ertheilen, sowie jederzeit das Betreten der Schiffsräume und die Einsicht in die Schiffspapiere zu gestatten.**

**Im Auslande werden die Obliegenheiten der Kommissare behufs Wahrnehmung der Interessen deutscher Auswanderer von den Behörden des Reichs wahrgenommen, denen erforderlichenfalls besondere Kommissare als Hülfsbeamte beizugeben sind.**

### Zu §§ 40 u. 41.

Beaufsichtigung des Auswanderungswesens. In die Beaufsichtigung des Auswanderungswesens sollen sich die Landesbehörden und die Organe des Reichs theilen. Jenen wird die unmittelbare Ueberwachung des Auswanderungswesens obliegen müssen, diesen die Aufgabe zufallen, sowohl die Thätigkeit der Landesbehörden zu kontrolliren, als auch in Ergänzung dieser Thätigkeit eine unmittelbare Aufsicht über die im Interesse der Auswanderer bestehenden Einrichtungen zu führen, und dabei insbesondere die in Betracht kommenden Interessen des Reichs zu wahren.

Auswanderungsbehörden an den Hafenplätzen. Eingehendere Bestimmungen über die zum Zwecke der Ueberwachung des Auswanderungswesens in den einzelnen Bundesstaaten zu schaffende Behördenorganisation erscheinen entbehrlich. Nur für die Hafenplätze, in welchen die Auswanderer in größerer Zahl zusammenströmen, dürfte es sich empfehlen, die Errichtung besonderer Behörden zu diesem Zwecke im Gesetze ausdrücklich als Regel hinzustellen. Das Gesetz thut dies für diejenigen Hafenplätze, für welche Unternehmer zugelassen sind, so daß jeder Unternehmer an einem deutschen Hafenplatze unter der Kontrolle einer am Orte befindlichen Behörde steht. Soweit in einzelnen dieser Häfen für eine besondere Behörde sich kein ausreichendes Arbeitsfeld bieten würde, können die Geschäfte der Auswanderungsbehörde anderen Landesbehörden übertragen werden, welche jedoch nach außen stets als „Auswanderungsbehörde" in Funktion zu treten haben.

Reichskommissare a) an den Hafenplätzen. Soweit gemäß Artikel 4 Nr. 1 der Reichsverfassung dem Reiche die Beaufsichtigung des Auswanderungswesens zusteht, wird die

Aufsicht unbeschadet der verfassungsmäßigen Befugnisse des Bundesraths von dem Reichskanzler als dem ausführenden Organe der Reichsgewalt ausgeübt. Diese Aufsicht erstreckt sich insbesondere auch auf die für die Unterbringung und Beförderung der Auswanderer bestimmten Einrichtungen in den Hafenorten. Zur Ausübung der Aufsicht wird der Reichskanzler in den Hafenorten sich, wie bisher, besonderer Kommissare bedienen.

Es dürfte genügen, die Befugnisse der Reichskommissare im Gesetze nur grundsätzlich festzustellen; die nähere Begrenzung ihrer Aufgaben wird im Wege der Anweisung und, soweit ihre Befugnisse gegenüber den Unternehmern und Agenten in Frage kommen, durch die vom Bundesrathe gemäß § 21 zu erlassenden Ausführungsvorschriften erfolgen können. Im Absatze 2 des § 41 ist die Stellung der Kommissare gegenüber den bei der Ueberwachung des Auswanderungswesens betheiligten Landesbehörden im Anschlusse an die den gegenwärtigen Reichskommissaren ertheilte Instruktion präzisirt.

Im folgenden Absatze werden gegenüber den Führern und den Eigenthümern der Auswandererschiffe den Reichskommissaren diejenigen Befugnisse zugesprochen, welche nothwendig sind, um der Reichsaufsicht praktische Wirksamkeit zu verleihen. Wie bereits im Berichte der Reichstagskommission zu § 19 des Kommissions-Entwurfs hervorgehoben ist, haben viele Bestimmungen über die Pflichten der Führer von Auswandererschiffen aus dem Grunde sich unwirksam erwiesen, weil die Reichs-Aufsichtsbeamten nicht mit dem Auswanderer in unmittelbare Berührung kamen oder vom Schiffer nicht diejenige Einsicht in die bezüglichen Verhältnisse erhielten, welche nothwendig war, um über die Berechtigung von Beschwerden der Auswanderer ein zutreffendes Urtheil zu gewinnen.

Zu den der Kontrolle der Reichskommissare unterliegenden Einrichtungen sind, wie in dem angezogenen Kommissionsberichte bemerkt, auch die Auswandererherbergen zu rechnen.

b) im Auslande. Das Verlangen nach erweiterter regierungsseitiger Fürsorge für die Auswanderer erstreckt sich auch auf die Zeit nach ihrer Ankunft im Bestimmungslande. In dieser Beziehung wird die Einsetzung besonderer lediglich zu diesem

Zwecke bestellter Kommissare gewünscht, welchen neben den entsprechenden Befugnissen der inländischen Kommissare zugleich die Aufgabe zufiele, in weitgehendem Maße den Auswanderern im Auslande die Fürsorge des Reichs durch Rath und That, insbesondere durch Auskunftsertheilung und durch Unterstützung in Bedürftigkeitsfällen angedeihen zu lassen.

Das Gesetz geht von der Annahme aus, daß einerseits im Einwanderungslande die Schutzgewährung durch den Heimathsstaat sich grundsätzlich in gewissen Grenzen zu halten haben wird und andererseits die bereits vorhandenen Organe des Reichs im Auslande, nämlich die Kaiserlichen Konsuln, im Allgemeinen in der Lage sein werden, die Aufgaben der Reichs-Auswanderungskommissare im Auslande genügend wahrzunehmen. Insbesondere werden sie bei Ankunft der Auswandererschiffe sich von deren Einrichtungen durch Augenschein überzeugen und etwaige Beschwerden der Auswanderer entgegennehmen, untersuchen und der Entscheidung entgegenführen, sowie überhaupt den Auswanderern diejenige Fürsorge angedeihen lassen können, welche im fremden Lande seitens der Organe ihres früheren Heimathstaats noch möglich beziehungsweise angemessen ist. Auch den Unternehmern wird im Hinblick auf die ihnen nach dem Entwurfe zugedachte Stellung, zumal wenn es sich um als Unternehmer konzessionirte Siedelungsgesellschaften handelt, eine gewisse über den Zeitpunkt der Abkunft des Auswanderers im Bestimmungslande hinausreichende Fürsorgepflicht angesonnen und das in dieser Hinsicht Erforderliche in der Konzessionsurkunde vorgeschrieben werden können. Da indessen hierüber hinaus ein Bedürfniß zur Bestellung besonderer Kommissare in einzelnen Fällen im Interesse deutscher Auswanderer in Frage kommen kann, so ist die Möglichkeit hierfür durch den letzten Absatz des § 41 ausdrücklich offengehalten worden. Darauf, daß auch schon vor Ertheilung der Unternehmerkonzession die Entsendung besonderer Kommissarien behufs Prüfung der Ansiedelungsverhältnisse nothwendig werden kann, ist in der Einleitung der Begründung hingewiesen worden. Weiter zu gehen, als im § 41 geschehen, und etwa die Bestellung besonderer Kommissarien in dem Gesetze als Regel vorzusehen, erschien nicht erforderlich und auch mit Rücksicht auf die personellen und finanziellen Schwierigkeiten nicht thunlich, welche sich aus der gewaltigen räumlichen Ausdehnung der in Betracht kommenden Ländergebiete ergeben würden. (Begr. S. 88 ff.)

In der Kommission wurde der § 41 mit der Einschaltung des Wortes „jederzeit" in der dritten Zeile des dritten Absatzes angenommen, nachdem regierungsseitig zu § 41 erklärt worden war, daß das Betreten der Schiffsräume selbstverständlich auch den Mitgliedern des Beirathes gestattet sein werde.

Bezüglich des § 41 Absatz 4 gab ein Vertreter der verbündeten Regierungen die folgende Erklärung ab:

„Die neuerdings wiederholt aufgetauchte Mittheilung, den deutschen Konsuln sei durch Cirkularerlaß verboten worden, sich der Auswanderer anzunehmen, gehört in das Gebiet der Fabel.

Schon bisher haben sich die Konsuln der Auswanderer, die ihre Hülfe anriefen, in bereitwilliger und ersprießlicher Weise angenommen. Wird der Entwurf Gesetz, so wird, entsprechend der dann ermöglichten Auswandererpolitik, naturgemäß es in erhöhtem Maße die Aufgabe der Konsuln sein, sich der deutschen Auswanderer, selbst spontan, anzunehmen. Daß aber in Betreff dieser Schutzgewährung nach erfolgter Ansiedelung über ein gewisses Maaß nicht hinausgegangen werden kann, ist bereits in den Motiven hervorgehoben. Die Einrichtungen und Verhältnisse des betreffenden Einwanderungslandes können bei der Bemessung der Schutzmaßnahmen nicht außer Betracht bleiben."

## VII. Beförderung von außerdeutschen Häfen aus.

### § 42.

**Durch Kaiserliche Verordnung mit Zustimmung des Bundesraths können zur Regelung der Beförderung von Auswanderern und Passagieren auf deut-**

**schen Schiffen, welche von außerdeutschen Häfen ausgehen, Vorschriften der im § 36 bezeichneten Art erlassen werden.**

Zu § 42.

Beförderung durch deutsche Schiffe von fremden Häfen aus. Deutsche Schiffe, welche von einem ausländischen Hafen aus Auswanderer befördern, werden zwar in der Regel den Vorschriften desjenigen Landes, in welchem der Abgangshafen liegt, unterworfen werden und den einschlägigen ausländischen Vorschriften genügen müssen. Allein wenn auch in vielen der in Betracht kommenden Länder die Gesetzgebung in ihren Anforderungen bezüglich der Einrichtung und Ausrüstung der Schiffe den deutschen Anschauungen entsprechen mag, so ist doch bei manchen dieser Länder eine genügende Gewähr hierfür nicht ohne Weiteres gegeben. Es erscheint deshalb zweckmäßig, durch das Gesetz den Organen des Reichs wenigstens die Möglichkeit zu bieten, dem § 36 entsprechende Vorschriften über die Einrichtung und Ausrüstung der Schiffe auch für den Verkehr von Auswanderern von außerdeutschen Häfen aus zu erlassen.

Durch derartige Vorschriften würde einmal eine Fürsorge für diejenigen deutschen Landsleute getroffen, welche nach erfolgter Auswanderung auf deutschen Schiffen in die Heimath zurückkehren. Ebenso würden solche, unter Umständen übrigens auch von deutschen Auswanderern benutzten Schiffslinien den deutschen Vorschriften unterworfen, welche, wie beispielsweise die von dem Norddeutschen Lloyd betriebene Linie Genua—Newyork, einen Verkehr lediglich zwischen ausländischen Plätzen unterhalten. Endlich aber kommen hierbei die Verhältnisse in den ostasiatischen Gewässern in Betracht, in welchen eine Beförderung zahlreicher chinesischer Arbeiter einerseits nach und von britischen, niederländischen und spanischen Kolonien, andererseits nach weiter gelegenen überseeischen Ländern stattfindet. Hierzu werden mit Vorliebe, wie früher deutsche Segelschiffe, so jetzt deutsche Dampfer benutzt. Durch Polizeiverordnungen der betreffenden deutschen Konsuln, welche auf Grund des § 4 des Gesetzes über die Konsulargerichtsbarkeit vom 10. Juli 1879

(Reichs-Gesetzbl. S. 197) ergangen sind, ist dafür Vorsorge getroffen worden, möglichen Mißbräuchen, namentlich einer Ueberfüllung oder mangelhaften Ausrüstung und Verproviantirung der Schiffe vorzubeugen. Wenn diese konsularischen Polizeiverordnungen sich auch im Allgemeinen bewährt haben, so liegt doch bei ihnen der Mißstand vor, daß in Folge der gesetzlichen Beschränkung der bezüglichen Kompetenz der Konsuln der Höchstbetrag der angedrohten Strafe nur auf 150 Mark hat bemessen werden können, welcher Betrag weder dem Geldwerthe in Ostasien noch dem aus einer Uebertretung der Verordnungen, z. B. aus einer Aufnahme von Ueberpassagieren sich ergebenden, erheblichen Geldgewinne entspricht. Die Bestimmung des § 42 in Verbindung mit § 47 würde es ermöglichen, Fälle von Zuwiderhandlungen mit einer höheren Strafe zu treffen; außerdem könnte durch Kaiserliche Verordnung mit Zustimmung des Bundesraths im Falle des Bedarfs eine Regelung der betreffenden Beförderung für solche Häfen vorgenommen werden, für welche mangels des Bestehens einer Konsularjurisdiktion konsularische Polizeiverordnungen nicht erlassen werden können. (Begr. S. 92 ff.)

Die Anträge eines Kommissionsmitgliedes auf Streichung der §§ 38, 39, 42, 47 wurden vom Antragsteller zurückgezogen, nachdem bei § 42 regierungsseitig die folgende Erklärung zu Protokoll gegeben worden war:

„Die Besorgniß, daß durch den Paragraphen die unerwünschte Möglichkeit begründet werde, deutsche Schiffe zur gleichzeitigen Beobachtung deutscher Vorschriften neben den betreffenden ausländischen Vorschriften zu nöthigen, trifft insofern nicht zu, als schon jetzt — nach allgemeiner, völkerrechtlicher Praxis — jedes Schiff außer den Vorschriften des Heimaths- bezw. Abgangshafens auch die im Bestimmungshafen geltenden beobachten muß.

Der § 42 bezweckt, eine Strafsanktion zu gewinnen für die Regelung dreier verschiedener Kategorien von Verkehr deutscher Schiffe aus außerdeutschen Abgangshäfen.

Erstens handelt es sich um die Beförderung von Rückwanderern, namentlich aus Amerika, nach bezw. durch Deutschland. Es liegt im Interesse der deutschen Flagge und der Rückwanderer (soweit sie das Zwischendeck benutzen) und entspricht dem Geiste des Gesetzentwurfs, auch diese Rückbeförderung, zumal wenn sie größere Dimensionen annehmen sollte, wirksam regeln zu können. Zweitens kommt in Betracht die Auswandererbeförderung, welche mit deutschen Schiffen von südeuropäischen Häfen, zur Zeit namentlich von Genua aus nach Amerika stattfindet, insoweit dieselbe etwa eine in Deutschland erfolgende Unternehmer- oder Agententhätigkeit mit in den Bereich ihres Betriebes ziehen will. Drittens — und das ist der bedeutsamste Anwendungsfall des § 42 — bezieht sich derselbe auf die Beförderung chinesischer Arbeiter (Kulis) innerhalb der ostasiatischen Gewässer, namentlich nach den Straits Settlements bezw. nach überseeischen Ländern.

An dieser Arbeiterbeförderung ist die deutsche Flagge in hervorragendem Maße betheiligt, dank dem guten Rufe, den sie sich zu erwerben und zu erhalten gewußt hat. Die Beförderung ist für die deutschen Schiffe in den einzelnen chinesischen Abgangshäfen durch besondere Polizeiverordnungen der dortigen deutschen Konsuln geregelt. Da in den Bestimmungshäfen, namentlich auch in den Straits Settlements, besondere bezügliche Vorschriften bestehen, die mit Strenge gehandhabt werden, so kommt es darauf an, die diesseitigen Vorschriften den in den Bestimmungshäfen geltenden möglichst anzupassen. Dies ist in den Polizeiverordnungen der deutschen Konsuln in materieller Beziehung geschehen. Nur bezüglich der Strafandrohung besteht eine erhebliche Abweichung, insofern die deutschen Konsuln in ihren Polizeiverordnungen für die Uebertretung der letzteren, den geltenden gesetzlichen Bestimmungen entsprechend, nur eine Strafe bis zu 150 Mark anzudrohen in der Lage waren — eine Strafe, welche mit dem aus der Verletzung der Verordnung für den Kontravenienten sich z. B. im Falle von Ueberpassagieren ergebenden pekuniären Gewinn in keinem Verhältniß steht — während die betreffenden englischen Gesetze Geldstrafen bis zu einem hohen Maximum und daneben längere Gefängnißstrafen androhen.

Um den Ausgleich auch in diesem Punkte zu ermöglichen, bietet der § 42 die geeignete Handhabe.

Es kommt hinzu, daß neuerdings auch von Macao aus wieder eine Kulibeförderung, ebenfalls unter Betheiligung der deutschen Flagge, stattfindet, und daß, da in Macao, welches unter portugiesischer Hoheit steht, die Konsuln keine Jurisdiktionsbefugniß besitzen, also auch keine Polizeiverordnungen erlassen können, nur der im § 42 bezeichnete Weg die Möglichkeit bietet, auch für jene Häfen die Materie in analoger Weise, wie dies für die chinesischen Häfen geschehen ist, zu regeln.

Der § 42 ist also, was die erwähnten Verhältnisse in Ostasien anlangt, gerade dazu bestimmt, die Interessen der deutschen Schiffahrt zu wahren.

Die Thatsache, daß an den Mißbräuchen, die seiner Zeit bezüglich der Kulibeförderung vorgekommen sind, die deutsche Flagge niemals betheiligt gewesen ist, befreit nicht von der Verpflichtung, gegen die, wenn auch nur hypothetische Möglichkeit von Verfehlungen auch durch eine angemessene Strafandrohung Vorsorge zu treffen, und dadurch bedeutsame deutsche Schiffahrtsinteressen in Ostasien auch für die Zukunft sicher zu stellen."

## VIII. Strafbestimmungen.

### § 43.

**Unternehmer (§ 1), welche den Bestimmungen der §§ 8, 22, 23, 25, 32 und 33 Absatz 1 oder den für die Ausübung ihres Geschäftsbetriebs von den zuständigen Behörden erlassenen Vorschriften zuwiderhandeln, werden mit Geldstrafe von einhundertfünfzig bis zu sechstausend Mark oder mit Gefängniß bis zu sechs Monaten bestraft.**

**Sind die Zuwiderhandlungen von einem Stellvertreter (§ 9) begangen worden, so trifft die Strafe**

**diesen; der Unternehmer ist neben demselben strafbar, wenn die Zuwiderhandlung mit seinem Vorwissen begangen ist, oder wenn er bei der nach den Verhältnissen möglichen eigenen Beaufsichtigung des Stellvertreters es an der erforderlichen Sorgfalt hat fehlen lassen.**

**Die gleiche Strafe trifft Schiffsführer, welche den ihnen im § 33 Absatz 2 und im § 41 Absatz 3 auferlegten Verpflichtungen oder den auf Grund des § 36 erlassenen Vorschriften zuwiderhandeln, ohne Unterschied, ob die Zuwiderhandlung im Inland oder im Auslande begangen ist.**

**Zu § 43.**

Strafbestimmungen. Dieser Abschnitt enthält die Strafbestimmungen, welche zur Durchführung der in den vorausgehenden Abschnitten enthaltenen Gebote und Verbote erforderlich sind.

Im ersten Absatze des § 44 werden die Unternehmer mit Strafe bedroht, welche den Bestimmungen des Gesetzes oder den für die Ausübung ihres Geschäftsbetriebs von den zuständigen Behörden erlassenen Vorschriften zuwiderhandeln. Unter die Vorschriften der letztgedachten Art fallen außer den vom Bundesrathe auf Grund des § 21 erlassenen Bestimmungen auch die den Unternehmern bei Ertheilung der Erlaubniß im einzelnen Falle gestellten Bedingungen.

Die Vorschrift des zweiten Absatzes betrifft den Fall, wenn die Zuwiderhandlung von einem Stellvertreter (§ 9) des Unternehmers begangen wird, und ist der Bestimmung des § 151 der Gewerbeordnung in der Fassung des Gesetzes vom 1. Juni 1891 (Reichs-Gesetzbl. S. 261) nachgebildet. Ist die Erlaubniß zum Geschäftsbetriebe an juristische Personen oder Gesellschaften der im § 3 unter b bezeichneten Art ertheilt worden, so sind als Unternehmer im Sinne des § 43 die gesetzlichen Vertreter dieser Personen oder Gesellschaften anzusehen.

Durch die Vorschrift im dritten Absatze soll die Befolgung der den Führern von Auswandererschiffen durch das Gesetz auferlegten besonderen Verpflichtungen sicher gestellt werden. Da diese Verpflichtungen auch für die Zeit bestehen sollen, während das Schiff sich in einem ausländischen Hafen befindet, so bedurfte es im Hinblick auf den § 4 des Strafgesetzbuchs einer besonderen Bestimmung, nach welcher es keinen Unterschied begründen soll, ob die Zuwiderhandlung des Schiffsführers im Inlande oder im Auslande begangen wird. (Begr. S. 50 ff.)

Die Einschaltung der Worte „oder den auf Grund des § 36 erlassenen Vorschriften" in die zweite Zeile des dritten Absatzes des § 43 erfolgte auf Vorschlag der Reichstagskommission.

## § 44.

**Agenten (§ 11), welche den Bestimmungen der §§ 15, 16, 17, 22 Absatz 2, 23 und 25 oder den für die Ausübung ihres Geschäftsbetriebs von den zuständigen Behörden erlassenen Vorschriften zuwiderhandeln, werden mit Geldstrafe von dreißig bis zu dreitausend Mark oder mit Gefängniß bis zu drei Monaten bestraft.**

### Zu § 44.

Der § 44 handelt von den Zuwiderhandlungen der Agenten. Als Vorschriften, welche für die Ausübung des Geschäftsbetriebs erlassen sind, kommen auch hier sowohl die auf Grund des § 21 erlassenen Bestimmungen des Bundesraths als auch die Bedingungen in Betracht, welche den Agenten bei der Ertheilung der Erlaubniß von der zuständigen Behörde gestellt werden. (Begr. S. 50 ff.)

## § 45.

**Wer ohne die nach §§ 1 und 11 erforderliche Erlaubniß die Beförderung von Auswanderern betreibt oder bei einem solchen Betriebe gewerbsmäßig mitwirkt, wird mit Gefängniß bis zu einem Jahre**

**und mit Geldstrafe bis zu sechstausend Mark oder mit einer dieser Strafen bestraft.**

**Die gleiche Strafe trifft denjenigen, welcher sich zum Geschäfte macht, zur Auswanderung anzuwerben.**

Zu § 45.

Der § 45 bedroht im ersten Absatze diejenigen mit Strafe, welche, ohne die erforderliche Erlaubniß zum Geschäftsbetriebe eines Unternehmers oder Agenten zu besitzen, diesen Geschäftsbetrieb ausüben.

Im zweiten Absatze wird die geschäftsmäßige Anwerbung zur Auswanderung mit Strafe bedroht. Das Gesetz steht auf dem Standpunkte, daß eine Anwerbung zur Auswanderung dem Agenten schlechthin verboten sein soll. Er hat sich darauf zu beschränken, dem zur Auswanderung Entschlossenen die geeigneten Mittel und Wege zur Ausführung dieses Entschlusses zu zeigen. Dagegen darf er niemals dazu schreiten, den Entschluß zur Auswanderung hervorzurufen.

Wie dem Agenten, so soll auch jedem Anderen die geschäftsmäßige Anwerbung zur Auswanderung verboten sein. Eine solche Bestimmung ist erforderlich, um einer gewissenlosen Agitation zur Auswanderung entgegentreten zu können. Die bloße Bekanntmachung der Beförderungsbedingungen oder Beförderungsgelegenheiten, sowie die bloße Ertheilung von Auskunft oder Rath an zur Auswanderung entschlossene Personen insbesondere durch Verwandte, Freunde und durch Gesellschaften, welche religiöse oder humanitäre Bestrebungen verfolgen, fällt nicht unter den Begriff einer „Anwerbung zur Auswanderung." (Begr. S. 51 ff.)

Entsprechend dem Vorschlage der Kommission wurde im § 45 das Wort „gewerbsmäßig" zwischen „Betriebe" und „mitwirkt" aufgenommen.

## § 46.

**Wer der Vorschrift des § 26 Absatz 1 zuwiderhandelt, wird mit Geldstrafe bis zu einhundertfünfzig Mark oder mit Haft bestraft.**

## § 47.

Wer den auf Grund des § 42 erlassenen Vorschriften zuwiderhandelt, wird mit Geldstrafe von einhundertfünfzig bis zu sechstausend Mark oder mit Gefängniß bis zu sechs Monaten bestraft.

## § 48.

Wer eine Frauensperson zu dem Zwecke, sie der gewerbsmäßigen Unzucht zuzuführen, mittelst arglistiger Verschweigung dieses Zweckes zur Auswanderung verleitet, wird mit Zuchthaus bis zu fünf Jahren bestraft. Neben der Zuchthausstrafe ist der Verlust der bürgerlichen Ehrenrechte auszusprechen; auch kann zugleich auf Geldstrafe von einhundertfünfzig bis zu sechstausend Mark sowie auf Zulässigkeit von Polizeiaufsicht erkannt werden.

Dieselben Strafvorschriften finden auf denjenigen Anwendung, welcher mit Kenntniß des vom Thäter in solcher Weise verfolgten Zweckes die Auswanderung der Frauensperson vorsätzlich befördert; sind mildernde Umstände vorhanden, so tritt Gefängnißstrafe nicht unter drei Monaten ein, neben welcher auf Geldstrafe von einhundertfünfzig bis zu sechstausend Mark erkannt werden kann.

### Zu § 48.

Die Strafbestimmung des § 48 wurde im Laufe der II. Lesung auf Grund kombinirter Anträge der Reichstagsabgeordneten Graf von Kanitz-Podangen und August Bebel dem Gesetze eingefügt. (S. stenogr. Ber. der 216. Sitzung vom 6. Mai 1897, S. 5794 ff.)

Die endgültige Fassung des Gesetzes beruht auf Anträgen, welche die Abgeordneten Dr. Bachem und Dr. von Buchka bei der 3. Lesung gestellt hatten und in der Sitzung vom 8. Mai 1897 mit großer Mehrheit des Reichstages angenommen wurden. (S. stenogr. Begr. der 218. Sitzung vom 8. Mai 1897, S. 5821.)

## Schlußbestimmungen.

### § 49.

**Welche Behörden in jedem Bundesstaat unter der Bezeichnung: Aufsichtsbehörde, höhere Verwaltungsbehörde, Polizeibehörde zu verstehen sind, wird von der Zentralbehörde des Bundesstaats bekannt gemacht.**

#### Zu § 49.

**Zusammenstellung der auf dem Gebiete des Auswanderungswesens in den einzelnen Bundesstaaten zuständigen Landesbehörden.**

| Bundesstaat. | Aufsichtsbehörde. | Höhere Verwaltungsbehörde. | Polizeibehörde. |
|---|---|---|---|
| 1. Preußen. | Minister für Handel und Gewerbe. | Regierungspräsident, in Berlin der Polizeipräsident. | § 23b: die Ortspolizeibehörden, §24 Abs. 1: die Hafen-, Strom- und Schiffahrtspolizeibehörden und die Grenzkommissare, § 24 Abs. 2 des Gesetzes: die Ortspolizeibehörd., d. Hafen-, Strom- und Schiffahrtspolizeibehörd. |

| Bundesstaat. | Aufsichtsbehörde. | Höhere Verwaltungsbehörde. | Polizeibehörden. |
|---|---|---|---|
| 2. Bayern. | Staatsministerium des Innern (auch als Landescentralbehörde). | Kreisregierungen, Kammern d. Innern. | Distrikts- und Ortspolizeibehörden, in München: Polizeidirektion. |
| 3. Sachsen. | Ministerium des Innern. | Kreishauptmannschaften. | Ortspolizeibehörden, einschließlich d. Bürgermeist., Gemeindevorstände und Gutsvorsteher. |
| 4. Württemberg. | Ministerium des Innern. | Kreisregierungen. | Oberämter, Hafendirektion Friedrichshafen und die Ortspolizeibehörden. |
| 5. Baden. | Landescentralbehörde ist Ministerium des Innern, Aufsichtsbehörde ist der Landeskommissar. | Bezirksamt auch als Behörde nach § 22 der Bundesrathsverordnung über den Geschäftsbetrieb. | In den Städten mit staatlicher Ortspolizei: das Bezirksamt, im Uebrigen der Bürgermeister. |
| 6. Hessen. | Ministerium des Innern (auch Landescentralbehörde). | Kreisämter. | Bürgermeistereien, bezw. die für einzelne Orte eingerichteten besonderen Polizeiverwaltungen. |
| 7. Mecklenburg-Schwerin. | Ministerium des Innern. | Gewerbekommission. | Ortsobrigkeit. |
| 8. Mecklenburg-Strelitz. | Landesregierung. | Gewerbekommission. | Ortsobrigkeit. |

| Bundesstaat. | Aufsichtsbehörde. | Höhere Verwaltungsbehörde. | Polizeibehörde. |
|---|---|---|---|
| 9. Oldenburg. | Staatsministerium als Gesammtministerium. | Im Herzogthum Oldenburg: Staatsministerium, Departement d. Innern, in den Fürstenthümern Lübeck und Birkenfeld: die Regierungen. | § 23 litt. b.: die Ortspolizeibehörden, § 24: die Ortspolizeibehörden sowie die Hafen- und Schifffahrtspolizeibehörden. |
| 10. Sachsen-Weimar-Eisenach. | Staatsministerium. | Der Bezirksausschuß bezw. der Bezirksdirektor nach Maßgabe des Gesetzes vom 18. Sept. 1869 / 2. Juni 1870. | Ortspolizeibehörden. |
| 11. Braunschweig. | Staatsministerium, Abtheilung des Innern. | Kreisdirektion, in Braunschweig: die Polizeidirektion. | Ortspolizeibehörden. |
| 12. Meiningen. | Gesammtstaatsministerium. | Staatsministerium, Abtheilung des Innern. | Landräthe und die Gemeindevorstände der Städte. |
| 13. Sachsen-Altenburg. | Gesammtministerium. | Ministerium, Abtheilung des Innern. | In den Städten: die Stadträthe, auf d. platten Lande: die Landrathsämter |
| 14. Anhalt. | Staatsministerium. | Regierung, Abtheilung des Innern. | Ortspolizeiverwaltungen. |
| 15. Sachsen-Coburg-Gotha. | Der Staatsminister. | Die Abtheilungen des Staatsministeriums in Coburg und Gotha. | — |
| 16. Schwarzburg-Sondershausen. | Gesammtministerium. | Ministerium, Abtheilung des Innern. | Ortspolizeibehörden. |

| Bundesstaat. | Aufsichtsbehörde. | Höhere Verwaltungsbehörde. | Polizeibehörde. |
|---|---|---|---|
| 17. Schwarzburg-Rudolstadt. | Ministerium (Verwaltungs-Abtheilung). | Landrathsämter. | Die mit der Polizeiverwaltung betrauten Behörden u. Personen (Gemeindevorstände, Vertreter der Gutsbezirke, Landrathsämter, Ministerium). |
| 18. Waldeck. | Landesdirektor. | Kreisamtmänner. | Ortsbürgermeister u. Kreisamtmänner. |
| 19. Reuß älterer Linie. | Landesregierung. | Landrathsamt. | Polizeibehörden, einschließlich der Vorstände der Landgemeinden. |
| 20. Reuß jüngerer Linie. | Ministerium, Abtheilung des Innern. | Landrathsamt. | Gemeindevorstand. |
| 21. Schaumburg-Lippe. | Ministerium. | Ministerialabtheilung für Gewerbe- und Gemeinde-Angelegenheiten. | Der Polizeidirektor in der Residenzstadt, die beiden Landrathsämter und der Magistrat in Stadthagen. |
| 22. Lippe-Detmold. | Staatsministerium. | Die Fürstliche Regierung. | Die Fürstlichen Verwaltungsämter und die Magistrate. |
| 23. Lübeck. | Senat. | Polizeiamt. | Polizeiamt. |
| 24. Bremen. | Senat. | Behörde für das Auswanderungswesen. | In Bremen: die Polizeidirektion,<br>im Landgebiet: der Landherr,<br>in den Hafenstädten: die Aemter. |

| Bundesstaat. | Aufsichtsbehörde. | Höhere Verwaltungsbehörde. | Polizeibehörde. |
|---|---|---|---|
| 25. Hamburg. | Senat. | Behörde für das Auswanderungswesen. | Städtische Polizeibehörde, im Landgebiet: die Landherrenschaft, im Amt Ritzebüttel: der Amtsverwalter. |
| 26. Elsaß-Lothringen. | Ministerium für Elsaß-Lothringen. | Bezirkspräsidenten. | Die Ortspolizeibehörden sowie die Kantonal- u. Grenzpolizeikommissare. |

Vergl. hierzu die nachstehenden Bekanntmachungen:

in Preußen: vom 11. Februar 1898 (Reichs- und Staatsanzeiger vom 21. dess. Mts.),
in Bayern: vom 28. März 1898 (Ges. u. Vdgs.Bl. S. 171),
in Sachsen: vom 15. März 1898,
in Württemberg: vom 19. Februar 1898 (Reg.Bl. Nr. 4),
in Baden: vom 23. März 1898 (Ges. u. Vdgs.Bl. S. 221),
in Hessen: vom 18. März 1898 (Reg.Bl. S. 31),
in Mecklenburg-Schwerin: vom 26. März 1898 (Reg.Bl. S. 109),
in Mecklenburg-Strelitz: vom 24. März 1898 (Offizieller Anzeiger S. 40),
in Oldenburg: vom 11. März 1898 (Ges.Bl. S. 103),
in Sachsen-Weimar-Eisenach: vom 16. März 1898 (Reg.Bl. S. 32),
in Braunschweig: vom 24. März 1898 (abgedruckt in der Ges. u. Vdgs.S.),

in Sachsen-Meiningen-Hildburghausen: vom 11. März 1898 (Reg.Bl. S. 313),
in Sachsen-Altenburg: vom 19. März 1898 (Amts- und Nachrichtenblatt S. 313),
in Sachsen-Coburg und Gotha: vom 11. Mai 1898 (Gemeinschaftliche Gesetzsammlung 1898),
in Anhalt: vom 2. Juli 1897 (Ges.S. S. 455),
in Schwarzburg-Sondershausen: vom 14. März 1898 (Ges.S. S. 21),
in Schwarzburg-Rudolstadt: vom 18. März 1898 (Ges.S. S. 21),
in Waldeck und Pyrmont: vom 15. März 1898 (Reg.Bl. S. 7),
in Reuß älterer Linie: vom 28. März 1898 (Ges.S. S. 11),
in Reuß jüngerer Linie: vom 14. März 1898 (Ges.S. S. 127),
in Schaumburg-Lippe: vom 10. August 1897 (Schaumburg-Lippische Landesverordnungen S. 361),
in Lippe: vom 10. März 1898 (Ges.S. S. 309),
in Lübeck: vom 16. März 1898 (Sammlung der Verordnungen Nr. 13),
in Bremen: vom 16. März 1898 (Ges.Bl. S. 23) (vergl. auch Bekanntmachung der Behörde für das Auswanderungswesen vom 20. Mai 1898, betr. Uebertragung von Geschäften der Behörde für das Auswanderungswesen auf das Amt in Bremerhaven, Nr. 138 der Bremer Nachrichten vom 21. Mai 1898),
in Hamburg: vom 25. März 1898,
in Elsaß-Lothringen: vom 2. März 1898 (Nr. 10 des Central- und Bezirks-Amtsblattes). [Nach P. Goetsch a. a. O. S. 182 u. 301 ff.]

## § 50.

**Dieses Gesetz tritt am 1. April 1898 in Kraft. Mit dem gleichen Zeitpunkt erlöschen die auf Grund**

**landesgesetzlicher Vorschriften ertheilten Genehmigungen zur Beförderung oder zur Mitwirkung bei der Beförderung von Auswanderern.**

**Urkundlich unter Unserer Höchsteigenhändigen Unterschrift und beigedrucktem Kaiserlichen Insiegel.**

**Gegeben Neues Palais, den 9. Juni 1897.**

(L. S.)

**Wilhelm.**

**Fürst zu Hohenlohe.**

**Ausgegeben zu Berlin den 17. Juni 1897.**

**Zu § 50.**

Für die Schlußbestimmungen lag in der Kommission der Antrag vor, den folgenden § 49a einzuschalten:

> „Die Uebersiedelung deutscher Reichsangehöriger nach den deutschen Schutzgebieten fällt nicht unter die Bestimmungen dieses Gesetzes. So lange diese Uebersiedelung nicht durch Kaiserliche Verordnung oder durch Reichsgesetz geregelt ist, finden auf sie die Bestimmungen des V. Abschnittes dieses Gesetzes sinngemäße Anwendung."

Der Antrag wurde abgelehnt, nachdem der erste Theil des Antrags durch die Bezugnahme auf die Begründung und auf die zu § 1 abgegebene ausdrückliche Erklärung als unnöthig bezeichnet, der zweite Theil des Antrags aber als gesetzgeberisch unzweckmäßig bezeichnet worden war. Das Kaiserliche Verordnungsrecht bestehe durch Gesetz und bedürfe keiner abermaligen Bestätigung durch ein solches. Auch sei eine in dem Schlußsatz vorgeschlagene Verweisung unthunlich.

Aus Bremen war von 12 Schiffsexpedienten gebeten worden, im Falle der Annahme das Gesetz erst ein Jahr nach Annahme in Kraft treten zu lassen, damit die Gesuchsteller im Stande seien, die laufenden Kontrakte und Verbindlichkeiten zu ordnen.

Mit Rücksicht darauf wurde der Antrag zu § 50, das Gesetz mit Beginn des Etatsjahres am 1. April 1898 in Kraft treten zu lassen, einstimmig angenommen.

Aber auch die zum Erlasse der Ausführungsverordnungen des Bundesraths erforderliche längere Zeit machte die Hinausschiebung des Inkrafttretens des Gesetzes bis zu diesem Zeitpunkte erwünscht.

# Bekanntmachung,

betreffend

## Bestimmungen über den Geschäftsbetrieb der Auswanderungsunternehmer und Agenten.

Vom 14. März 1898.

(R.G.Bl. Nr. 10. S. 39. Ausgegeb. z. Berlin d. 21. März 1898.)

Auf Grund des § 21 des Gesetzes über das Auswanderungswesen vom 9. Juni 1897 (Reichs-Gesetzbl. S. 463) hat der Bundesrath in seiner Sitzung vom 14. März 1898 die nachstehenden Bestimmungen über den Geschäftsbetrieb der Auswanderungsunternehmer und Agenten beschlossen.

## Bestimmungen über den Geschäftsbetrieb der Auswanderungsunternehmer und Agenten.

---

### I. Geschäftsbetrieb der Auswanderungsunternehmer.

#### § 1.

Jeder Auswanderungsunternehmer ist verpflichtet, die von ihm beförderten Auswanderer in ein

Verzeichniß nach dem im Anhange beigefügten Formular, und zwar für jedes Schiff gesondert, einzutragen. Er ist befugt, dem Formulare noch weitere Spalten hinzuzufügen.

Zu § 1.

In dem dem Bundesrathe vorgelegten Entwurf hatte § 1 die nachstehende Fassung:

„Jeder Auswanderungsunternehmer ist verpflichtet, die von ihm beförderten Auswanderer, d. h. alle Reisenden, hinsichtlich deren aus den Umständen erhellt, daß sie ihren bisherigen Wohnsitz gegen einen neuen zu vertauschen beabsichtigen, in ein Verzeichniß nach dem Formular Anhang A, und zwar für jedes Schiff gesondert, einzutragen. Er ist befugt, dem Formular noch weitere Spalten hinzuzufügen.

## § 2.

Spätestens am Tage nach Abgang eines Schiffes, welches Auswanderer an Bord genommen hat, muß der Unternehmer das im § 1 gedachte Verzeichniß der Auswanderungsbehörde in zwei Abschriften (Kopien, Abdrücken) einreichen.

In außerdeutschen Häfen, von welchen aus deutsche oder über Deutschland kommende Auswanderer befördert werden, ist das Verzeichniß dem deutschen Konsul einzureichen.

Zu § 2.

Der ursprüngliche Entwurf weicht in einigen Punkten von der gegenwärtigen redaktionellen Fassung ab. Er lautete:

„Spätestens am Tage nach Abgang eines Schiffes, welches Auswanderer an Bord genommen hat, muß der Unternehmer eine Abschrift (Kopie oder Abdruck) des im § 1 angegebenen Verzeichnisses der Auswanderungsbehörde in zwei Stücken einreichen.

In außerdeutschen Häfen des europäischen Festlandes, von welchen aus deutsche oder über Deutschland kommende Auswanderer befördert werden, ist das Verzeichniß dem deutschen Konsul einzureichen."

## § 3.

**Dem Reichskommissare für das Auswanderungswesen ist zu jeder Zeit Einsicht in das Schiffstagebuch zu gewähren.**

### Zu § 3.

Der Entwurf hatte im § 3 folgende Bestimmung in Aussicht genommen: „Spätestens 3 Tage, nachdem ein von einem deutschen Hafen ausgegangenes Schiff, welches Auswanderer befördert hat, von der Reise zurückgekehrt ist, hat der Unternehmer das Schiffstagebuch dem Reichskommissar für das Auswanderungswesen vorzulegen, welcher es mit dem Vermerk der Kenntnißnahme versieht. Ist das Schiff den von dem Bundesrath erlassenen „Vorschriften über Auswandererschiffe" unterworfen, so muß auch die Krankenliste und das Tagebuch des Arztes vorgelegt werden."

## § 4.

**Der Unternehmer darf Auswanderer nur befördern auf Grund eines mit ihnen (bei Familien mit dem Familienvorstande) vorher in deutscher Sprache abgeschlossenen schriftlichen Vertrags. Dem Vertrage dürfen Uebersetzungen in fremden Sprachen beigefügt werden.**

## § 5.

Verträge mit Auswanderern, welche über einen deutschen Hafen ohne Schiffswechsel nach einem außereuropäischen Hafen befördert werden sollen, müssen möglichst in nachstehender Reihenfolge enthalten:

1. den Namen und den Wohnort des Unternehmers;
2. den Ort und den Tag, von welchem ab die Beförderung übernommen wird;
3. den Ort und den Tag, von welchem ab die Verpflegung übernommen wird;
4. den Namen und die Nationalität des zu benutzenden Schiffes;
5. den Namen der Schiffslinie;
6. den außereuropäischen Ausschiffungshafen;
7. den Vor- und Familiennamen des Reisenden und der mit ihm reisenden Familienglieder;
8. das Alter;
9. den Familienstand (Vater, Mutter, Sohn, Tochter u. s. w. — bei Einzelreisenden die Angabe, ob verheirathet, ledig);
10. den bisherigen Wohnort;
11. den Preis der Seebeförderung in Reichswährung für jede einzelne Person;
12. die Erklärung, daß der Reisende für Beförderung, Gepäcktransport (abgesehen von etwaiger Ueberfracht — Ziffer 24), Beköstigung und Unterbringung bis zum außereuropäischen

Ausschiffungshafen außer dem vorstehend bezeichneten Preise nichts zu entrichten hat;

13. die Angabe, wo und wann sich der Reisende zur Abfahrt einzufinden hat, ferner, wo und wann das Gepäck spätestens einzuliefern ist;

14. die Angabe, welchen Theil des bezahlten Ueberfahrtsgeldes der Reisende verliert, wenn er sich so spät nach der festgesetzten Abfahrtszeit einfindet, daß die Fahrt ohne ihn angetreten werden muß; dieser Theil darf nicht mehr als die Hälfte des Ueberfahrtsgeldes betragen;

15. die Verpflichtung des Unternehmers, dem Reisenden von der festgesetzten Abfahrtszeit an bei jeder nicht von dem Reisenden selbst verschuldeten Verzögerung in der Beförderung, an dem zur Abfahrt oder zur Einschiffung bestimmten Orte ohne besondere Vergütung Unterkunft und Verpflegung an Bord des Schiffes oder in einem Auswandererlogierhause oder, wo solches nicht vorhanden, in einem geeigneten Gasthause zu gewähren;

16. die Berechtigung des Reisenden, falls eine solche Verzögerung länger als eine Woche dauert, von dem Vertrage zurückzutreten und die Rückerstattung des gezahlten Fahrpreises zu verlangen, unbeschadet der ihm nach dem bürgerlichen Rechte etwa zustehenden Ansprüche auf Schadensersatz;

17. die Verpflichtung des Unternehmers, das Ueberfahrtsgeld unverkürzt zurückzuerstatten, wenn

der Reisende oder einer der ihn begleitenden Familienangehörigen vor Antritt der Seereise stirbt oder nachweislich durch Krankheit oder sonstige, außer seiner Macht liegende Zwischenfälle am Antritte der Seereise verhindert wird;

18. die Verpflichtung des Unternehmers, das Ueberfahrtsgeld nach Abzug eines bestimmt zu bezeichnenden, jedenfalls nicht mehr als die Hälfte betragenden Theiles zurückzuerstatten, falls der Reisende vor Antritt der Reise aus anderen Gründen vom Vertrage zurücktritt;

19. die Verpflichtung des Unternehmers, während der Seereise jedem über zehn Jahre alten Reisenden (wobei zwei Kinder unter zehn Jahren für einen Reisenden gelten) eine Schlafkoje mit Matratze, Kopfpfühl und Schlafdecke zur Benutzung zu überweisen;

20. die Verpflichtung des Unternehmers, dem Reisenden während der Seereise mindestens drei tägliche Mahlzeiten zu verabreichen und ihm das dazu nöthige Eß- und Trinkgeschirr unentgeltlich zur Verfügung zu stellen;

21. die Verpflichtung des Unternehmers, dem Reisenden während der Seereise das erforderliche Trink- und Waschwasser sowie die erforderlichen Wascheinrichtungen zu gewähren:

22. die Verpflichtung des Unternehmers, dem während der Seefahrt erkrankten Reisenden die nöthigen Heilmittel und Pflege unentgeltlich zu gewähren;

23. die Verpflichtung des Unternehmers, das rechtzeitig eingelieferte Reisegepäck mit demselben Schiffe wie den Reisenden zu befördern und, falls dies nicht geschieht, für allen dadurch entstehenden Schaden aufzukommen;
24. die Verpflichtung des Unternehmers, an Reisegepäck während der Seereise mindestens $1/2$ Kubikmeter ohne besonderes Entgelt zu befördern, und die Angabe, wieviel für etwaige Ueberfracht zu entrichten ist;
25. die Verpflichtung des Unternehmers, auf Verlangen des Reisenden dessen Gepäck auf Kosten des Reisenden gegen Feuers- und Wassersgefahr zu versichern;
26. die Verpflichtung des Unternehmers, daß, wenn das Schiff unterwegs durch einen Seeunfall oder einen anderen Umstand an der Fortsetzung der Reise verhindert oder zu einer längeren Unterbrechung derselben genöthigt werden sollte, dem Reisenden ohne besondere Vergütung angemessene Unterkunft und Verpflegung gewährt und die Beförderung des Reisenden und seines Gepäcks nach dem Bestimmungsorte sobald als möglich herbeigeführt wird;
27. die Bestimmung, daß im Auslande Beschwerden über mangelhafte Erfüllung des Vertrags, Schadensersatzansprüche u. s. w. bei dem zuständigen deutschen Konsul oder dessen Vertreter geltend zu machen sind;

28. die Bestimmung, daß der Vertrag dauernd in Händen des Reisenden bleibt;
29. den Ort und Tag des Vertragsabschlusses;
30. die Unterschriften der beiden vertragschließenden Parteien. (Dabei genügt von Seiten des mit Familie Reisenden die Unterschrift des Familienvorstandes. Hat der Reisende einen gesetzlichen Vertreter, so muß dieser unterzeichnen. Von Seiten des Unternehmers genügt der Firmenstempel. Bei Unternehmern, welche zur Bestellung eines inländischen Bevollmächtigten verpflichtet sind (§ 4 des Auswanderungsgesetzes), ist die Unterschrift oder der Firmenstempel dieses Bevollmächtigten erforderlich. Bei Unternehmern, welche ihren Geschäftsbetrieb durch einen Stellvertreter ausüben, genügt die Unterschrift oder der Firmenstempel des Stellvertreters.)

## § 6.

Wird bei einer Beförderung über einen deutschen Hafen ohne Schiffswechsel nach einem außereuropäischen Hafen auch die Weiterbeförderung und Verpflegung oder nur die Weiterbeförderung der Auswanderer vom außereuropäischen Ausschiffungshafen bis an das Auswanderungsziel übernommen, so müssen die Verträge außer den im § 5 vorgeschriebenen Angaben und Bestimmungen enthalten:

6 a. die genaue Bezeichnung des Auswanderungsziels;

6 b. die Beförderungsmittel vom außereuropäischen Ausschiffungshafen bis an das Auswanderungsziel;

11 a. den Preis für die Weiterbeförderung vom Ausschiffungshafen nach dem Auswanderungsziele;

26 a. die Verpflichtung des Unternehmers, dem Reisenden bei einer im außereuropäischen Ausschiffungshafen eintretenden, nicht von dem Reisenden selbst verschuldeten Verzögerung der Weiterbeförderung ohne besondere Vergütung angemessene Unterkunft und Verpflegung zu gewähren;

26 b. die Berechtigung des Reisenden, falls eine solche Verzögerung länger als eine Woche dauert, von dem Vertrage zurückzutreten und die Erstattung des für die Weiterbeförderung gezahlten Preises zu verlangen, unbeschadet der ihm nach bürgerlichem Rechte etwa zustehenden Ansprüche auf Schadensersatz;

26 c. die Verpflichtung des Unternehmers, falls der Reisende oder einer der ihn begleitenden Familienangehörigen vor Beginn der Weiterbeförderung stirbt oder nachweislich durch Krankheit oder sonstige, außer seiner Macht liegende Zwischenfälle am Antritte der Weiterreise verhindert ist, den für die Weiterbeförderung gezahlten Preis dem Reisenden oder seinen Hinterbliebenen unverkürzt zurückzuerstatten;

26 d. die Verpflichtung des Unternehmers, dem Reisenden, falls dieser im außereuropäischen Ausschiffungshafen aus anderen Gründen von der Weiterbeförderung zurücktreten sollte, den für die Weiterbeförderung gezahlten Preis, vorbehaltlich eines bestimmt zu bezeichnenden, keinenfalls mehr als zehn vom Hundert betragenden Abzugs zurückzuerstatten;

26 e. die Angabe, wieviel Gepäck des Reisenden bei der Weiterbeförderung frei befördert wird, soweit diese Angabe zur Zeit des Vertragsabschlusses gemacht werden kann;

26 f. insoweit die Weiterbeförderung und Verpflegung vom außereuropäischen Ausschiffungshafen bis an das Auswanderungsziel dem Unternehmer bei der Ertheilung der Erlaubniß zur Bedingung gemacht worden ist:

die Verpflichtung des Unternehmers, dem Reisenden, falls durch einen Unfall des Beförderungsmittels oder einen anderen außerhalb der Person des Reisenden liegenden Umstand die Fortsetzung der bereits angetretenen Weiterreise verhindert werden oder eine längere Unterbrechung derselben eintreten sollte, ohne besondere Vergütung Unterkunft und Verpflegung zu gewähren und die Beförderung des Reisenden sowie seines Gepäcks nach dem Bestimmungsorte sobald als möglich herbeizuführen.

## § 7.

Verträge mit Auswanderern, welche von oder durch Deutschland kommend sich zu Schiff oder mit der Eisenbahn nach einem außerdeutschen Hafen begeben, um von dort aus nach einem außereuropäischen Lande befördert zu werden (Verträge über Beförderung mit Schiffswechsel in einem außerdeutschen Zwischenhafen oder Verträge über die Beförderung über einen außerdeutschen Einschiffungshafen des europäischen Festlandes), müssen möglichst in nachstehender Reihenfolge enthalten:

1. den Namen und den Wohnort des Unternehmers;
2. die Verpflichtung des Unternehmers, die Beförderung der Reisenden von Deutschland bis zur Landung im außereuropäischen Ausschiffungshafen zu übernehmen, insoweit nicht der Reichskanzler bei geringem Verkehre der in Betracht kommenden Schiffslinie Ausnahmen gestattet hat;
3. den Ort und den Tag, von welchem ab die Beförderung übernommen wird;
4. den Ort und den Tag, von welchem ab die Verpflegung übernommen wird;
5. die Angabe des Reisewegs bis zu dem Hafen, von welchem aus die außereuropäische Fahrt angetreten wird;
6. die Angabe der Beförderungsmittel auf den einzelnen Strecken dieses Reisewegs, und zwar

für die zu Schiff zurückzulegenden Strecken: den Namen und die Nationalität des zu benutzenden Schiffes, den Namen der Schiffslinie, die Bezeichnung des Schiffsplatzes; für die mit der Eisenbahn zurückzulegenden Strecken: die Angabe der Wagenklasse;

7. den Hafen, von welchem aus die außereuropäische Fahrt angetreten wird;
8. den Namen und die Nationalität des zur außereuropäischen Fahrt zu benutzenden Schiffes;
9. den Namen der Schiffslinie;
10. den außereuropäischen Ausschiffungshafen;
11. den Vor- und Familiennamen des Reisenden und der mit ihm reisenden Familienglieder;
12. das Alter;
13. den Familienstand (Vater, Mutter, Sohn, Tochter u. s. w. — bei Einzelreisenden die Angabe, ob verheirathet, ledig);
14. den bisherigen Wohnort;
15. den Preis der Beförderung in Reichswährung bis zu dem Hafen, von welchem aus die außereuropäische Fahrt angetreten wird, für jede einzelne Person, und zwar wenn die Beförderung theils zu Schiff, theils mit der Bahn erfolgt, getrennt für jede Art der Beförderung;
16. den Preis der Beförderung in Reichswährung von dem vorbezeichneten Hafen bis zur Landung im außereuropäischen Ausschiffungshafen für jede einzelne Person;

17. die Erklärung, daß der Reisende von Deutschland bis zur Landung im außereuropäischen Ausschiffungshafen für Beförderung und Gepäcktransport (abgesehen von etwaiger Ueberfracht — Ziffer 29), sowie für Beköstigung und Unterbringung, soweit diese übernommen sind, außer dem vorbezeichneten Preise nichts zu bezahlen hat;
18. die Angabe, wo und wann sich der Reisende in Deutschland zur Abfahrt einzufinden hat, ferner, wo und wann das Gepäck in Deutschland spätestens einzuliefern ist;
19. die Angabe, welchen Theil des bezahlten Ueberfahrtsgeldes der Reisende verliert, wenn er sich so spät nach der festgesetzten Abfahrtszeit einfindet, daß die Fahrt ohne ihn angetreten werden muß; dieser Theil darf nicht mehr als die Hälfte des Ueberfahrtsgeldes betragen;
20. die Verpflichtung des Unternehmers, dem Reisenden von der festgesetzten Abfahrtszeit an bei jeder nicht von dem Reisenden selbst verschuldeten Verzögerung in der Beförderung, an dem Orte, wo die Verzögerung erfolgt, ohne besondere Vergütung Unterkunft und Verpflegung an Bord des Schiffes oder in einem Auswandererlogierhaus oder, wo solches nicht vorhanden, in einem geeigneten Gasthause zu gewähren;
21. die Berechtigung des Reisenden, falls eine solche Verzögerung länger als eine Woche

dauert, von dem Vertrage zurückzutreten und die Rückerstattung des gezahlten Fahrpreises oder des entsprechenden Theiles desselben zu verlangen, unbeschadet der ihm nach dem bürgerlichen Rechte etwa zustehenden Ansprüche auf Schadensersatz;

22. die Verpflichtung des Unternehmers, den Fahrpreis für die Beförderung von Deutschland nach dem außereuropäischen Ausschiffungshafen oder den entsprechenden Theil desselben unverkürzt zurückzuerstatten, wenn der Reisende oder einer der ihn begleitenden Familienangehörigen vor Antritt der Reise oder vor Antritt der außereuropäischen Fahrt stirbt oder nachweislich durch Krankheit oder sonstige, außer seiner Macht liegende Zwischenfälle am Antritt oder der Fortsetzung der Reise verhindert wird;

23. die Verpflichtung des Unternehmers, den Fahrpreis nach Abzug eines bestimmt zu bezeichnenden, jedenfalls nicht mehr als die Hälfte betragenden Theiles des in Ziffer 23 bezeichneten Fahrpreises zurückzuerstatten, falls der Reisende vor Antritt der Reise aus anderen Gründen vom Vertrage zurücktritt;

24. die Verpflichtung des Unternehmers, während der Seereise jedem über zehn Jahre alten Reisenden (wobei zwei Kinder unter zehn Jahren für einen Reisenden gelten) eine Schlaf-

koje mit Matratze, Kopfpfühl und Schlafdecke zur Benutzung zu überweisen;

25. die Verpflichtung des Unternehmers, dem Reisenden während der Seereise mindestens drei tägliche Mahlzeiten zu verabreichen und ihm das dazu nöthige Eß- und Trinkgeschirr unentgeltlich zur Verfügung zu stellen;

26. die Verpflichtung des Unternehmers, dem Reisenden während der Seereise das erforderliche Trink- und Waschwasser sowie die erforderlichen Wascheinrichtungen zu gewähren;

27. die Verpflichtung des Unternehmers, dem während der Seefahrt erkrankten Reisenden die nöthigen Heilmittel und Pflege unentgeltlich zu gewähren;

28. die Verpflichtung des Unternehmers, das rechtzeitig eingelieferte Reisegepäck mit demselben Schiffe wie den Reisenden zu befördern und, falls dies nicht geschieht, für allen dadurch entstehenden Schaden aufzukommen;

29. die Verpflichtung des Unternehmers, an Reisegepäck während der Seereise mindestens $^1/_2$ Kubikmeter ohne besonderes Entgelt zu befördern, und die Angabe, wieviel für etwaige Ueberfracht zu entrichten ist,

und, falls die Beförderung bis zu dem Hafen, von welchem aus die außereuropäische Fahrt angetreten wird, ganz oder theilweise mit der Eisenbahn oder einem Flußschiff erfolgt: die Angabe, wieviel Gepäck während dieses Theiles der Reise frei befördert wird und wieviel für etwaige Ueberfracht zu entrichten ist;

30. die Verpflichtung des Unternehmers, auf Verlangen des Reisenden dessen Gepäck während der Seereise auf Kosten des Reisenden gegen Feuers- und Wassersgefahr zu versichern;

31. die Verpflichtung des Unternehmers, daß, wenn das Schiff unterwegs durch einen Seeunfall oder einen anderen Umstand an der Fortsetzung der Reise verhindert, oder zu einer längeren Unterbrechung derselben genöthigt werden sollte, dem Reisenden ohne besondere Vergütung angemessene Unterkunft und Verpflegung gewährt und die Beförderung des Reisenden und seines Gepäcks nach dem Bestimmungsorte sobald als möglich herbeigeführt wird;

31 a. falls die Beförderung des Reisenden nach dem Hafen, von welchem aus die außereuropäische Fahrt angetreten wird, ganz oder theilweise mit der Eisenbahn oder mit einem Flußschiff erfolgt:

die Verpflichtung des Unternehmers, auch dem während dieses Theiles der Reise etwa erkrankten Reisenden die nöthigen Heilmittel und Pflege unentgeltlich zu gewähren;

31 b. soweit die vorgenannte Beförderung mit der Eisenbahn erfolgt und die Verpflegung des Reisenden während der Bahnfahrt übernommen wird:

die Verpflichtung des Unternehmers, an bestimmten näher zu bezeichnenden Stationen den Reisenden zu beköstigen und ihm bei längerem als dreistündigem Aufenthalte kostenfreie Unterkunft in einem Gasthause zu gewähren;

32. die Bestimmung, daß im Auslande Beschwerden über mangelhafte Erfüllung des Vertrags, Schadensersatzansprüche u. s. w. bei dem zuständigen deutschen Konsul oder dessen Vertreter geltend zu machen sind;

33. die Bestimmung, daß der Vertrag dauernd in Händen des Reisenden bleibt;

34. den Ort und Tag des Vertragsabschlusses;

35. die Unterschrift der beiden vertragschließenden Parteien. (Dabei genügt von Seiten des mit Familie Reisenden die Unterschrift des Familienvorstandes. Hat der Reisende einen gesetzlichen Vertreter, so muß dieser unterzeichnen. Von Seiten des Unternehmers genügt der Firmenstempel. Bei Unternehmern, welche zur Bestellung eines inländischen Bevollmächtigten verpflichtet sind (§ 4 des Auswanderungsgesetzes), ist die Unterschrift oder der Firmenstempel dieses Bevollmächtigten erforderlich. Bei Unternehmern, welche ihren Geschäftsbetrieb durch einen Stellvertreter ausüben, genügt die Unterschrift oder der Firmenstempel des Stellvertreters.)

## § 8.

Wird bei einer Beförderung der im § 7 bezeichneten Art auch die Weiterbeförderung und Verpflegung oder nur die Weiterbeförderung der Auswanderer vom außereuropäischen Ausschiffungshafen bis an das Auswanderungsziel übernommen, so gelten auch hierfür die Bestimmungen des § 7, jedoch mit der Maßgabe, daß die unter Ziffer 2 daselbst vorgesehene Verpflichtung des Unternehmers, für die Beförderung des Reisenden zu sorgen, nicht nur bis zur Landung im außereuropäischen Ausschiffungshafen, sondern bis zur Erreichung des Auswanderungsziels zu übernehmen ist.

Außerdem müssen die Verträge enthalten:

10a. die genaue Bezeichnung des Auswanderungsziels;

10b. die Beförderungsmittel vom außereuropäischen Ausschiffungshafen bis an das Auswanderungsziel;

16a. den Preis für die Weiterbeförderung vom außereuropäischen Ausschiffungshafen nach dem Auswanderungsziele;

31c. die Verpflichtung des Unternehmers, dem Reisenden bei einer im außereuropäischen Ausschiffungshafen eintretenden, nicht von dem Reisenden selbst verschuldeten Verzögerung der Weiterbeförderung ohne besondere Vergütung angemessene Unterkunft und Verpflegung zu gewähren;

31 d. die Berechtigung des Reisenden, falls eine solche Verzögerung länger als eine Woche dauert, von dem Vertrage zurückzutreten und die Erstattung der durch die anderweitige Weiterreise entstandenen Kosten zu verlangen, unbeschadet der ihm nach dem bürgerlichen Rechte etwa zustehenden Ansprüche auf Schadensersatz;

31 e. die Verpflichtung des Unternehmers, falls der Reisende oder einer der ihn begleitenden Familienangehörigen vor Beginn der Weiterbeförderung stirbt oder nachweislich durch Krankheit oder sonstige, außer seiner Macht liegende Zwischenfälle am Antritte der Weiterreise verhindert ist, den für die Weiterbeförderung gezahlten Preis dem Reisenden oder seinen Hinterbliebenen unverkürzt zurückzuerstatten;

31 f. die Verpflichtung des Unternehmers, dem Reisenden, falls dieser im außereuropäischen Ausschiffungshafen aus anderen Gründen von der Weiterbeförderung zurücktreten sollte, den für die Weiterbeförderung gezahlten Fahrpreis vorbehaltlich eines bestimmt zu bezeichnenden, keinenfalls mehr als zehn vom Hundert betragenden Abzugs zurückzuerstatten;

31 g. die Angabe, wieviel Gepäck des Reisenden bei der Weiterbeförderung frei befördert wird, soweit diese Angabe zur Zeit des Vertragsabschlusses gemacht werden kann;

31 h. insoweit die Weiterbeförderung und Verpflegung von dem außereuropäischen Ausschiffungshafen bis an das Auswanderungsziel dem Unternehmer bei der Ertheilung der Erlaubniß zur Bedingung gemacht worden ist:

die Verpflichtung des Unternehmers, dem Reisenden, falls durch einen Unfall des Beförderungsmittels oder einen anderen außerhalb der Person des Reisenden liegenden Umstand die Fortsetzung der bereits angetretenen Weiterreise unmöglich gemacht werden oder eine längere Unterbrechung derselben eintreten sollte, ohne besondere Vergütung Unterkunft und Verpflegung zu gewähren und die Beförderung des Reisenden sowie seines Gepäcks nach dem Bestimmungsorte sobald als möglich herbeizuführen.

## § 9.

Verträge über die Beförderung von Auswanderern über See nach einem außerdeutschen Orte in Europa müssen möglichst in nachstehender Reihenfolge enthalten:

1. den Namen und den Wohnort des Unternehmers;
2. die Verpflichtung des Unternehmers, die Beförderung des Reisenden von Deutschland bis zur Landung im Ausschiffungshafen zu übernehmen;

3. den Ort und den Tag, von welchem ab die Beförderung übernommen wird;
4. den Ort und den Tag, von welchem ab die Verpflegung übernommen wird;
5. den Namen und die Nationalität des zu benutzenden Schiffes;
6. den Namen der Schiffslinie;
7. den Ausschiffungshafen;
8. den Vor- und Familiennamen des Reisenden und der mit ihm reisenden Familienglieder;
9. das Alter;
10. den Familienstand (Vater, Mutter, Sohn, Tochter u. s. w. — bei Einzelreisenden die Angabe, ob verheirathet, ledig);
11. den bisherigen Wohnort;
12. den Preis der Seebeförderung in Reichswährung für jede einzelne Person;
13. die Erklärung, daß der Reisende von Deutschland bis zur Landung im Ausschiffungshafen für Beförderung und Gepäcktransport (abgesehen von etwaiger Ueberfracht — Ziffer 20), sowie für Beköstigung und Unterbringung, soweit diese übernommen sind, außer dem vorstehend bezeichneten Preise nichts zu bezahlen hat;
14. die Angabe, wo und wann sich der Reisende zur Abfahrt einzufinden hat, ferner, wo und wann das Gepäck spätestens einzuliefern ist;
15. die Verpflichtung des Unternehmers, während der Seereise jedem über zehn Jahre alten

Reisenden (wobei zwei Kinder unter zehn Jahren für einen Reisenden gelten) eine Schlafkoje mit Matratze, Kopfpfühl und Schlafdecke zur Benutzung zu überweisen;

16. die Verpflichtung des Unternehmers, dem Reisenden während der Seereise mindestens drei tägliche Mahlzeiten zu verabreichen und ihm das dazu nöthige Eß- und Trinkgeschirr unentgeltlich zur Verfügung zu stellen;

17. die Verpflichtung des Unternehmers, dem Reisenden während der Seereise das erforderliche Trink- und Waschwasser sowie die erforderlichen Wascheinrichtungen zu gewähren;

18. die Verpflichtung des Unternehmers, dem während der Seefahrt erkrankten Reisenden die nöthigen Heilmittel und Pflege unentgeltlich zu gewähren;

19. die Verpflichtung des Unternehmers, das rechtzeitig eingelieferte Reisegepäck mit demselben Schiffe wie den Reisenden zu befördern und, falls dies nicht geschieht, für allen dadurch entstehenden Schaden aufzukommen;

20. die Verpflichtung des Unternehmers, an Reisegepäck während der Seereise mindestens $^{1}/_{2}$ Kubikmeter ohne besonderes Entgelt zu befördern, und die Angabe, wieviel für etwaige Ueberfracht zu entrichten ist;

21. die Verpflichtung des Unternehmers, auf Verlangen des Reisenden dessen Gepäck auf Kosten

des Reisenden gegen Feuers- und Wassersgefahr zu versichern;

22. die Erklärung, daß im Uebrigen die Rechte und Pflichten der Vertragschließenden sich nach den in dem Deutschen Handelsgesetzbuch über das Frachtgeschäft zur Beförderung von Reisenden enthaltenen Bestimmungen richten;
23. die Verpflichtung des Unternehmers, daß, wenn das Schiff unterwegs durch einen Seeunfall oder einen anderen Umstand an der Fortsetzung der Reise verhindert oder zu einer längeren Unterbrechung derselben genöthigt werden sollte, dem Reisenden ohne besondere Vergütung angemessene Unterkunft und Verpflegung gewährt und die Beförderung des Reisenden und seines Gepäcks nach dem Bestimmungsorte sobald als möglich herbeigeführt wird;
24. die Bestimmung, daß im Auslande Beschwerden über mangelhafte Erfüllung des Vertrags, Schadensersatzansprüche u. s. w. bei dem zuständigen deutschen Konsul oder dessen Vertreter geltend zu machen sind;
25. die Bestimmung, daß der Vertrag dauernd in Händen des Reisenden bleibt;
26. den Ort und den Tag des Vertragsabschlusses;
27. die Unterschriften der beiden vertragschließenden Parteien. (Dabei genügt von Seiten des mit Familie Reisenden die Unterschrift des Familienvorstandes. Hat der Reisende einen

gesetzlichen Vertreter, so muß dieser unterzeichnen. Von Seiten des Unternehmers genügt der Firmenstempel. Bei Unternehmern, welche zur Bestellung eines inländischen Bevollmächtigten verpflichtet sind (§ 4 des Auswanderungsgesetzes), ist die Unterschrift oder der Firmenstempel dieses Bevollmächtigten erforderlich. Bei Unternehmern, welche ihren Geschäftsbetrieb durch einen Stellvertreter ausüben, genügt die Unterschrift oder der Firmenstempel des Stellvertreters.)

§ 10.

Der dem Auswanderer hinsichtlich seiner Person und seines Gepäcks für die Beförderung mit einem binnenländischen Beförderungsmittel berechnete Preis darf den nachweislich an Ort und Stelle zu entrichtenden tarifmäßigen Beförderungspreis nicht übersteigen.

§ 11.

Für die Verträge dürfen nur Formulare verwendet werden, deren Muster von dem Unternehmer dem Reichskanzler eingereicht und von diesem genehmigt sind.

§ 12.

Der Vertrag ist dem Auswanderer, bei einer auswandernden Familie dem Familienvorstande, vor der Einschiffung oder, falls auch die Bahnbeförderung zum Hafen übernommen ist, vor deren Beginn auszuhändigen und dauernd zu belassen.

§ 13.

Mit Auswanderern, welche aus oder durch Deutschland kommend, sich nach einem außerdeutschen Hafen begeben wollen, um von dort aus nach einem außereuropäischen Lande befördert zu werden, dürfen nur Verträge der in den §§ 7 und 8, nicht aber der im § 9 bezeichneten Art geschlossen werden.

§ 14.

Die Auswanderungsbehörde kann verlangen, daß der Unternehmer zur Sicherstellung der ihm aus den §§ 27 bis 30 des Gesetzes über das Auswanderungswesen entstehenden Verpflichtungen eine das Ueberfahrtsgeld um den halben Betrag übersteigende Summe versichert oder einen der Versicherungssumme entsprechenden Betrag hinterlegt.

Im Falle der Versicherung bedürfen sowohl die Wahl des Versicherers wie der Inhalt der Versicherungspolice der Genehmigung durch die Auswanderungsbehörde. Die Police über die geschlossene Versicherung ist spätestens sechsunddreißig Stunden nach Abgang des Schiffes der Auswanderungsbehörde einzuliefern.

Die etwaige Hinterlegung ist bei der im § 26 dieser Bestimmungen bezeichneten Stelle zu bewirken und der Auswanderungsbehörde vor Abgang des Schiffes nachzuweisen.

Wird die Verwendung des sichergestellten Betrags oder eines Theiles desselben nöthig, so ist der Unternehmer zur sofortigen Ergänzung verbunden.

Falls der Unternehmer durch Säumniß in der Erfüllung seiner im Absatz 1 bezeichneten Verbindlichkeiten ein Einschreiten der Behörden veranlaßt, ist die Auswanderungsbehörde befugt, die durch die Säumniß erwachsenen Kosten aus der Versicherungs- oder der Hinterlegungssumme zu decken. Sie ist berechtigt, zu diesem Zwecke die Versicherungssumme zu erheben. Ein entsprechender Vermerk ist in die Police beziehungsweise die Hinterlegungsurkunde aufzunehmen.

§ 15.

Der Unternehmer bedarf zur Beförderung der Auswanderer mit gecharterten Schiffen der vorgängigen Genehmigung der Auswanderungsbehörde.

## II. Geschäftsbetrieb der Agenten.

§ 16.

Der Auswanderungsagent hat in jedem Falle, in welchem er den Abschluß eines Beförderungsvertrags vermittelt, dem Auswanderer (bei Familien dem Familienvorstande) einen Empfangsschein auszustellen.

## § 17.

Die Empfangsscheine müssen möglichst in nachstehender Reihenfolge enthalten:

1. je nach der Art des zu vermittelnden Vertrags die Angaben, welche
   a) in den Ziffern 1 bis 6 des § 5 oder
   b) in diesen Ziffern und den entsprechenden Zusätzen des § 6 oder
   c) in den Ziffern 1, 3 bis 10 des § 7 oder
   d) in diesen Ziffern und den entsprechenden Zusätzen des § 8 oder
   e) in den Ziffern 1, 3 bis 7 des § 9

   vorgesehen sind;
2. die von dem Auswanderer auf den Fahrpreis geleisteten Zahlungen;
3. die in den Spalten 1 bis 11 des im Anhange beigefügten Verzeichnisses vorgesehenen Angaben;
4. den Preis für die Beförderung, getrennt für die einzelnen Strecken der Beförderung und die einzelnen Personen;
5. den Namen und Wohnort des Agenten;
6. den Tag und Ort der Ausstellung des Empfangsscheins und die Unterschrift des Agenten;

7. eine nach den einzelnen Posten getrennte Abrechnung über alle von dem Auswanderer aus irgend einem Grunde an den Agenten geleisteten Zahlungen;

8. unter der Ueberschrift „Bedingungen" je nach der Art des zu vermittelnden Vertrags die Angaben, welche
   a) in den Ziffern 12 bis 26 des § 5 oder
   b) in diesen Ziffern und den entsprechenden Zusätzen des § 6 oder
   c) in den Ziffern 2, 17 bis 31 b des § 7 oder
   d) in diesen Ziffern und den entsprechenden Zusätzen des § 8 oder
   e) in den Ziffern 2, 13 bis 23 des § 9

   vorgesehen sind;

9. unter der Ueberschrift „Rathschläge" Folgendes:

   Es wird dem Reisenden empfohlen:
   a) auf oder an jedem Gepäckstück äußerlich seinen Namen deutlich lesbar in unverwischbarer Farbe anzubringen;
   b) ein behördlich beglaubigtes Verzeichniß seiner Gepäckstücke und der darin befindlichen Gegenstände mit sich zu führen;
   c) sich mit einem Passe oder Heimathscheine zu versehen.

§ 18.

Für die Empfangsscheine dürfen nur Formulare verwendet werden, deren Muster von dem Unternehmer dem Reichskanzler eingereicht und von diesem genehmigt sind.

Sämmtliche Agenten eines Unternehmers haben das nämliche Muster zu verwenden.

§ 19.

Die Formulare müssen unter fortlaufenden Nummern in festgebundenen Büchern, welche mit Seitenzahlen versehen sind und auf dem ersten Blatte die Bescheinigung der Ortspolizeibehörde über die Zahl der Seiten tragen, enthalten sein. In den Büchern müssen neben dem Formular eines jeden Empfangsscheins zwei gleichlautende Formulare zu Abschriften des Empfangsscheins dergestalt enthalten sein, daß der Empfangsschein und eine Abschrift desselben ohne Verletzung des Einbandes herausgenommen werden können. In den zu Abschriften bestimmten Formularen können die unter den Ziffern 8 und 9 des § 17 bezeichneten Gegenstände fehlen.

§ 20.

Der Agent hat, sobald er das Formular eines Empfangsscheins ausfüllt, in der gleichen Weise auch die beiden Formulare zu den Abschriften auszufüllen. Der Empfangsschein ist dem Auswanderer auszuhändigen; von den Abschriften ist die eine alsbald dem Unternehmer zu übersenden, während die zweite mit dem Buche in den Händen des Agenten verbleibt.

## § 21.

Agenten, welche den Beförderungsvertrag selbst abschließen, haben das Vertragsformular auszufüllen und zu unterzeichnen. Außerdem finden die §§ 16 bis 20 Anwendung.

## § 22.

Die Landes-Zentralbehörden können vorschreiben, daß die Agenten von dem Abschluß oder der Vermittelung von Beförderungsverträgen binnen einer bestimmten Frist einer von ihnen zu bezeichnenden Behörde Anzeige zu machen haben.

### Zu § 4—22.

Die zu Gunsten der Auswanderer im ursprünglichen Entwurf enthaltenen Sicherungsmaßregeln schlossen sich in einigen Punkten, abgesehen von den einschlägigen Parallelbestimmungen des Reichsgesetzes über das Auswanderungswesen vom 9. Juni 1897 dem Hamburgischen Gesetze an, betreffend das Auswandererwesen vom $\frac{\text{14. Januar 1887}}{\text{18. Septbr. 1896}}$ (Hamb. Gesetzsamml. S. $\frac{3}{92}$); sowie dem Preußischen Reglement, die Geschäftsführung der zur Beförderung von Auswanderern konzessionirten Personen und die von denselben zu bestellenden Kautionen betreffend, vom 6. September 1853 (Minist.Bl. f. d. innere Verwaltung S. 201). In anderen trat der Entwurf durchaus schöpferisch mit neuen legislativen Gedanken hervor. Diese fanden theils in den §§ 4—13, theils in einem ergänzenden umfassenden System von Musterblankettformularen für die im Betrieb des Auswanderungswesens vorkommenden Schriftstücke, Urkunden, Verträge, Verzeichnisse, Empfangsscheine ꝛc. ihren Ausdruck.

Diese im Anhang dem Entwurfe unter B bis J beigefügten Formulare sind in ihren rechtlich relevanten Bestimmungen in den Text der Bekanntmachung selbst hinübergenommen worden §§ 5 ff. Die Form der hier in Betracht kommenden Verträge und Verzeichnisse ist daher durch die Bekanntmachung nicht ganz schematisch festgestellt, wohl aber werden nur solche den Anforderungen des Auswanderungsverkehrs entsprechende Schriftstücke als rechtsgültig anzusehen sein, welche den in den §§ 5 ff. enthaltenen Normativbestimmungen in allen Punkten entsprechen. S. auch § 11 der Bekanntm.

Die hier in Betracht kommenden §§ des Entwurfs hatten den nachstehenden Wortlaut:

§ 4. Der Unternehmer ist verpflichtet, mit jedem von ihm zu befördernden Auswanderer (bei auswandernden Familien mit dem Familienvorstand) einen schriftlichen Vertrag in deutscher Sprache, neben welcher ihm der Gebrauch anderer Sprachen freisteht, abzuschließen und sich dazu ausschließlich:

1. für Auswanderer, welche nach einem außereuropäischen Hafen ohne Transportwechsel befördert zu werden wünschen, des Formulars Anhang B;
2. für Auswanderer, welche nach einem außereuropäischen Hafen über einen außerdeutschen Hafen des europäischen Festlandes befördert zu werden wünschen, des Formulars Anhang C;
3. für Auswanderer, welche nach einem außereuropäischen Hafen über England befördert zu werden wünschen, des Formulars Anhang D;
4. für Auswanderer, welche über See nach einem außerdeutschen Orte in Europa befördert zu werden wünschen, des Formulars Anhang E

zu bedienen.

§ 5. Der Unternehmer hat die unausgefüllt gelassenen Stellen des Formulars durch deutlichen Druck oder mittelst eines Stempels, soweit es im Voraus möglich ist, auszufüllen und ein Stück des vervollständigten Formulars der Auswanderungsbehörde zur Genehmigung einzureichen.

§ 6. Der Unternehmer hat dem Auswanderer, bei einer auswandernden Familie dem Familienvorstand, den Vertrag vor der Einschiffung oder, falls er auch die Bahnbeförderung zum Hafen übernommen hat, vor deren Beginn auszuhändigen und dauernd zu belassen.

§ 7. Die Auswanderungsbehörde kann verlangen, daß der Unternehmer zur Sicherstellung der ihm aus den §§ 27 bis 30 des Reichsgesetzes über das Auswanderungswesen entstehenden Verpflichtungen eine das Ueberfahrtsgeld um den halben Betrag übersteigende Summe versichert oder einen der Versicherungssumme entsprechenden Betrag hinterlegt.

Wird die Versicherung verlangt, so bedürfen sowohl die Wahl des Versicherers wie der Inhalt der Versicherungspolice der Genehmigung durch die Auswanderungsbehörde. Die Police über die geschlossene Versicherung ist spätestens 36 Stunden nach Abgang des Schiffes der Auswanderungsbehörde einzuliefern.

Wird die Hinterlegung verlangt, so ist dieselbe bei der im § 18 dieser Vorschriften bezeichneten Stelle zu bewirken und der Auswanderungsbehörde vor Abgang des Schiffes nachzuweisen.

Falls der Unternehmer durch Säumniß in der Erfüllung seiner im Abs. 1 bezeichneten Verbindlichkeiten ein Einschreiten der Behörden veranlaßt, ist die Auswanderungsbehörde befugt, die durch die Säumniß erwachsenen Kosten aus der Versicherungs- oder der Hinterlegungssumme zu decken. Sie ist berechtigt, zu diesem Zwecke die Versicherungssumme zu erheben.

Ein entsprechender Vermerk ist in die Police, beziehungsweise die Hinterlegungsurkunde aufzunehmen.

§ 8. Der Unternehmer bedarf zur Beförderung der Auswanderer mit gecharterten Schiffen der vorgängigen Genehmigung der Auswanderungsbehörde. Ist einem Unternehmer, welcher nicht Rheder ist, die Erlaubniß zum Betriebe der Beförderung von Auswanderern ertheilt worden, so kann ihm die Auswanderungsbehörde im Voraus die Benutzung der Schiffe eines bestimmten Rheders gestatten.

§ 9. In der Urkunde, durch welche die Erlaubniß zum Betriebe der Beförderung von Auswanderern ertheilt wird, ist der Unternehmer zu verpflichten, diejenigen von ihm beförderten Auswanderer, welchen von den Behörden des Bestimmungslandes die Landung verboten wird und welche hierauf nach Deutschland zurückkehren, unentgeltlich nach ihrem früheren Wohnort, oder falls dieser außerhalb des Deutschen Reichs liegt, bis zu demjenigen Punkte der deutschen Grenze zurückzubefördern, von welchem der Auswanderer seinen Wohnort auf dem kürzesten Wege erreichen kann.

§ 10. Dem Unternehmer ist verboten, Fahrkarten, welche nicht auf den Namen eines bestimmten Auswanderers ausgestellt sind, auszugeben.

§ 11. Bei denjenigen Unternehmern, welche gemäß § 4 des Reichsgesetzes über das Auswanderungswesen zur Bestellung eines inländischen Bevollmächtigten verpflichtet sind, liegt die Erfüllung der in den §§ 1, 2, 3, 6 genannten Verbindlichkeiten dem Bevollmächtigten ob, jedoch bleibt der Unternehmer für die ordnungsmäßige Erfüllung der Verbindlichkeiten haftbar.

## II. Geschäftsbetrieb der Agenten.

§ 12. Der Auswanderungsagent hat jeden Fall seiner Mitwirkung bei dem Abschlusse von Beförderungsverträgen durch Ausfüllung eines Formulars zu beurkunden und sich dabei

1. für Auswanderer, welche nach einem außereuropäischen Hafen ohne Transportwechsel befördert zu werden wünschen, des Formulars Anhang F;
2. für Auswanderer, welche nach einem außereuropäischen Hafen über einen außerdeutschen Hafen des europäischen Festlandes befördert zu werden wünschen, des Formulars Anhang G;
3. für Auswanderer, welche nach einem außereuropäischen Hafen über England befördert zu werden wünschen, des Formulars Anhang H;
4. für Auswanderer, welche über See nach einem außer-

deutschen Orte in Europa befördert zu werden wünschen,
des Formulars Anhang J

zu bedienen.

Die Formulare müssen je in einem festgebundenen Buche, welches mit fortlaufenden Seitenzahlen versehen ist und auf dem ersten Blatte die Bescheinigung der Ortspolizeibehörde über die Zahl der Seiten trägt, enthalten sein. Der Abschnitt a des Formulars verbleibt in dem Buche und den Händen des Agenten, Abschnitt b ist dem Unternehmer oder dessen Bevollmächtigten zu übersenden, Abschnitt c (Empfangsschein) dem Auswanderer (Familienvorstand) auszuhändigen.

§ 13. Dem Agenten ist verboten, außer der in dem Empfangsscheine vermerkten Anzahlung auf den Fahrpreis von dem Auswanderer eine Provision oder Zahlung irgend welcher Art zu fordern oder anzunehmen.

§ 14. Der Agent hat von jedem Fall, in welchem seine Vermittelung bei dem Abschlusse von Beförderungsverträgen in Anspruch genommen ist, binnen 24 Stunden der Ortspolizei des Wohnortes des Auswanderungslustigen Anzeige zu machen. Die Anzeige kann unter Benutzung eines Formulars erfolgen.

§ 15. Den Auswanderern dürfen zur Beurkundung des Beförderungsvertrags oder zu ihrer Legitimation keine anderen Papiere als die in den §§ 4 und 12 genannten, insbesondere keine Interimsscheine, Annahmescheine, Legitimationskarten u. dergl. verabfolgt werden.

## III. Gemeinsame Bestimmungen für den Geschäftsbetrieb der Auswanderungsunternehmer und Agenten.

### § 23.

**Die Unternehmer haben ihren Agenten, ausländische Unternehmer auch ihren Bevollmächtigten,**

den Preis für die Beförderung von Auswanderern genau mitzutheilen. Bevollmächtigten wie Agenten ist es verboten, den Auswanderern einen höheren als den vom Unternehmer festgesetzten Preis zu berechnen.

## § 24.

Die Unternehmer haben ihre an die Agenten und Auswanderer gerichteten Schreiben zu kopiren. Die gleiche Bestimmung gilt für die Agenten hinsichtlich der von ihnen an die Unternehmer und Auswanderer gerichteten Schreiben.

Die Auswandererverzeichnisse, die Abschriften der Empfangsscheine und der gesammte Schriftwechsel sind noch drei Jahre nach der letzten Eintragung beziehungsweise nach dem Empfang oder der Absendung der Schreiben genau nach der Zeitfolge geordnet aufzubewahren und dem Reichskommissare für das Auswanderungswesen, der Auswanderungsbehörde und der Ortspolizeibehörde der gewerblichen Niederlassung oder des Wohnsitzes des Unternehmers oder des Agenten auf Verlangen zur Einsicht vorzulegen.

### Zu § 24.

Auch in den im § 24 getroffenen Einrichtungen zeigt sich eine gewisse Abschwächung der im ursprünglichen Entwurf aufgestellten Grundsätze. Er verordnete in § 16:

Die Unternehmer und Agenten haben über den unter einander und mit den Auswanderern geflogenen Schriftwechsel gebundene und mit Seitenzahlen versehene Kopirbücher zu führen.

Sie haben die Auswandererverzeichnisse, die Abschriften der Empfangsscheine und den gesammten Schriftwechsel noch zehn Jahre nach der letzten Eintragung beziehungsweise nach dem Empfang oder der Absendung der Schreiben aufzubewahren und dem Reichskommissar für das Auswanderungswesen, der Auswanderungsbehörde und der Ortspolizei auf Verlangen zur Einsicht vorzulegen.

## § 25.

Die höheren Verwaltungsbehörden sind befugt, den Unternehmern und den Agenten die Ankündigung ihres Geschäfts durch Plakate an öffentlichen Orten für den ganzen Umfang ihres Verwaltungsbezirkes oder für einzelne Theile desselben zu untersagen.

In den Annoncen, Prospekten und Zirkularen muß stets der Weg, auf welchem die Auswanderer befördert werden sollen, ausdrücklich und genau bezeichnet werden; soll ein Schiffswechsel stattfinden, so ist dies ebenfalls anzugeben.

## § 26.

Die gemäß §§ 5, 7, 14 des Gesetzes über das Auswanderungswesen zu bestellende Sicherheit ist durch Hinterlegung des von dem Reichskanzler, bei Agenten von den höheren Verwaltungsbehörden festgesetzten Betrags in baarem Gelde oder in Schuldverschreibungen des Deutschen Reichs oder eines Bundesstaats zu leisten.

Die Landes-Zentralbehörden können die Hinterlegung in anderen Papieren zulassen; sie bezeichnen die Stellen, bei denen die Hinterlegung zu erfolgen hat.

Welche Landes-Zentralbehörden zuständig sind, bestimmt sich nach dem Orte der gewerblichen Niederlassung des Unternehmers oder des Agenten, bei den im § 4 des Auswanderungsgesetzes bezeichneten Unternehmern nach dem Wohnorte des Bevollmächtigten.

§ 27.

In der Urkunde, durch welche die Sicherheit bestellt wird, haben sich die Unternehmer und Agenten den nachstehend bezeichneten Verbindlichkeiten zu unterwerfen.

§ 28.

Die bestellte Sicherheit haftet für alle anläßlich des Geschäftsbetriebs der Unternehmer und Agenten gegenüber den Behörden und gegenüber den Auswanderern begründeten Verbindlichkeiten insbesondere:

1. für alle Nachtheile und Kosten, welche den Auswanderern dadurch entstehen, daß die ihnen auf Grund
   a) des Beförderungsvertrags,
   b) des Gesetzes über das Auswanderungswesen, sowie der zur Ausführung desselben ergangenen Vorschriften und Verordnungen,

c) der den Unternehmern und Agenten bei der Erlaubnißertheilung etwa gestellten besonderen Bedingungen

zustehenden Ansprüche nicht erfüllt sind;

2. für alle Kosten, welche einer Reichs- oder Landesbehörde dadurch entstehen, daß die Nichterfüllung der unter 1 bezeichneten Verbindlichkeiten das Einschreiten der Behörde veranlaßt hat;

3. für alle Geldstrafen und Kosten, auf welche wegen Zuwiderhandlung gegen die unter 1b und c genannten Vorschriften erkannt worden ist.

## § 29.

Die höhere Verwaltungsbehörde ist befugt, aus der bestellten Sicherheit zu berichtigen:

a) die im § 28 Ziffer 1 bezeichneten Ansprüche der Auswanderer, sobald dieselben entweder durch rechtskräftiges Erkenntniß eines inländischen oder durch ein mit dem Vollstreckungsurtheile versehenes Erkenntniß eines ausländischen Gerichts oder durch Beschluß der höheren Verwaltungsbehörde oder durch Entscheidung des zuständigen deutschen Konsuls oder dessen Stellvertreters festgestellt sind;

b) die im § 28 Ziffer 2 bezeichneten Ansprüche einer Reichs- oder Landesbehörde, sobald die der Behörde erwachsenen Kosten bei der Reichsbehörde durch deren Beschluß, bei der Landesbehörde durch den Beschluß der höheren Verwaltungsbehörde, nach Anhörung des Unternehmers oder Agenten festgestellt sind;

c) die Geldstrafen und Kosten, welche durch rechtskräftiges gerichtliches Erkenntniß oder durch rechtskräftigen Strafbefehl (Strafverfügung) festgestellt sind.

## § 30.

Wenn die hinterlegte Summe durch Ersatzleistungen verringert oder erschöpft ist, so muß sie innerhalb eines Monats wieder auf ihren ursprünglichen Betrag gebracht werden. Das Gleiche muß geschehen, wenn der Kurswerth der hinterlegten Papiere sich um zehn vom Hundert niedriger stellt, als der bei der Annahme der Sicherheit berechnete Werth.

## § 31.

Die Rückgabe der Sicherheit kann beantragt werden, wenn der, welcher sie bestellt hat, stirbt oder auf die erhaltene Erlaubniß verzichtet oder wenn ihm diese entzogen wird.

Die Rückgabe erfolgt, nachdem alle Ansprüche an die bestellte Sicherheit erledigt sind, frühestens aber ein Jahr nach dem Zeitpunkte, mit welchem die Rückgabe beantragt werden kann. Sie kann schon früher erfolgen, wenn ein Geschäftsnachfolger die Haftung für alle Verbindlichkeiten seines Vorgängers unter Bereitstellung seiner Sicherheitsleistung für dieselbe übernimmt.

Berlin, den 14. März 1898.

Der Reichskanzler.

In Vertretung:

Graf von Posadowsky.

**Anhang.** (Auswanderer-Verzeichniß.)

Namen des Unternehmers
(bezw. auch des Bevollmächtigten oder des Stell-
vertreters).

## Verzeichniß

der mit dem (Nationalität) .................. Dampf-/Segel-schiffe (Namen) .......................... am
.......... von .......... direkt/über .......... nach dem Hafen (Ueberseeischer Ausschiffungshafen) ..........
beförderten Auswanderer.

| Nr. | Die zu einer Familie gehörenden Personen sind unter einander zu schreiben und durch eine Klammer als zusammengehörig zu bezeichnen. | | Geschlecht | | Alter (in Jahren) | (Bei deutschen Männern von 17 bis 25 Jahren.) Ist die Entlassungsurkunde oder das Zeugniß (§ 23 des Auswges.) vorgelegt? | Familienstand (ledig u. s. w.) | Bisheriger Wohnort*) | Staatsangehörigkeit | Bezeichnung des bisherigen Berufs**) | Stellung im bisherigen Berufe**) | Ziel der Auswanderung (Ort und Staat) |
|---|---|---|---|---|---|---|---|---|---|---|---|---|
| | Zunamen | Vornamen | männlich | weiblich | | | | | | | | |
| 1. | 2. | 3. | 4 | | 5. | 6. | 7. | 8. | 9. | 10. | 11. | 12. |

*) Anmerkung 1 (nur für die erste Seite des Verzeichnisses). Die Bezeichnung des Wohnorts muß eine so genaue sein, daß die Verwechselung mit einem gleich oder ähnlich lautenden Namen ausgeschlossen ist.

**) Anmerkung 2 (nur für die erste Seite des Verzeichnisses). Die Angabe des Berufs muß eine ganz genaue sein.

| | | |
|---|---|---|
| Es genügt z. B. nicht: | Fabrikarbeiter | |
| sondern muß heißen: | Textil- | Arbeiter |
| | Buch-binder | Ge-selle |
| | Land-wirth | Tage-löhner |
| | Land-wirth | Be-sitzer |
| Geht aus der Bezeichnung des Berufs schon die Stellung darin hervor, so wird über beide Spalten geschrieben, z. B. | Kellner | |
| | Beamter | |

# Bekanntmachung,

betreffend

## Vorschriften über Auswandererschiffe.

Vom 14. März 1898.

(R.G.Bl. 1898 S. 57 ff.)

Auf Grund des § 36 des Gesetzes über das Auswanderungswesen vom 9. Juni 1897 (Reichs-Gesetzbl. S. 463) hat der Bundesrath in seiner Sitzung vom 14. März 1898 die nachstehenden Vorschriften über Auswandererschiffe beschlossen.

---

**Zur Bekanntmachung. Allgemeines.**

Der dem Bundesrath vorgelegte Entwurf der Vorschriften über Auswandererschiffe enthält zahlreiche neue, dem bisherigen Verwaltungsrecht unbekannte Anordnungen. Als Material für ihre Entstehungsgeschichte sind zu verzeichnen:

I. Das Hamburgische Gesetz, betreffend das Auswandererwesen vom $\frac{\text{14. Januar 1887}}{\text{18. September 1896}}$ (Hamburg. Gesetzsl. S. 3/92).

II. Verordnung des Hamburger Senats, betreffend das Auswandererwesen vom 13. Mai 1887 (Hamburg. Gesetzsl. S. 76).

III. Entwurf zu einem bremischen Gesetze, betreffend das Auswandererwesen von 1892.

IV. Entwurf zu einer Verordnung des Bremer Senats, betreffend die Ausführung des Gesetzes über Auswandererwesen von 1892.

V. Unfallverhütungsvorschriften der Seeberufsgenossenschaft von 1890 beziehungsweise Nachtrag von 1896 (Amtliche Nachrichten des Reichsversicherungsamts von 1890 S. 466 und 1896 S. 484).

VI. Regulations and Suggestions as to the Survey of the Hull, Equipments, and Machinery of Steam-ships Carying passengers (London, by Eyre and Spottiswoode 1896).

Den Berathungen der Sachverständigen-Konferenz zur Umarbeitung des Entwurfes vom 20./21. Dezember 1897 lagen unter andern Abänderungsvorschläge vor von seiten: Bremens und des Reichskommissars von Levetzow, des Kaiserlichen Gesundheitsamtes, des Reichskommissars Dräger und Hamburgs. Vgl. die dem Bundesrath vorgelegte Zusammenstellung der Abänderungsvorschläge zu dem Entwurf der Vorschriften über Auswandererschiffe und Gegenüberstellung der Entwürfe von Vorschriften über Auswandererschiffe.

Wir werden im Nachstehenden in denjenigen Fällen, in welchen eine merkliche Abweichung zwischen den gegenwärtig geltenden Rechtsvorschriften und dem ursprünglichen Entwurf bestehen, die für die Entstehungsgeschichte der Bestimmung wichtigen Materialien beifügen. Ein Gleiches soll in Ansehung derjenigen Abänderungsvorschläge geschehen, welche zwar auf die gegenwärtige Textirung ohne Einfluß geblieben, aber gleichwohl wegen ihres prinzipiellen oder technischen Inhalts für die Entwickelung der gesammten legislativen Ordnung des Auswanderungswesens von erheblicher Bedeutung sind.

---

# Vorschriften über Auswandererschiffe.

## I. Beschaffenheit der Auswandererschiffe.

### § 1.

Bauart. Die Auswandererschiffe (§ 37 des Gesetzes über das Auswanderungswesen) müssen mindestens den Anforderungen der ersten Klasse des Germanischen Lloyd genügen.

Anstatt der ersten Klasse des Germanischen Lloyd kann der Reichskanzler die entsprechende Klasse einer anderen Klassifikationsgesellschaft zulassen.

Dampfschiffe müssen außerdem den von der Seeberufsgenossenschaft erlassenen Vorschriften über wasserdichte Schotten für Passagierdampfer in außereuropäischer Fahrt entsprechen.

### Zu § 1.

Der Abänderungsvorschlag, dem Absatz 3 folgende Fassung zu geben: „Hinsichtlich der Einrichtung wasserdichter Schotten müssen die Schiffe den Bestimmungen der von der Seeberufsgenossenschaft erlassenen Unfall-Verhütungsvorschriften entsprechen," hat die erforderliche Zustimmung nicht gefunden.

## § 2.

Untersuchung auf Seetüchtigkeit. Kein Schiff darf als Auswandererschiff benutzt werden, bevor es nach gründlicher Untersuchung im Dock oder auf der Helling für seetüchtig befunden worden ist.

Diese Untersuchung ist jährlich mindestens einmal zu wiederholen.

## § 3.

Die Untersuchung muß im Inlande von staatlichen Besichtigern, im Auslande von Besichtigern des Germanischen Lloyd oder einer anderen nach § 1 zugelassenen Klassifikationsgesellschaft vorgenommen werden.

Befindet sich unter den staatlichen Besichtigern kein Schiffsbautechniker, so ist ein solcher hinzuzuziehen.

### Zu § 3.

§ 3 hatte im ursprünglichen Entwurf die Fassung: „Wenn das Schiff für seetüchtig befunden ist, haben die Besichtiger dem Unternehmer hierüber jedesmal eine Bescheinigung auszustellen."

## § 4.

Kessel und Maschinen der Dampfschiffe. Dampfschiffe dürfen die Reise nur mit Kesseln und Maschinen, welche sich in gutem, seetüchtigen Zustande befinden, antreten. Insbesondere muß der Schraubenwellentunnel gegen den Schiffsraum wasserdicht und gegen den Maschinenraum mit einem sicheren dichten Verschlusse hergestellt sein.

Die Kessel sind jährlich einer äußeren und einer inneren Untersuchung zu unterziehen. Für das Verfahren gelten die landesgesetzlichen Bestimmungen.

## § 5.

Reinigung verunreinigter Schiffe. Schiffe, welche unlängst eine, übeln Geruch zurücklassende Ladung an Bord gehabt haben oder durch übelriechende Flüssigkeiten verunreinigt worden sind, dürfen erst nach gründlicher Reinigung als Auswandererschiffe benutzt werden. Die Reinigung hat nach der Entlöschung in der Weise zu geschehen, daß das Stauholz aus dem Schiffe entfernt und sodann sämmtliche Laderäume gehörig mit Schmierseifelösung ausgespritzt und gewaschen werden. Demnächst sind sämmtliche Schiffsluken — mit in denselben angebrachten Windsegeln oder sonstigen geeigneten Lüftungsvorrichtungen — bis zur völligen Austrocknung offen zu halten.

Die Besichtiger oder der Untersuchungsarzt

können andere Arten der Reinigung vorschreiben oder zulassen.

## II. Einrichtung und Ausrüstung der Auswandererschiffe zur Aufnahme der Auswanderer.

### § 6.

Aufnahmefähigkeit. Kein Schiff darf als Auswandererschiff benutzt werden, bevor von den Besichtigern die für die Auswanderer bestimmten Räume ausgemessen und die zulässige Personenzahl festgesetzt worden ist. Diese Festsetzung gilt auch für die späteren Reisen des Schiffes, solange in dessen Räumen keine Veränderung vorgenommen wird. Von solcher Veränderung hat der Unternehmer der Auswanderungsbehörde behufs Wiederholung der Messung unverzüglich Anzeige zu machen.

Die von den Besichtigern für jeden Raum festgesetzte zulässige Personenzahl muß in demselben auf einem Metallschild eingravirt oder in haltbarer Farbe angebracht sein.

### § 7.

Maß des erforderlichen Luftraums. Für jede im Auswandererdeck reisende Person, einschließlich der etwa unterwegs an Bord genommenen, muß ein durch Ladung, Gepäck (abgesehen von Handgepäck) oder Proviantgegenstände nicht beschränkter

Raum von mindestens 2,85 Kubikmeter vorhanden sein. Bei Berechnung dieses Raumes wird eine mehr als 2,40 Meter betragende Deckshöhe nur für 2,40 Meter angenommen. Außerdem muß für jede im Auswandererdeck reisende Person ein Raum von mindestens 0,25 Quadratmeter auf Deck zur Benutzung frei bleiben.

Zu § 7.

Ueber das Maß des erforderlichen Luftraumes blieben sowohl der Entwurf wie die gegenwärtige Bekanntmachung hinter den Forderungen zurück, welche das Kaiserliche Gesundheits-Amt gestellt hatte. Diese gingen dahin:

> Für jede im Auswandererdecke reisende Person, einschließlich der etwa unterwegs an Bord genommenen, muß in den Schlafräumen ein durch Ladung, Gepäck oder Proviantgegenstände nicht beschränkter Raum von mindestens 2,85 cbm vorhanden sein. Bei Berechnung dieses Raumes wird eine mehr als 2,40 m betragende Deckshöhe nur für 2,40 m angenommen. Außerdem muß für jede im Auswandererdecke reisende Person ein Raum von mindestens 0,5 qm auf Deck zur Benutzung frei bleiben.

## § 8.

Beschaffenheit des Auswandererdecks. Das jeweilig zur Unterbringung der Auswanderer bestimmte Deck muß so hoch liegen, daß die Seitenfenster sich während der Reise noch über der Wasserlinie befinden. Es muß eine Höhe von mindestens 1,83 Meter von Deck zu Deck und einen dichten Fußboden von ausreichender Stärke haben.

Ist das oberste Schiffsdeck von Eisen, so dürfen in dem Raume unmittelbar unter demselben Auswanderer nur untergebracht werden, wenn das eiserne Deck mit einem fest darauf verbolzten hölzernen Schutzdeck von mindestens 7 Centimeter Dicke versehen ist.

Oberhalb der jeweilig für die Auswanderer bestimmten Räume darf kein Vieh als Ladung untergebracht werden.

§ 9.

Zugänge. Die Eingänge vom Deck zu den Auswandererräumen müssen mit dichtanschließenden Kappen von genügender Höhe oder dementsprechenden Einrichtungen versehen sein.

Aus jeder zwischen festen Querwänden liegenden Abtheilung eines Auswandererdecks muß eine im Lichten mindestens 0,80 Meter breite, mit festen Geländern versehene Treppe unmittelbar auf das Deck führen. Faßt solche Abtheilung mehr als einhundert Personen, so muß für jedes Hundert eine solche Treppe vorhanden sein; faßt die Abtheilung mehr als vierhundert Personen, so müssen für je einhundertundfünfzig Personen eine Treppe, mindestens aber deren vier vorhanden sein.

§ 10.

Erleuchtung. Dem zur Unterbringung der Auswanderer bestimmten Deck muß für die nothwendigen Verrichtungen genügendes Tageslicht zu-

**geführt werden. Das Licht kann außer durch Seitenfenster auch von obenher eingeführt werden.**

**Von Sonnenuntergang bis Sonnenaufgang sind diese Räume gehörig zu beleuchten, und zwar müssen für je einhundert Personen mindestens zwei starke Laternen verwendet werden. Die Erleuchtung mit offenem Lichte oder mit explodirbaren Stoffen, wie Petroleum, Spiritus, Acetylen u. s. w., ist verboten. Bei der Verwendung elektrischen Lichtes sind in jeder Abtheilung des Auswandererdecks mindestens zwei Nothlichter zu brennen.**

Zu § 10.

Der ursprüngliche Entwurf enthielt im Absatz 1 die Bestimmung:

> „Den Auswandererräumen muß durch Seitenfenster genügendes Tageslicht zugeführt werden, um bei gewöhnlichem Wetter Druckschrift mittlerer Größe lesen zu können."

Während Bremen und Reichskommissar v. Levetzow den ersten Theil dieser Anordnung für ausreichend hielten, forderte das Kaiserliche Gesundheitsamt:

> „Den Auswandererräumen muß soviel Tageslicht zugeführt werden, daß man darin bei gewöhnlichem Wetter Druckschrift mittlerer Größe überall lesen kann. Das Licht kann außer durch Seitenfenster auch von obenher eingeführt werden."

Reichskommissar Dräger schlug vor: „Den Auswandererräumen muß durch Seitenfenster oder Oberlicht genügendes Tageslicht für die nothwendigen Verrichtungen zugeführt werden." Nach dem Vorschlage Hamburgs „muß den Auswandererräumen genügendes Tageslicht durch Seitenfenster oder Oberlicht zugeführt werden".

Auch das Verbot, „die Erleuchtung mit offenem Licht, oder mit explodirbaren Stoffen, wie Petroleum, Spiritus, Acetylen rc., ist verboten", ist auf eine Anregung des Reichs-Gesundheitsamts zurückzuführen.

## § 11.

Luftwechsel. Für jede der im § 9 Absatz 2 bezeichneten Abtheilungen müssen zwei Luftzieher (Ventilatoren) von mindestens 30 Centimeter Durchmesser vorhanden sein, von welchen der eine zum Einlassen, der andere zum Auslassen der Luft dient, und welche so hoch über das Deck hervorragen, daß die Luft ungehinderten Zutritt und Abzug hat. Das untere Ende der Luftzieher muß so angebracht sein, daß der kalte Luftstrom nicht unmittelbar auf Schlafkojen trifft. Sind mehr als einhundert Personen in der Abtheilung untergebracht, so muß nach Anordnung der Besichtiger oder des Untersuchungsarztes entweder die Zahl der Luftzieher entsprechend vermehrt oder ihr Querschnitt entsprechend erweitert werden.

Andere Lüftungsvorrichtungen sind zulässig, falls mit denselben nach dem Ermessen der Besichtiger oder des Untersuchungsarztes mindestens die gleiche Wirkung erreicht wird.

## § 12.

Heizung. Die Auswandererräume müssen bei kaltem Wetter geheizt werden und zu diesem Zwecke mit ausreichenden und ungefährlichen Heizeinrichtungen versehen sein. Ausnahmen kann die Auswanderungsbehörde zulassen.

Zu § 12.

Der Vorschlag des Reichs-Gesundheitsamts, auf dessen Antrag der gegenwärtige § 12 als § 11a dem Entwurf eingefügt wurde, hatte die Zulässigkeit von Ausnahmen nicht in Aussicht genommen.

## § 13.

Schlafkojen. Die Schlafkojen müssen in genügender Anzahl vorhanden und mit Matratze, Kopfpfühl und Schlafdecke für jeden Auswanderer versehen sein. Diese Gegenstände sind nach jeder Reise gründlich zu reinigen und zu desinfiziren. Die einzelnen Kojen müssen durch niedrige Zwischenwände von einander getrennt sein; jede Koje muß mindestens 1,83 Meter lang und 0,60 Meter breit sein, doch können Doppelkojen von der doppelten Breite ohne Scheidewand angelegt werden. Mehr als zwei Kojen dürfen nicht über einander angebracht werden. Der Abstand der unteren Kojen vom Fußboden muß mindestens 0,15 Meter, der Abstand der oberen von der Decke des Raumes mindestens 0,75 Meter betragen. Eine Einzelkoje darf nur von einer Person über zehn Jahre oder von zwei Kindern unter zehn Jahren, eine Doppelkoje von nicht mehr Personen als zwei Frauen, oder einer Frau mit zwei Kindern unter zehn Jahren, oder einem Ehepaare, oder einem Manne mit zwei eigenen Kindern unter zehn Jahren, oder zwei Männern benutzt werden.

Zur Erleichterung des Besteigens der Längskojen sind Gänge von mindestens 0,60 Meter Breite anzubringen.

In jeder Abtheilung muß zum Besteigen der oberen Kojen für je einhundert solcher Kojen mindestens eine tragbare Treppe vorhanden sein.

Die Schlafkojen müssen mit fortlaufenden leicht erkennbaren Nummern versehen sein.

Zu § 13.

Der zum Absatz 3 vom Reichs-Gesundheitsamt gemachte Abänderungsvorschlag: „In jeder Abtheilung muß zum Besteigen der oberen Kojen für je 30 solcher Kojen mindestens eine tragbare Treppe vorhanden sein" hat keine Annahme gefunden, ebensowenig die im ursprünglichen Regierungsentwurf für Absatz 1 vorgesehene Bestimmung: „Der Inhalt der Matratze und des Kopfpfühls muß nach jeder Reise vernichtet werden."

## § 14.

Sitzgelegenheit zur Einnahme der Mahlzeiten. Zur Einnahme der Mahlzeiten muß im Auswandererdecke die erforderliche Anzahl von Tischen und Bänken angebracht sein.

Der Raum, welchen diese Gegenstände einnehmen, wird von dem im § 7 vorgeschriebenen nicht in Abzug gebracht.

## § 15.

Kammern. Die etwa im Auswandererdeck hergerichteten Kammern müssen so eingerichtet sein, daß zwischen ihnen und dem außerhalb derselben in der betreffenden Abtheilung des Auswandererdecks verbleibenden Raume ein ungehinderter Luftwechsel stattfinden kann. Die Kammern und dieser Raum sind außerdem mit hinreichenden Lüftungsvorrichtungen zu versehen. Wegen der Heizung kommt § 12, wegen des Luftraums § 7 mit der Maßgabe zur Anwendung, daß den Kammern der außerhalb derselben in der betreffenden Abtheilung des Auswandererdecks verbleibende Raum hinzugerechnet wird, soweit er zur Benutzung der Auswanderer freigehalten wird, ohne durch Ladung, Gepäck (abgesehen von Handgepäck) oder Proviantgegenstände eingeschränkt zu werden. Die Kammern und der außerhalb derselben verbleibende Raum sind bei Tage wie bei Nacht für die nothwendigen Verrichtungen genügend zu erleuchten, auch muß bei der Verwendung elektrischen Lichtes eine genügende Anzahl von Nothlichtern außerhalb der Kammern gebrannt werden. Das im § 10 Absatz 2 enthaltene Verbot der Verwendung gewisser Beleuchtungsmittel findet auch hier Anwendung.

### § 16.

Frauenabtheilung. Weibliche Auswanderer, welche ohne Begleitung von Ehemännern oder Eltern reisen, sind in einer von den übrigen Plätzen abgesonderten Abtheilung (§ 9 Absatz 2) unterzubringen. Auf Verlangen muß auch jeder andere weibliche Auswanderer in dieser Abtheilung untergebracht werden. Frauen dürfen Knaben unter zehn Jahren mit in diese Abtheilung nehmen.

Sind mehr als fünfundzwanzig weibliche Auswanderer in der Frauenabtheilung untergebracht, so muß eine Aufwärterin, welcher die Aufrechthaltung der Ordnung sowie die Bedienung und Hülfeleistung obliegt, die Nacht daselbst zubringen. Die Frauenabtheilung ist mit einer verschließbaren Thür zu versehen und soweit entfernt von der Männerabtheilung anzubringen, als der mit Auswanderern besetzte Raum des Schiffes dies irgend gestattet.

§ 17.

Männerabtheilung. Die über vierzehn Jahre alten männlichen Auswanderer, welche nicht mit ihrer Ehefrau reisen, sind ebenfalls in einer besonderen, mit einer verschließbaren Thür zu versehenden Abtheilung unterzubringen.

§ 18.

Frauen- und Männerkammern. Bei geringerer Auswandererzahl können an Stelle der besonderen Frauen- und Männerabtheilungen mit verschließbaren Thüren versehene Kammern innerhalb der Abtheilungen hergerichtet werden. Auf diese Kammern kommen die Vorschriften des § 15 zur Anwendung.

§ 19.

Wasch- und Badevorrichtungen. Zur ausschließlichen Benutzung der Auswanderer müssen mindestens zwei Waschhäuser, eins für die männlichen und eins für die weiblichen Auswanderer von hinlänglicher, der Personenzahl entsprechender Größe vorhanden und mit den nöthigen Wascheinrichtungen ausgerüstet sein. Auf Dampfschiffen müssen die Häuser mit Wasserleitung oder Pumpen versehen sein.

Die Anbringung von Waschhäusern kann unterbleiben, sofern die Auswanderer in Kammern untergebracht werden, und in jeder Kammer für je sechs darin unterzubringende Personen mindestens eine fest angebrachte Wascheinrichtung vorhanden ist.

Auf jedem Schiffe, welches den 30. Grad nördlicher Breite nach Süden überschreiten soll, muß eine Bade- oder Brausevorrichtung vorhanden sein.

Den Auswanderern muß das zum Waschen nöthige Süßwasser in ausreichender Menge geliefert werden.

## § 20.

Abtritte. Abtritte müssen in solcher Zahl vorhanden sein, daß für je fünfzig männliche und für je fünfzig weibliche Auswanderer mindestens einer zu deren ausschließlichem Gebrauche dient. Die für die männlichen und die für die weiblichen Auswanderer bestimmten Abtritte müssen, wenn thunlich, auf verschiedenen Seiten des Schiffes gelegen sein. Von den Aufenthaltsräumen der Auswanderer müssen die Abtritte durch einen dichten Verschlag oder in sonst geeigneter Weise abgeschlossen sein.

Die Fußböden und Wände der Abtritte sind durch einen Oelanstrich und Verkitten oder auf sonst geeignete Weise gegen Luft und Wasser undurchlässig zu machen. Die Abtritte müssen gut gelüftet und bei Tage wie bei Nacht hell beleuchtet sein.

## § 21.

Krankenräume. Auf jedem Schiffe müssen sich mindestens zwei abgesonderte Krankenräume befinden, der eine für die männlichen, der andere für die weiblichen Auswanderer. Die Krankenräume müssen auf je einhundert Personen 10 Kubikmeter Luftraum enthalten. Sie dürfen bei Berechnung des den Reisenden nach §§ 7, 15 zu gewährenden Raumes nicht mitberücksichtigt und nur so stark belegt werden, daß für jede darin befindliche Person mindestens 5 Kubikmeter Luftraum vorhanden sind. Falls bei zahlreichen Erkrankungen die Krankenräume nicht ausreichen, muß der Schiffsführer für weiteren abgesonderten Raum sorgen.

## § 22.

Einrichtung der Krankenräume. Die Krankenräume müssen möglichst günstig gelegen, mit besonders guten Erleuchtungs-, Lüftungs- und Heizungseinrichtungen, sowie mit einer Thür versehen sein, welche so breit ist, daß ein Kranker hineingetragen werden kann. In der Nähe der Krankenräume müssen sich eine besondere Badeeinrichtung für die Kranken und zwei Abtritte befinden. Die Wände der Krankenräume sind mit Oelanstrich zu versehen, der Fußboden ist durch einen Oelanstrich oder auf andere Weise wasserdicht zu machen.

Die Räume sollen enthalten: auf je einhundert Personen mindestens zwei Kojen mit Matratzen, Kopfpfühl, Decken und zweimal Bettwäsche, ferner die nöthige Anzahl von Krankenanzügen, einen zu Operationen geeigneten Tisch, eine Wascheinrichtung für den Arzt und, falls keine Badeeinrichtung in unmittelbarer Nähe vorhanden, eine Badewanne, ferner Wasserbehälter mit genügendem Wasser. Die Kojen müssen mindestens an einer vollen Längsseite einen freien Raum von mindestens 1 Meter Breite haben. Sie dürfen mit Ausnahme der Vorsätze nicht von Holz sein. Die oberen Kojen müssen, soweit sie an der Wand angebracht sind, zum Aufklappen eingerichtet sein. An jeder Koje muß ein Behälter für die Aufnahme von Trinkgefäßen und Arzneigläsern, sowie einer für Spei- und Uringläser vorhanden sein.

Zu § 22.

Im ursprünglichen Entwurf lautete Absatz 2:

„Die Räume sollen enthalten: Zwei Betten für je fünfzig Auswanderer, und zwar die oberen Kojen zum Aufklappen eingerichtet, in den Betten Matratzen, Kopfpfühl, Decke und Bettzeug, ferner die nöthige Anzahl von Krankenanzügen, einen festen, zu Operationen geeigneten Tisch, eine Wascheinrichtung für den Arzt und falls keine Badeeinrichtung in unmittelbarer Nähe vorhanden, eine Badewanne, ferner Wasserbehälter mit genügendem Wasser. Falls sich auf dem Schiffe eine Wasserleitung befindet, muß in jedem Krankenraum eine Zapfstelle für kaltes und warmes Wasser angebracht sein."

### § 23.

Bezeichnung der Räume. Die Deckaufgänge, Sonderabtheilungen, Kammern, Waschhäuser, Abtritte und Krankenräume sind als solche durch Anschläge zu bezeichnen, welche bei Räumen, die ausschließlich für Männer oder für Frauen bestimmt sind, dies ersichtlich machen müssen.

## III. Beköstigung der Auswanderer.

### § 24.

Beköstigung. Die Beköstigung darf nicht den Auswanderern überlassen bleiben. Denselben sind in mindestens drei täglichen regelmäßigen Mahlzeiten die Speisen gehörig zubereitet, in angemessener Abwechselung und in den aus dem Verhältnisse zu dem vorschriftsmäßig mitzunehmenden Proviante sich ergebenden Mengen zu verabreichen; auch ist die vorgeschriebene Menge Trinkwasser sowie das zum Essen und Trinken nöthige Geschirr zu liefern.

### § 25.

Koch. Auf jedem Schiffe muß sich mindestens ein erfahrener Koch für die Auswanderer befinden.

Wenn deren Zahl mehr als einhundert beträgt, so ist entweder noch ein Hülfskoch anzustellen oder es sind einige dazu geeignete Reisende dem Koche als Gehülfen beizugeben.

Der Koch muß der deutschen Sprache vollständig mächtig sein.

§ 26.

Geschirr. Jedes Schiff muß mit dem nöthigen Geschirre zur Herstellung und Austheilung der Speisen, sowie mit einer richtigen Waage und richtigen Gewichten versehen sein. Von den Kochtöpfen darf einer außer zum Wasserkochen nur zur Bereitung von Thee und Kaffee benutzt werden.

§ 27.

Wasser, Proviant u. s. w. Jedes Schiff muß Wasser und Proviant, Brenn- und Leuchtmaterial für die wahrscheinliche längste Dauer der Reise in den im Anhang A verzeichneten Mengen mitnehmen. Dabei ist auf jedem Proviantkollo oder Gefäße der Inhalt und das Nettogewicht beziehungsweise die Menge deutlich zu marken.

Die Auswanderungsbehörde kann gestatten, daß bestimmte Mengen von Proviant und Wasser auch unterwegs an Bord genommen werden. Der Unternehmer hat zu diesem Zwecke der Auswanderungsbehörde in zwei Stücken ein Verzeichniß der Gegenstände vorzulegen, aus dem ersichtlich ist, wo diese an Bord genommen werden sollen. Die Verzeichnisse werden, wenn sie mit dem Genehmigungsvermerke der Auswanderungsbehörde versehen sind, dem Unternehmer zurückgegeben.

Die Auswanderungsbehörde kann im einzelnen Falle gestatten, daß auf einem Segelschiffe eine geringere als die im Anhang A vorgeschriebene Menge Wasser mitgenommen wird, vorausgesetzt, daß auf dem Schiffe ein gutes Abdampfgeräth (Destillirapparat) für frisches Wasser vorhanden ist, das in vierundzwanzig Stunden für jeden Kopf der Mannschaft und der Reisenden so viel trinkbares Wasser liefern kann, als erforderlich ist, um die für einen Tag der Reise mitgenommene Menge auf die nach Anhang A für einen Tag mitzunehmende Menge zu ergänzen.

Als wahrscheinliche längste Dauer der Reise gelten die im Anhange B verzeichneten Zeiträume. Verzögert sich nach der Aufnahme der Auswanderer der Abgang des Schiffes länger als eine Woche, so muß der Proviant dieser Verzögerung entsprechend ergänzt werden.

## § 28.

Wasser. Zur Aufbewahrung des Wassers müssen eiserne Behälter vorhanden sein, welche im Innern einen Ueberzug von Cement oder einem anderen tauglichen Stoffe haben. Ein Anstrich von Mennige ist verboten.

Dampfschiffe müssen mit einem guten Abdampfgeräthe (Destillirapparate) für Frischwasser versehen sein, welches in vierundzwanzig Stunden für jeden Kopf der Mannschaft und der Reisenden fünf Liter trinkbares Wasser liefern kann.

## IV. Bedienung und Krankenbehandlung.

### § 29.

Aufwärter. Auf jedem Schiffe muß sich für je einhundert Auswanderer mindestens ein Aufwärter oder eine Aufwärterin befinden. Eine Aufwärterin muß jedoch schon dann vorhanden sein, wenn sich unter den Auswanderern fünfundzwanzig weibliche befinden. Den Aufwärtern (Aufwärterinnen) liegt es ob, für die gehörige Reinhaltung, Lüftung und Desinfektion der den Auswanderern überwiesenen Räume zu sorgen und die Auswanderer in dieser Beziehung zu beaufsichtigen.

Die Aufwärter sind in der Regel zu anderweiten Schiffsarbeiten nicht zu verwenden.

#### Zu § 29.

Die vom Reichsgesundheitsamt zu § 29 Absatz 1 Satz 2 vorgeschlagene Ergänzung:

> „Die Auswanderer sind verpflichtet, den Anweisungen der Aufwärter, namentlich was die Reinigung der Kojen und der ihnen überwiesenen Räume betrifft, Folge zu leisten"

hat dort keine Aufnahme gefunden.

## § 30.

Schiffsarzt. Jedes Schiff muß einen approbirten, vertragsmäßig zur unentgeltlichen Behandlung der Auswanderer verpflichteten Arzt an Bord haben. Derselbe hat sich über seine Approbation und seine Tauglichkeit zum Schiffsarzte der Auswanderungsbehörde und dem Untersuchungsarzte persönlich auszuweisen. Der Schiffsarzt ist von dem Unternehmer mit einer Dienstanweisung zu versehen, von welcher ein Abdruck (Abschrift) der Auswanderungsbehörde einzureichen ist. Er hat eine Krankenliste und ein Tagebuch zu führen. In die Liste müssen die Namen der Kranken, die Art und Dauer der Krankheit und die Angabe, ob Unterbringung im Krankenraum erfolgt ist, eingetragen werden. In das Tagebuch sind alle für den Gesundheitszustand der Auswanderer wichtigeren Vorfälle und die ihre Gesundheit nachtheilig beeinflussenden Ursachen einzutragen. Nach Beendigung der Reise hat der Schiffsarzt in dem Tagebuche schriftlich zu versichern, daß er alle ihm obliegenden Angaben vollständig eingetragen habe. Krankenliste und Tagebuch sind nach der Rückkehr des Schiffes von der Reise durch den Unternehmer dem Untersuchungsarzt unverzüglich vorzulegen. Auch hat auf Verlangen des Untersuchungsarztes der Schiffsarzt persönlich vor ihm zu erscheinen.

## § 31.

Krankenpfleger. Auf jedem Schiffe ist wenigstens ein zur Krankenpflege geeigneter seefester Mann mitzunehmen. Bei einer erheblichen Anzahl von Auswanderern kann von der Auswanderungsbehörde die Mitnahme von mehreren Krankenpflegern verlangt werden. Den Umständen nach kann die Auswanderungsbehörde auch die Mitnahme von einer oder mehreren Krankenpflegerinnen für die weiblichen Auswanderer verlangen.

Den Krankenpflegern liegt unter Aufsicht des Schiffsführers und des Arztes die Pflege und Wartung der Kranken ob. Sie dürfen zu den regelmäßigen Schiffsarbeiten nur nach besonderer Verfügung des Schiffsführers und nur insoweit verwendet werden, als dies mit der ihnen obliegenden Krankenpflege vereinbar ist.

### Zu § 31.

Abs. 2 ist im Wesentlichen auf eine von Bremen und Reichskommissar von Levetzow ausgegangene Proposition zurückzuführen.

## § 32.

Arzneimittel u. s. w. An Arzneien und anderen Hülfsmitteln zur Krankenpflege sind mindestens die im Anhange C verzeichneten Gegenstände mitzunehmen. Die Auswanderungsbehörde kann die Mitnahme weiterer Arzneimittel verlangen. Die Arzneien müssen den Vorschriften des deutschen Arzneibuchs entsprechen.

Zu § 32.

Im ursprünglichen Entwurf mußten die Arzneien aus einer Apotheke bezogen werden, das Kaiserliche Reichs-Gesundheitsamt wollte diese Vorschrift dahin erweitern, daß die Arzneien aus einer deutschen Apotheke bezogen werden müßten. Auf die Abänderungsvorschläge Hamburgs und des Reichskommissars Dräger wurden diese Beschränkungen fallen gelassen. Ebenso der von Bremen und dem Reichskommissar von Levetzow ausgegangene Vorschlag:

> „Die Arzneien müssen, sofern sie nicht aus einer Apotheke bezogen werden, von einem von der Auswandererbehörde bezeichneten Apotheker nach näherer Vorschrift der Behörde besichtigt werden."

Das Kaiserliche Gesundheitsamt wollte außerdem dem Untersuchungsarzt das Recht einräumen, die Mitnahme weiterer Arzneimittel zu verlangen. Der von dieser Behörde beantragte Zusatz zum §:

> „Stellt sich unterwegs das Bedürfniß nach weiteren Arzneien heraus, so dürfen dieselben angekauft, zu einer späteren Reise jedoch nur mit Genehmigung des Untersuchungsarztes verwendet werden"

hat nicht die erforderliche Unterstützung gefunden.

## § 33.

**Aufbewahrung der Arzneimittel.** Die im § 32 bezeichneten Gegenstände sind in einer Schiffsapotheke und, wo diese fehlen sollte, in einem besonderen verschließbaren, Börter und Schiebladen enthaltenden Schranke gehörig geordnet aufzubewahren.

## § 34.

**Krankenkost.** Auf Verlangen des Arztes ist den Kranken besondere Krankenkost zu verabreichen.

## V. Sicherheits- und Rettungsvorschriften.

### § 35.

Gefährliche Gegenstände. Die Mitnahme der im Anhange D unter 1 bis 3 verzeichneten explosiven und feuergefährlichen Gegenstände (soweit nicht die ersteren zur Abgabe von Signalen erforderlich sind) ist verboten. Diese Bestimmung findet keine Anwendung auf die Beförderung des Schießbedarfs für die im Auslande befindlichen Schiffe der Kaiserlichen Marine und für die Kaiserlichen Schutztruppen in den deutschen Schutzgebieten, sofern der Schießbedarf in Kisten, welche mit einer gut verlötheten Metallumhüllung und über dieser noch mit einer Holzverkleidung versehen sind, verpackt ist und die Verstauung in gegen Feuersgefahr gesicherten Räumen unter Aufsicht eines Feuerwerksoffiziers oder Oberfeuerwerkers der Kaiserlichen Marine erfolgt.

Die im Anhange D unter 4 bezeichneten Stoffe dürfen nicht unter Deck befördert werden.

Im Uebrigen gelten hinsichtlich der feuergefährlichen und ätzenden Stoffe die für deren Beförderung in Kauffahrteischiffen von den Landesregierungen erlassenen Bestimmungen.

### § 36.

Die Mitnahme von Knochen oder Lumpen, außer wenn die letzteren entweder desinfizirt oder gewaschen, getrocknet und gepreßt sind, ist verboten.

Die Mitnahme von ungereinigten Haaren, frischen und gesalzenen Häuten ist nur gestattet, wenn diese Gegenstände in vollkommener Trennung und Abdichtung von den Personen-, Proviant- und Wirthschaftsräumen verladen werden. Die ungereinigten Haare und frischen Häute müssen außerdem mit fester und dichtschließender Verpackung versehen sein.

## § 37.

Feuerlöscheinrichtung auf Dampfschiffen. Dampfschiffe müssen mit einer Schlauchleitung versehen sein, durch welche bei Ausbruch von Feuer das nöthige Wasser zum Löschen an jede Stelle des Schiffes geleitet werden kann.

### Zu § 37.

Die im ursprünglichen Entwurf unter § 37 enthaltene Vorschrift: „Die Auswandererschiffe müssen mit geeigneten Blitzableitern versehen sein", ist in die Bekanntmachung nicht übergegangen.

Das Kaiserliche Gesundheitsamt hatte für die bezeichnete Bestimmung folgende Fassung in Vorschlag gebracht:

> „Die Auswandererschiffe müssen mit geeigneten Blitzableitern versehen sein, deren Wirksamkeit alljährlich zu prüfen ist. Die Prüfung muß im Schiffstagebuch vermerkt werden."

Hamburg beschränkte die Forderung von geeigneten Blitzableitern nur für den Fall: „sofern die Masten nicht bis zur oberen Spitze aus Eisen bestehen".

## § 38.

Noth- und Lootsensignale. Zum Abgeben von Noth- und Lootsensignalen muß sich mindestens ein Geschütz von genügender Größe mit reichlichem Schießbedarfe nebst der erforderlichen Menge von Blaulichtern und Raketen an Bord befinden.

## § 39.

Rettungsgeräthe. Jedes Schiff muß mit dem erforderlichen Rettungsgeräth, insbesondere mit Booten, Rettungsgürteln und Rettungsbojen (Rettungsringen) versehen sein.

## § 40.

Boote. An Booten müssen vorhanden sein:

| Bei einem Brutto-Raumgehalte des Schiffes | mindestens | mit einem Gesammt-Raumgehalte von mindestens |
|---|---|---|
| | Boote | cbm |
| bis 250 cbm | 2 | 6 |
| von über 250 „ 500 „ | 2 | 7 |
| „ „ 500 „ 800 „ | 2 | 8,5 |
| „ „ 800 „ 1100 „ | 2 | 9 |
| „ „ 1100 „ 1400 „ | 2 | 11 |
| „ „ 1400 „ 1700 „ | 3 | 17 |
| „ „ 1700 „ 2000 „ | 3 | 21 |
| „ „ 2000 „ 2300 „ | 4 | 23 |
| „ „ 2300 „ 2600 „ | 4 | 26 |

| Bei einem Brutto-Raumgehalte des Schiffes | | | | | | mindestens | mit einem Gesammt-Raumgehalte von mindestens |
|---|---|---|---|---|---|---|---|
| | | | | | | Boote | cbm |
| von | über | 2600 | bis | 2900 | cbm | 4 | 29 |
| " | " | 2900 | " | 3600 | " | 4 | 35 |
| " | " | 3600 | " | 4300 | " | 4 | 42 |
| " | " | 4300 | " | 5000 | " | 4 | 46 |
| " | " | 5000 | " | 5700 | " | 4 | 49 |
| " | " | 5700 | " | 6400 | " | 4 | 52 |
| " | " | 6400 | " | 7100 | " | 4 | 55 |
| " | " | 7100 | " | 7800 | " | 4 | 58 |
| " | " | 7800 | " | 8500 | " | 4 | 61 |
| " | " | 8500 | " | 9200 | " | 6 | 67 |
| " | " | 9200 | " | 9900 | " | 6 | 70 |
| " | " | 9900 | " | 10600 | " | 6 | 73 |
| " | " | 10600 | " | 11300 | " | 6 | 76 |
| " | " | 11300 | " | 12000 | " | 6 | 79 |
| " | " | 12000 | " | 12700 | " | 6 | 82 |
| " | " | 12700 | " | 13400 | " | 6 | 85 |
| " | " | 13400 | " | 14100 | " | 8 | 92 |
| " | " | 14100 | " | 14800 | " | 8 | 95 |
| " | " | 14800 | " | 15500 | " | 8 | 98 |
| " | " | 15500 | " | 16200 | " | 8 | 101 |
| " | " | 16200 | " | 16900 | " | 8 | 104 |
| " | " | 16900 | " | 17600 | " | 10 | 111 |
| " | " | 17600 | " | 18300 | " | 10 | 114 |
| " | " | 18300 | " | 19000 | " | 10 | 117 |
| " | " | 19000 | " | 19700 | " | 10 | 120 |

| Bei einem Brutto-Raumgehalte des Schiffes | | | | | | mindestens | mit einem Gesammt-Raumgehalte von mindestens |
|---|---|---|---|---|---|---|---|
| | | | | | | Boote | cbm |
| von | über | 19700 | bis | 20400 | cbm | 10 | 123 |
| „ | „ | 20400 | „ | 21100 | „ | 10 | 126 |
| „ | „ | 21100 | „ | 21800 | „ | 10 | 129 |
| „ | „ | 21800 | „ | 22500 | „ | 10 | 132 |
| „ | „ | 22500 | „ | 24000 | „ | 12 | 140 |
| „ | „ | 24000 | „ | 25500 | „ | 12 | 144 |
| „ | „ | 25500 | „ | 27000 | „ | 12 | 148 |
| „ | „ | 27000 | „ | 28500 | „ | 14 | 152 |
| „ | „ | 28500 | „ | 30000 | „ | 14 | 156 |
| „ | „ | 30000 | „ | 31500 | „ | 14 | 160 |
| „ | „ | 31500 | „ | 33000 | „ | 14 | 164 |
| „ | „ | 33000 | „ | 34500 | „ | 14 | 168 |
| „ | „ | 34500 | „ | 36000 | „ | 14 | 172 |
| „ | „ | 36000 | „ | 37500 | „ | 14 | 180 |
| „ | „ | 37500 | „ | 39000 | „ | 14 | 188 |
| „ | „ | 39000 | „ | 40500 | „ | 14 | 196 |
| „ | „ | 40500 | „ | 42000 | „ | 14 | 204 |
| „ | „ | 42000 | „ | 43500 | „ | 14 | 212 |
| „ | „ | 43500 | „ | 45000 | „ | 14 | 220 |
| „ | „ | 45000 | „ | 46500 | „ | 16 | 228 |
| „ | „ | 46500 | „ | 48000 | „ | 16 | 236 |
| „ | „ | 48000 | „ | 50000 | „ | 16 | 244 |
| „ | „ | 50000 | | | „ | im Verhältnisse mehr. | im Verhältnisse mehr. |

Kein Boot darf weniger als 3 Kubikmeter Raumgehalt haben.

Zu § 40.

Während im ursprünglichen Entwurf die Boottabelle nur bis zu 36000 cbm reichte, und für die Boote von über 3600 bis 8500 sechs Boote, von 8500—13 400 acht Boote, von 13 400—16 900 zehn Boote, von 16 900—22 500 zwölf Boote, von da ab bis 27 000 vierzehn Boote, von 27 000—36 000 sechszehn Boote vorgeschrieben waren, schlug Hamburg vor: „die Boottabelle bis zu 50 000 cbm zu erweitern und für die Klassen von 22 500—27 000 cbm nur 12 statt 14 und für die Klassen von 27 000—31 500 cbm nur 14 statt 16 Boote vorzuschreiben."

## § 41.

Ermittelung des Raumgehalts der Boote. Als Raumgehalt eines Bootes in Kubikmeter gilt das mit 0,6 vervielfachte Produkt seiner in Meter ausgedrückten größten äußeren Länge, größten äußeren Breite und inneren Tiefe.

Die Länge wird zwischen den Außenflächen der Beplankung neben dem Vordersteven bis zur hinteren Fläche des Spiegels, beziehungsweise bis zur Außenfläche der Beplankung neben dem Achtersteven,

die Breite zwischen den Außenflächen der Beplankung,

die Tiefe in der Mitte der Länge zwischen der oberen Kante des Schandeckels (Dollbord) und der oberen Kante des Kieles gemessen. Hat das Boot einen Setzbord mit Oeffnungen (Rundseln) für die Riemen, so wird die Tiefe von der Unterkante dieser Oeffnungen bis zur Oberkante des Kieles gemessen.

An jedem Boote muß der Raumgehalt auf einem

Metallschild eingravirt oder in haltbarer Farbe angebracht sein.

## § 42.

Art der Boote. Die vorgeschriebenen Boote (§ 40) müssen bis auf zwei Rettungsboote, die beiden anderen feste Boote sein.

Als Rettungsboote gelten:

1. Vorn und hinten scharf gebaute Boote aus Holz oder Metall, welche, wenn aus Holz, entweder mit festen, dichten Luftkästen von mindestens zehn Prozent des Boots-Raumgehalts oder mit gleichwerthigen Schwimmvorrichtungen versehen sind. An jeder Seite muß außenbords eine Sicherheitsleine von vorn bis hinten befestigt sein.

   Bei Metallbooten dieser Art ist der räumliche Inhalt der Schwimmvorrichtungen, entsprechend der durch das Baumaterial bedingten geringeren Schwimmfähigkeit, zu erhöhen.
2. Boote, wie unter Ziffer 1, bei welchen mindestens die Hälfte der Schwimmvorrichtung außenbords angebracht ist.

Beide Arten von Rettungsbooten müssen bei voller Belastung noch einen genügenden Freibord haben.

## § 43.

Ueberschüssiger Bootsraum. Wenn der vorgeschriebene Bootsraum (§ 40) größer sein würde als zur Unterbringung sämmtlicher auf dem Schiffe zu befördenden Personen einschließlich der Schiffsbesatzung und der unterwegs an Bord zu nehmenden Personen nothwendig ist, so dürfen der Bootsraum und die Zahl der Boote auf das hierzu nothwendige Maß herabgesetzt werden. Bei dessen Berechnung ist davon auszugehen, daß die im § 42 Ziffer 1 bezeichneten Boote auf je 0,285 Kubikmeter, andere Boote auf 0,23 Kubikmeter Raumgehalt eine Person aufzunehmen im Stande sind.

### § 44.

Hülfsbootsraum. Wenn die vorgeschriebenen Boote nicht für alle zu befördernden Personen einschließlich der Schiffsbesatzung und der unterwegs an Bord zu nehmenden Personen ausreichend Platz gewähren, so muß bei Schiffen unter 14000 Kubikmeter Raumgehalt noch bis zu einem Viertel, bei Schiffen von über 14000 bis 28000 Kubikmeter Raumgehalt noch bis zu drei Achteln und bei größeren Schiffen noch bis zur Hälfte des vorgeschriebenen Bootsraums an Hülfsbootsraum in Gestalt von anderweitigen Booten, zusammenklappbaren Booten, Rettungsflößen, schwimmenden Decksitzen oder gleichwerthigen Einrichtungen vorhanden sein.

Rettungsflöße, schwimmende Decksitze u. s. w. müssen wenigstens 0,085 Kubikmeter Luftkasteninhalt oder eine entsprechende andere Schwimmvorrichtung für die Person haben und auf einem Metallschilde mit dem Vermerke versehen sein, wieviel Personen sie zu tragen vermögen.

Ein Dampf- oder Motorbeiboot kann von den Besichtigern als Ersatz für Hülfsbootsraum zugelassen werden, vorausgesetzt, daß die Art der Maschine, des Kessels oder der Ausrüstung nicht das Leben der Insassen gefährdet. Der von der Maschine und dem Kessel eingenommene Raum muß von dem kubischen Inhalte des Bootes in Abzug gebracht werden.

## § 45.

Unterbringung der Boote. Für die Aufstellung der Boote müssen so viele Davits angebracht sein, als die Bauart des Schiffes dies gestattet. Soweit die Anbringung von Davits unthunlich ist, müssen die Schiffe nach Möglichkeit mit anderen Vorrichtungen ausgestattet sein, mit deren Hülfe ein schleuniges Herablassen der Boote bewirkt werden kann.

Von den vorgeschriebenen Booten müssen so viele als möglich unter den Davits oder den anderen Vorrichtungen zum Herablassen stehen, während die übrigen Boote neben den ersteren so aufzustellen sind, daß sie schnell unter die Davits oder anderen Vorrichtungen geschoben werden können.

Die unteren Blöcke der Bootstaljen dürfen nicht mit festen Haken versehen sein, sondern müssen Vorrichtungen haben, die ein sicheres und schnelles Loslösen der Boote von den Blöcken ermöglichen. Sofern die zum Herablassen der Boote erforderlichen Taljen nicht an den Davits oder Krähnen hängen, müssen sie stets klar zum Aufbringen in den Booten liegen.

Der Hülfsbootsraum ist auf Deck möglichst geschützt gegen Seeschlag und so unterzubringen, daß er die Arbeiten nicht hindert.

Die Boote u. s. w. sind möglichst so unterzubringen, daß nach jeder Seite des Schiffes die Hälfte des vorhandenen Bootsraums zu Wasser gelassen werden kann.

## § 46.

Zustand der Boote und Hülfsvorrichtungen. Sämmtliche Boote, Klappboote, Rettungsflöße u. s. w. müssen sich stets in seetüchtigem Zustande befinden und hierauf jährlich mindestens einmal gründlich untersucht werden. Sämmtliche Boote sollen mindestens einmal im Monat ausgeschwungen werden.

Die Untersuchung auf Seetüchtigkeit sowie das Ausschwingen der Boote ist jedesmal im Schiffstagebuche zu verzeichnen.

Die Boote und Klappboote sind mit einer laufenden Nummer zu versehen.

## § 47.

Bootsausrüstung. Für jedes mitgenommene Boot und Klappboot müssen an Ausrüstungsgegenständen vorhanden sein:

mindestens ein Riemen für jede Ruderbank und außerdem zwei Reserveriemen, $1^1/_2$ Satz Dollen oder Rudergabeln und je zwei Pflöcke für jedes Wasserablaßloch; Dollen und Pflöcke müssen angebunden sein;

ein Schöpfeimer, Ruder mit Pinne oder Joch und Leinen dazu, eine Fangleine von hinreichender Länge;

ein wasserdicht verschließbarer Wasserbehälter, welcher stets mit frischem Wasser gefüllt sein muß;

ein wasserdicht verschließbarer Brotbehälter, welcher stets mit gutem Hartbrote gefüllt sein muß;

die nöthige Anzahl von Nothsignalen;

eine Flasche Rum oder Cognac.

Für jedes Rettungsboot müssen außerdem vorhanden sein:

Mast und Segel zum Gebrauche fertig;

an jedem Bootsende ein angebundenes Kappbeil;

ein Bootskompaß;

ein Gefäß mit 5 Kilogramm vegetabilischem oder animalischem Oele zur Beruhigung der Wellen;

die nöthige Zahl von Oelbeuteln;

eine Laterne, deren Brenndauer acht Stunden beträgt.

## § 48.

Unterbringung der Bootsausrüstung. Sämmtliche Rettungsboote müssen stets die vorgeschriebene Ausrüstung enthalten, während die Ausrüstung für die übrigen Boote und die Klappboote in einem leicht erreichbaren Raume bereit zu halten ist.

## § 49.

Bootsbemannung. Zur Bemannung müssen für jedes Klappboot mindestens zwei, für jedes gewöhnliche feste Boot mindestens drei und für jedes Rettungsboot mindestens vier erwachsene Personen der Schiffsbesatzung, welche des Ruderns kundig sind, vorhanden sein.

## § 50.

Bootsübungen. Sämmtliche Personen der Schiffsbesatzung sind bei jeder sich bietenden Gelegenheit in der Handhabung der Boote und im Rudern zu üben. Zahl, Art, Zeit und Ort der abgehaltenen Uebungen sind im Schiffstagebuche zu vermerken.

## § 51.

Rettungsgürtel. Für jede zu befördernde Person, einschließlich der Schiffsbesatzung und der unterwegs an Bord zu nehmenden Personen, muß ein Rettungsgürtel (Schwimmweste, Korkjacke) vorhanden sein, welcher ein eisernes Gewicht von mindestens 10 Kilogramm während mindestens sechs Stunden tragen kann. Die Rettungsgürtel müssen entweder in den Schlafkojen oder an Stellen, welche der Mannschaft und den Reisenden bekannt sind, derartig aufbewahrt werden, daß sie jederzeit leicht erreichbar sind.

Nicht zulässig sind Rettungsgürtel, welche vor dem Gebrauch aufgeblasen werden müssen.

Die Rettungsgürtel sind mindestens einmal jährlich auf ihre Beschaffenheit zu untersuchen. Der Befund ist im Schiffstagebuch zu verzeichnen.

Der Schiffsführer ist verpflichtet, die Reisenden baldthunlichst auf die Rettungsgürtel hinweisen und über deren Gebrauch unterrichten zu lassen.

Zu § 51.

Der zu Absatz 4 gemachte Zusatz des Reichskommissars von Levetzow:

> „Außerdem muß in jedem Rettungsboot für den Bootssteurer und jeden aktiven Rudersmann eine Schwimmweste oder Korkjacke vorhanden sein"

hat in der Bekanntmachung Aufnahme nicht gefunden.

## § 52.

Rettungsbojen. Auf jedem Schiffe müssen so viele Rettungsbojen (Rettungsringe) vorhanden sein, als im § 40 Boote vorgeschrieben sind.

Die Rettungsbojen müssen von weißer oder rother Farbe sein und eine Tragfähigkeit (§ 51) von mindestens 14 Kilogramm haben.

Die Füllung der Bojen muß aus großen Korkstücken oder einem Stoff von ähnlicher Güte und

Dauerhaftigkeit bestehen; Korkabfälle, Korkasche u. s. w. sind nicht zulässig, desgleichen nicht Bojen, welche vor dem Gebrauch aufgeblasen werden müssen. Um jede Rettungsboje muß eine Sicherheitsleine befestigt sein.

Die Rettungsbojen müssen stets auf dem oberen Deck an geeigneten Stellen derartig angebracht sein, daß sie zum sofortigen, durch die Befestigungsart nicht behinderten Gebrauche bereit sind. Eine Rettungsboje soll sich am Heck des Schiffes oder in nächster Umgebung desselben befinden.

## § 53.

Sicherheitsrolle. In jedem Schiffe muß eine gedruckte Zusammenstellung der Vorschriften über die Handhabung des Sicherheitsdienstes (Sicherheitsrolle) in mehreren Stücken vorhanden und an mindestens drei den Auswanderern leicht zugänglichen Stellen ausgehängt sein. Aus der Rolle muß hervorgehen, welche Verrichtungen den einzelnen Leuten der Besatzung bei Gefahr obliegen und nach welchen Stellen des Schiffes sich die Reisenden in diesem Falle zu begeben haben.

Die Rolle ist in je einem Stücke der Auswanderungsbehörde und dem Reichskommissare für das Auswanderungswesen einzureichen.

## § 54.

Eintheilung der Besatzung. Jeder Mann der Schiffsbesatzung muß in der Handhabung der

Sicherheitsvorrichtungen sowie davon unterrichtet sein, was er beim Ertönen bestimmter Signale zu thun verpflichtet ist. Jedem Manne ist, entsprechend der Eintheilung in der Rolle, eine Nummer zuzutheilen, nach der sich die ihm bei eintretender Gefahr obliegenden Verrichtungen bestimmen.

Die gesammte Schiffsbesatzung ist nach einer Bootsrolle auf die Boote und Klappboote anzutheilen und an jedem Boote müssen die Nummern der dafür bestimmten Leute angeschlagen sein. Offiziere und Unteroffiziere sind auf die Boote gleichmäßig zu vertheilen.

Für jeden Raum, in welchem sich Reisende befinden, sind außerdem eine oder mehrere Nummern der Schiffsbesatzung und zwar vorzugsweise die im § 29 bezeichneten Aufwärter einzutheilen, welchen es im Falle einer Gefahr ausschließlich obliegt, die in dem betreffenden Raume befindlichen Reisenden an die für sie bestimmten Sammelplätze zu führen.

## VI. Aerztliche Untersuchung der Reisenden und der Schiffsbesatzung.

### § 55.

Untersuchung der Reisenden. Sämmtliche mit einem Auswandererschiffe reisenden Personen, mit Ausnahme derjenigen Klassen von Reisenden, für welche dies von der Auswanderungsbehörde ein- für allemal oder im einzelnen Falle festgesetzt wird, sind vor ihrer Einschiffung einer Untersuchung durch einen von der Auswanderungsbehörde zu bestimmenden Arzt zu unterwerfen. Die Untersuchung hat in einem geeigneten, von dem Unternehmer anzuweisenden Raume stattzufinden.

Stellt sich bei der Untersuchung heraus, daß eine Person an einer ansteckenden Krankheit leidet, welche durch Uebertragung die Gesundheit Anderer gefährden kann, so ist sie zurückzuhalten. Die Zurückhaltung erstreckt sich auch auf diejenigen, welche wegen ihrer Beziehungen zu dem Kranken zur Verbreitung der Krankheit beitragen können.

Auch solche Personen sind zurückzuhalten, die so schwer erkrankt sind, daß ihre Weiterreise mit augenscheinlicher Lebensgefahr für sie oder mit Gefahr für ihre Umgebung verbunden sein würde.

Die Beförderung körperlich Hülfloser ist nur in Begleitung für sie sorgender Angehöriger, oder von Wärtern, oder dann statthaft, wenn seitens des Unternehmers für eine Wartung während der Reise Sorge getragen wird.

Der Arzt hat von der Zurückhaltung von Personen unter Angabe der Ursache der Auswanderungsbehörde Anzeige zu machen; diese sorgt nöthigenfalls für die Unterbringung der Zurückgehaltenen.

Zum Nachweise der geschehenen ärztlichen Untersuchung wird der Beförderungsvertrag von dem Arzte abgestempelt.

§ 56.

Untersuchung der Besatzung. Die Schiffsbesatzung ausschließlich der Offiziere ist vor jeder Reise ebenfalls auf ihren Gesundheitszustand durch einen Arzt zu untersuchen, welcher krank befundene Leute von der Mitreise auszuschließen hat. Die Untersuchung ist vor der Einschiffung der Auswanderer zu beendigen, doch können später angemusterte Leute nachträglich untersucht werden. Ueber die Vornahme der Untersuchung hat der Arzt den Besichtigern schriftlich oder mündlich eine Erklärung abzugeben.

## VII. Besichtigung der Auswandererschiffe und Einschiffung der Auswanderer.

§ 57.

Besichtigung. Die Schiffe sind vor jeder Reise von staatlich angestellten Besichtigern sowie einem von der Auswanderungsbehörde zu bestimmenden Arzte (Untersuchungsarzte) einer Besichtigung zu unterziehen. Die Auswanderungsbehörde kann die Besichtigung der mitzunehmenden Arzneien auch einem Apotheker übertragen.

§ 58.

Anzeigepflicht des Unternehmers. Jeder Unternehmer hat von der beabsichtigten Reise eines

Schiffes, sobald der Zeitpunkt der Reise feststeht, spätestens aber drei Tage vor der Abreise, der Auswanderungsbehörde Anzeige zu erstatten.

Der Anzeige ist der Nachweis, soweit er nicht bereits früher erbracht ist, beizufügen:

1. daß das Schiff den Anforderungen der ersten Klasse des Germanischen Lloyd oder einer anderen zugelassenen Klassifikationsgesellschaft sowie den Vorschriften der Seeberufsgenossenschaft hinsichtlich der Einrichtung wasserdichter Schotten entspricht (§ 1);
2. daß das Schiff längstens im letztvergangenen Jahre auf seine Seetüchtigkeit untersucht und für seetüchtig befunden worden ist (§§ 2, 3).

## § 59.

Obliegenheit der Auswanderungsbehörde. Die Auswanderungsbehörde hat, falls sie die eingereichten Nachweise genügend befindet, die Besichtigung des Schiffes zu veranlassen und dafür zu sorgen, daß der Reichskommissar für das Auswanderungswesen rechtzeitig benachrichtigt wird.

## § 60.

Zulassung der Besichtiger und des Arztes zum Schiffe. Von dem Zeitpunkte des Einganges der Anzeige ab steht das Schiff unter der Aufsicht der Besichtiger, welche ebenso wie der Untersuchungsarzt jederzeit an Bord und zu allen Räumen des Schiffes zuzulassen sowie vom Schiffsführer und der Schiffsbesatzung mit jeder verlangten Auskunft zu versehen sind. Die Besichtiger sind berechtigt, den für das Schiff bestimmten Proviant bereits an Land zu untersuchen.

## § 61.

Obliegenheiten der Besichtiger. Die Besichtiger haben sich nach erhaltener Anzeige davon zu überzeugen,

1. daß das Schiff nach Beschaffenheit und Seetüchtigkeit sowie nach Einrichtung und Ausrüstung den bestehenden Vorschriften genügt,
2. daß Wasser und Proviant in genügender Menge und guter Beschaffenheit an Bord vorhanden sind,
3. daß sich die vorgeschriebenen Sicherheitsvorrichtungen und Geräthe in brauchbarem Zustande befinden und, wenn thunlich, daß die Mannschaft mit deren Handhabung vertraut ist,
4. daß die vorgeschriebene ärztliche Untersuchung der Reisenden und der Schiffsbesatzung vorgenommen worden ist,
5. daß die Auswanderer nach den für sie bestimmten Räumen des Schiffes geleitet werden,
6. wenn thunlich, daß die Auswanderer in den für sie bestimmten Räumen untergebracht sind.

## § 62.

Obliegenheiten des Arztes beziehungsweise des Apothekers. Der Untersuchungsarzt hat sich nach erhaltener Anzeige davon zu überzeugen, daß auf dem Schiffe die zur Erhaltung der Gesundheit der Auswanderer getroffenen Vorschriften beobachtet und daß die Arzneien und die anderen Hülfsmittel zur Krankenpflege in vorschriftsmäßiger Menge und guter Beschaffenheit vorhanden und untergebracht sind. Nach erfolgter Untersuchung und Beseitigung etwaiger Mängel hat er darüber dem Schiffsführer eine Bescheinigung auszustellen, welche die Erklärung enthält, daß er gegen die Einschiffung der Auswanderer keine Einwendung zu erheben habe.

Wird die Untersuchung der Arzneien durch einen Apotheker ausgeführt, so ist der Arzt zur Untersuchung derselben nicht verpflichtet, er darf jedoch die vorgeschriebene Bescheinigung erst ausstellen, nachdem ihm der Apotheker das ordnungsmäßige Vorhandensein der Arzneien versichert hat.

## § 63.

Proviant- und Arzneiverzeichnisse. Spätestens vierundzwanzig Stunden vor der beabsichtigten Abreise des Schiffes hat der Unternehmer den Besichtigern in zwei Stücken ein Verzeichniß des für die Auswanderer und die Schiffsbesatzung mitzunehmenden Proviants nach einem gedruckten, die einzelnen Gegenstände aufführenden Formulare so- wie erforderlichenfalls in zwei Stücken ein ent- sprechendes von der Auswanderungsbehörde ge- nehmigtes Verzeichniß der etwa unterwegs an Bord zu nehmenden Mengen von Proviant und Wasser zu übergeben.

Zu dem gleichen Zeitpunkte hat der Unternehmer dem Untersuchungsarzt (Apotheker) ein Verzeichniß der mitzunehmenden Arzneien und anderen Hülfs- mittel zur Krankenpflege zu übergeben.

Zu § 63.

Der § 63 hatte im ursprünglichen Entwurf die nachstehende Fassung:

„Spätestens 48 Stunden vor der beabsichtigten Ab- reise des Schiffes hat der Unternehmer den Besichtigern in zwei Stücken ein Verzeichniß des für die Auswanderer und die Schiffsbesatzung mitzunehmenden Proviants nach einem gedruckten, die einzelnen Gegenstände auf- führenden Formulare zu übergeben."

## § 64.

Personenverzeichniß. Spätestens sechs Stunden vor dem in Aussicht genommenen Zeit- punkte der Einschiffung der Auswanderer hat der Unternehmer eine summarische Angabe über die Höchstzahl der mit dem Schiffe zu befördernden Per- sonen, getrennt nach der Zahl

a) der Personen im Alter über zehn Jahre,
b) der Kinder zwischen einem und zehn Jahren,
c) der Kinder unter einem Jahre,
d) der alleinreisenden Frauen,
e) der alleinreisenden Männer

an Bord des Schiffes zur Verfügung der Besichtiger zu halten.

Dieser Angabe hat der Unternehmer die Erklärung hinzuzufügen:

daß nach seiner gewissenhaften Ueberzeugung das Schiff sich in seetüchtigem Zustande befindet,

daß er gewissenhaft Sorge getragen habe, um das Schiff mit der vorgeschriebenen Einrichtung und Ausrüstung zu versehen,

daß im Schiffe nicht Gegenstände geladen sind, deren Mitnahme verboten ist.

## § 65.

Zeit des Anbordbringens von Proviant und Ladung. Der für die Auswanderer und die Schiffsbesatzung bestimmte Proviant muß vor dem Beginne der Einschiffung der Auswanderer an Bord gebracht sein. Ladung darf nach diesem Zeitpunkte nur insoweit an Bord genommen werden, als deren Transport nicht durch die Räume erfolgt, welche von Auswanderern besetzt sind.

Die Besichtiger können Ausnahmen gestatten, müssen dies aber in der Besichtigungsverhandlung vermerken.

## § 66.

Genehmigung zur Einschiffung der Auswanderer. Die Einschiffung der Auswanderer darf erst erfolgen, nachdem die Besichtiger hierzu die

Genehmigung ertheilt haben. Die Genehmigung darf nicht eher ertheilt werden, als bis:

1. die Einrichtung und Ausrüstung sowie die Beladung des Schiffes mit den für die Auswanderer bestimmten Proviantgegenständen, soweit nicht nach § 65 Ausnahmen gestattet sind, vollendet ist,
2. die vorgeschriebene Besichtigung geschehen und die Erledigung etwaiger Ausstellungen gesichert ist,
3. die Bescheinigung des Arztes (§ 62 Absatz 1) vorgelegt ist.

## § 67.

Tageszeit der Einschiffung. Die Auswanderer dürfen nur in der Zeit zwischen Sonnenaufgang und Sonnenuntergang an Bord gebracht werden.

Die Besichtiger können Ausnahmen gestatten, müssen dies aber in der Besichtigungsverhandlung vermerken.

## § 68.

Besichtigungsverhandlung. Die Besichtiger haben über die Ausführung ihrer Obliegenheiten durch Ausfüllung eines Formulars nach Anhang E in doppelter Ausfertigung eine Verhandlung aufzunehmen, zu welcher der Schiffsführer oder dessen Stellvertreter und der etwa vorhandene Proviantverwalter die daselbst vorgesehenen Erklärungen abzugeben haben. Die Verhandlung ist von den Besichtigern, dem Schiffsführer oder dessen Stellvertreter und dem Proviantverwalter zu unterzeichnen.

Die Aufnahme der Verhandlung darf vor der Einschiffung der Auswanderer begonnen, jedoch erst nach vollendeter Einschiffung zum Abschlusse gebracht werden.

§ 69.

Behandlung der Papiere rc. Genehmigung zum Auslaufen. Nach dem Abschlusse der Verhandlung haben die Besichtiger dem Schiffsführer eine Ausfertigung der Verhandlung und des mit einem Besichtigungsvermerke zu versehenden Proviantverzeichnisses (§ 63) sowie erforderlichenfalls des in §§ 27, 63 vorgeschriebenen Ergänzungsverzeichnisses zu übergeben und die Genehmigung zum Auslaufen des Schiffes zu ertheilen.

Die zweiten Ausfertigungen sowie die Bescheinigung des Arztes (§ 62 Absatz 1) werden der Auswanderungsbehörde eingereicht.

## VIII. Sorge für die Auswanderer während der Reise.

§ 70.

Obliegenheiten des Schiffsführers. Dem Führer eines Auswandererschiffs liegen die folgenden Verpflichtungen ob:

1. die Auswanderer wohlwollend zu behandeln und auf ein anständiges Betragen der Mannschaft zu halten, auch täglich das Auswandererdeck zu besuchen oder durch seinen Stellvertreter besuchen zu lassen;
2. die im Interesse der Sittlichkeit und Ordnung erforderlichen Maßregeln zu treffen, insbesondere jeden unsittlichen Verkehr zwischen der Schiffsbesatzung und den Auswanderern nach Möglichkeit zu verhindern und Zuwiderhandlungen der Besatzung disziplinarisch zu ahnden, ferner dafür zu sorgen, daß die den Reisenden angewiesenen Plätze während der Reise beibehalten werden, daß die Frauen- und Männerabtheilungen (§§ 16, 17, 18) nicht von Unbefugten betreten und am Abende regelmäßig geschlossen werden, und daß die Mannschaft die Auswandererräume nur betritt, wenn der Schiffsdienst es erforderlich macht;
3. für die gehörige Einrichtung, Reinigung, Lüftung, Desinfektion und Erleuchtung der für die Auswanderer bestimmten Räume, insbesondere für die baldmöglichste Beseitigung des Auswurfs der Seekranken und die tägliche Reinigung der Auswandererräume zu sorgen;
4. dafür zu sorgen, daß diejenigen Mengen von Proviant und Wasser, deren Einnahme unter-

wegs gestattet ist, vollzählig und in guter Beschaffenheit an Bord kommen;

5. die größte Sorgfalt für gute Erhaltung des Proviants aufzuwenden und namentlich zu verhindern, daß Gegenstände, welche eine nachtheilige Wirkung auf dessen Beschaffenheit äußern können, zum Beispiele Petroleum oder Farbe, in den Proviantraum oder in dessen Nähe gebracht werden;

6. zu veranlassen, daß der Proviant den Auswanderern gehörig zubereitet und in den vorschriftsmäßigen Mengen zugetheilt, über die etwa nothwendig gewordene Verringerung der Beköstigungsmengen aber sofort ein die Gründe angebender Vermerk, der vom Schiffsführer, dessen Stellvertreter und dem etwa vorhandenen Proviantverwalter zu unterzeichnen ist, in das Schiffstagebuch eingetragen wird;

7. sobald Wassermangel droht, dafür zu sorgen, daß Süßwasser hergestellt wird;

8. dafür zu sorgen, daß die Rettungsgeräthe in guter Beschaffenheit und vollständiger Ausrüstung jederzeit bereit gehalten werden; auch auf die gute Instandhaltung der Schlauchleitung (§ 37) zu achten;

9. erkrankte Personen in die Krankenräume bringen zu lassen und, falls die vorhandenen nicht ausreichen, weiteren abgesonderten Raum

zur Unterbringung der Kranken bereit zu stellen;

10. falls sich auf dem Schiffe Frauenspersonen befinden, hinsichtlich deren der Verdacht entsteht, daß sie zu Unzuchtszwecken ins Ausland verbracht werden sollen, dem für den Ausschiffungshafen zuständigen deutschen Konsul so frühzeitig als möglich Mittheilung von Namen, Staatsangehörigkeit und Reiseziel dieser Personen und ihrer Begleiter zu machen;

11. den Nachlaß der an Bord Verstorbenen, sofern er sich nicht im Besitze von Angehörigen derselben befindet, sofort in Verwahrung zu nehmen und in einem von ihm und zwei Zeugen zu unterschreibenden Verzeichnisse thunlichst genau aufzuführen. Das Nachlaßverzeichniß hat der Schiffsführer alsbald nach seiner Ankunft am überseeischen Landungsplatze dem deutschen Konsul zu übergeben und dessen Verfügung wegen des Weiteren einzuholen;

12. einige Stücke des Reichsgesetzes, betreffend das Auswanderungswesen, und der auf Grund der §§ 21 und 36 desselben erlassenen Vorschriften zur Kenntnißnahme der Auswanderer an Bord des Schiffes, insbesondere auch im Auswandererdeck, bequem sichtbar anschlagen oder aushängen zu lassen.

§ 71.

Bücher und Zeitschriften. Der Unternehmer ist verpflichtet, Bücher und Zeitschriften, die ihm von Vereinen zum Schutze der Auswanderer und von anderen Seiten mit Genehmigung der Auswanderungsbehörde zur Benutzung der Auswanderer zur Verfügung gestellt werden, an Bord mitzunehmen und zur Verfügung der Auswanderer zu halten. Die Herbeiführung der Genehmigung der Auswanderungsbehörde ist Sache des Gebers der Bücher.

## IX. Allgemeine und Uebergangsbestimmungen.

§ 72.

Rücksichtlich des Schiffsraums, der Ausrüstung und Verproviantirung sind im Allgemeinen zwei Kinder unter zehn Jahren für eine Person, Kinder unter einem Jahre, abgesehen von der für sie mitzunehmenden Milch, gar nicht zu rechnen.

§ 73.

Beschwerden über die Anordnungen der Besichtiger und des Arztes, insbesondere über die Versagung der Genehmigung zur Einschiffung der Auswanderer, sind bei der Auswanderungsbehörde anzubringen und von dieser sofort — zum Mindesten vorläufig — zu entscheiden.

§ 74.

Die Auswanderungsbehörde kann die den Besichtigern und dem Untersuchungsarzt obliegenden Verrichtungen selbst ausüben.

Zu § 74.

Bei der Endredaktion der Bekanntmachung fiel § 74 des ursprünglichen Entwurfes weg.

Er lautete:

„Wenn ein Auswandererschiff in einem außerdeutschen Hafen noch weitere Auswanderer an Bord nimmt, so stehen dem deutschen Konsul und dessen Beauftragten, dem Schiffe gegenüber die in diesen Vorschriften der Auswanderungsbehörde, den Besichtigern und dem Arzte zugewiesenen Befugnisse zu. Die von dem Konsul oder dessen Beauftragten etwa vorgenommene Besichtigung ist durch einen Vermerk zu der in den Händen des Schiffsführers befindlichen Besichtigungsverhandlung zu beurkunden.“

§ 75.

Für Schiffe, welche vor dem 1. Juli 1897 in Bau gegeben worden sind, treten für schon vorhandene Einrichtungen folgende Erleichterungen ein:

1. Die Bestimmungen über die Einrichtung wasserdichter Schotten im § 1 Absatz 3 und im § 58 Absatz 2 Ziffer 1 finden keine Anwendung.

2. Es genügt je eine Treppe für zweihundert Reisende (§ 9).
3. Die Einzelkoje braucht nur 0,50 Meter, die Doppelkoje nur 1 Meter breit zu sein (§ 13).
4. Die Kojen in den Krankenräumen dürfen ganz von Holz sein. Die oberen Kojen brauchen nicht zum Aufklappen eingerichtet zu sein. Von der Erfüllung der Anforderungen hinsichtlich der Breite der Thür und der benachbarten Lage von Abtritten und einer besonderen Badeeinrichtung kann abgesehen werden (§ 22).
5. Die vorgeschriebenen Boote müssen mindestens zur Hälfte Rettungsboote und dürfen bis zu einem Viertel Klappboote sein (§ 42).
6. Ein Rettungsgürtel braucht nur 8 Kilogramm, eine Rettungsboje nur 12 Kilogramm tragen zu können (§§ 51, 52).

## § 76.

Bis zum 1. April 1899 kann die Auswanderungsbehörde im einzelnen Falle

1. von dem Nachweise der Untersuchung des Schiffes auf Seetüchtigkeit absehen (§ 58 Absatz 2 Ziffer 2),
2. gestatten, daß eine geringere als die im § 49 vorgeschriebene Zahl von ruderkundigen Personen vorhanden ist.

§ 77.

Für die von ausländischen Häfen aus abgehenden Auswandererschiffe kann der Reichskanzler mit Zustimmung des Bundesraths Ausnahmen von den vorstehenden Vorschriften zulassen.

Berlin, den 14. März 1898.

Der Reichskanzler.

In Vertretung:

Graf von Posadowsky.

# Verzeichniß
der
## auf Auswandererschiffen mitzunehmenden Mengen von Proviant und Wasser, Brenn- und Leuchtmaterial (§ 27 der Vorschriften).

Für je zehn Tage der im § 27 und Anhange B bestimmten längsten Reisedauer sind für jeden Auswanderer an Wasser wenigstens 60 Liter und an Proviant wenigstens folgende Mengen mitzunehmen:

| | | | |
|---|---|---|---|
| 1. | Rindfleisch . . . . . . . | 2000 | Gramm, |
| 2. | Schweinefleisch oder Speck | 1000 | „ |
| 3. | Heringe . . . . . . . . | 3 | Stück, |
| 4. | Brot (Weizen- oder Roggen-) | 3600 | Gramm, |
| 5. | Mehl (Weizen- oder Roggen-) | 720 | „ |
| 6. | Erbsen . . . . . . . . . | 275 | „ |
| 7. | Bohnen . . . . . . . . . | 225 | „ |
| 8. | Reis . . . . . . . . . . | 360 | „ |
| 9. | Graupen . . . . . . . . . | 180 | „ |
| 10. | Hafergrütze . . . . . . . | 50 | „ |
| 11. | Pflaumen . . . . . . . . | 100 | „ |

| | | | |
|---|---|---|---|
| 12. | Schnittäpfel . . . . . | 50 | Gramm, |
| 13. | Sauerkohl . . . . . . . | 400 | " |
| 14. | Gemüse, getrocknet, gepreßt | 100 | " |
| 15. | Frische Kartoffeln . . . | 3 000 | " |
| 16. | Butter . . . . . . . . | 350 | " |
| 17. | Salz . . . . . . . . . | 120 | " |
| 18. | Essig . . . . . . . . . | 0,12 | Liter, |
| 19. | Kaffee, geröstet, auch in Tafeln | 125 | Gramm, |
| 20. | Zichorien . . . . . . . | 25 | " |
| 21. | Thee . . . . . . . . . | 20 | " |
| 22. | Zucker . . . . . . . . | 150 | " |
| 23. | Syrup . . . . . . . . | 100 | " |
| 24. | Milch, kondensirte . . . | 120 | " |

Ferner ist an Speisen für Kranke und Kinder auf je einhundert Reisende für je zehn Tage der längsten Reisedauer mitzunehmen:

| | | | |
|---|---|---|---|
| 25. | Rothwein . . . . . . | 5 | Liter, |
| 26. | Zucker . . . . . . . . | 2 000 | Gramm, |
| 27. | Sago . . . . . . . . . | 1 000 | " |
| 28. | Hafergrütze . . . . . . | 2 000 | " |
| 29. | Perlgraupen . . . . . | 1 500 | " |
| 30. | Kondensirte Milch . . . | 1 000 | " |

und außerdem für jedes an Bord befindliche Kind im Alter unter einem Jahre für je zehn Tage 500 Gramm, oder an Stelle der kondensirten haltbare (sterilisirte) Naturmilch, wobei ein Gewichtstheil kondensirter Milch sechs Gewichtstheilen sterilisirter Milch gleich zu rechnen ist.

Das mitzunehmende Wasser muß von guter Beschaffenheit sein.

Von der vorgeschriebenen Menge Rindfleisch (Ziffer 1) muß mindestens ein Fünftel frisch oder präservirt sein. Statt des frischen oder präservirten Rindfleisches kann frisches oder präservirtes Kalb- oder Hammelfleisch mitgenommen werden. Von dem frischen oder präservirten Fleische muß von Beginn der Reise an, soweit der Vorrat reicht, mindestens zweimal in der Woche eine volle Tagesration gegeben werden.

Wird statt eines Theiles des Rindfleisches Schweinefleisch oder Speck mitgenommen, so werden 375 Gramm Schweinefleisch oder 250 Gramm Speck gleich 500 Gramm Rindfleisch gerechnet; jedoch darf keinenfalls mehr als die Hälfte der vorgeschriebenen Menge Rindfleisch durch Schweinefleisch ersetzt werden. Wird ein Theil des Rindfleisches durch Fisch ersetzt, so werden 375 Gramm Fisch gleich 500 Gramm Rindfleisch gerechnet; jedoch darf Fisch nur an zwei Tagen der Woche gegeben werden.

Schiffe, welche eine der Anzahl der beförderten Auswanderer entsprechende Bäckerei an Bord haben, können statt der mitzunehmenden Menge Brot (Ziffer 4) eine um zehn Prozent geringere Menge Mehl mitnehmen. Von dem mitzunehmenden Brote oder Mehle muß mindestens die Hälfte Weizenbrot oder Weizenmehl sein.

Von den unter Ziffer 8 und Ziffer 9 aufgeführten Nahrungsmitteln kann, wenn nur die Gesammt-

17*

menge vorhanden ist, der Vorrath des einen zu Gunsten des anderen verringert werden; dasselbe gilt von den unter Ziffer 11 und Ziffer 12 aufgeführten Gegenständen.

Das Gemüse (Ziffer 14) ist in mindestens zwei Sorten mitzunehmen.

Statt frischer Kartoffeln (Ziffer 15) oder eines Theiles derselben dürfen getrocknete oder gepreßte Kartoffeln mitgenommen werden, wobei 20 Gramm der letzteren gleich 100 Gramm frischer Kartoffeln zu rechnen sind.

Statt der Butter (Ziffer 16) darf Margarine erster Qualität mitgenommen werden. Für Reisen nach einem überseeischen südlichen Hafen kann die vorgeschriebene Menge Butter oder Margarine um ein Drittel verringert werden, wenn statt dessen für je 3000 Gramm Butter oder Margarine 4000 Gramm süße gute Marmelade mitgenommen werden. Der Butter- oder Margarinevorrath ist jedoch zuerst zu verzehren.

Für Reisen, deren wahrscheinliche längste Dauer achtzig Tage oder mehr beträgt, müssen für jeden Reisenden 600 Gramm Zitronensaft, sowie außer der unter Ziffer 22 vorgeschriebenen Menge Zucker 600 Gramm Zucker mitgenommen werden zur Bereitung von Limonade, welche vom zweiundzwanzigsten Tage der Reise ab den Auswanderern täglich als Getränk verabreicht werden muß.

Der Schiffsführer hat dafür zu sorgen, daß für die an Bord befindlichen Kinder im Alter von ein bis sechs Jahren täglich leichte Speisen, als Haferschleim, Graupen, Milchreis u. s. w. verabreicht werden.

Außer dem Proviante müssen mitgenommen werden: Besen, die nöthige Menge Brennöl (mit Ausnahme von Petroleum) oder Lichte; ferner auf Segelschiffen an Feuerung zum Kochen für einhundert Reisende für je zehn Tage 10 Hektoliter Steinkohlen und 1½ Kubikmeter Holz, für eine größere Anzahl von Reisenden im Verhältnisse mehr.

Für die Schiffsmannschaft sind mindestens dieselben Rationen wie für die Reisenden mitzunehmen, wobei die Besichtiger sachgemäße Abweichungen gestatten können.

**Anhang B.**

## Wahrscheinliche längste Reisedauer (§ 27 der Vorschriften) für Fahrten

| nach | mit Dampfschiffen von weniger als 10 Knoten Geschwindigkeit in der Stunde Tage. | mit Dampfschiffen von 10 bis 15 Knoten Geschwindigkeit in der Stunde Tage. | mit Dampfschiffen von mehr als 15 Knoten Geschwindigkeit in der Stunde Tage. | mit Segelschiffen in der Zeit zwischen dem 15. März und 15. Oktober Tage. | mit Segelschiffen in der Zeit zwischen dem 15. Oktober und 15. März Tage. |
|---|---|---|---|---|---|
| 1. der Ostküste von Nordamerika nördlich dem 30. Grade nördlicher Breite | 40 | 25 | 20 | 80 | 90 |
| 2. der Ostküste von Amerika zwischen dem 30. Grade nördlicher Breite und dem Kap St. Roque ...... | 40 | 30 | 30 | 80 | 90 |
| 3. der Ostküste von Südamerika südlich Kap St. Roque ......... | 60 | 45 | 45 | 120 | 130 |
| 4. der Westküste von Afrika bis zum Kap der guten Hoffnung ....... | 60 | 45 | 45 | 120 | 130 |
| 5. einer Gegend über Kap Horn oder Kap der guten Hoffnung hinaus, ohne daß der Aequator zweimal passirt wird ................ | 80 | 60 | 60 | 160 | 170 |
| 6. einer Gegend, wobei der Aequator zweimal passirt wird ......... | 100 | 80 | 80 | 200 | 210 |
| 7. Australien und China......... | 80 | 60 | 60 | 160 | 170 |

**Anhang C.**

# Verzeichniß

der

## Arzneien und anderen Hülfsmittel zur Krankenpflege, welche auf einem Auswandererschiffe mindestens mitzunehmen sind.

(§ 32 der Vorschriften.)

### A. Arzneien*)

(für 100 Personen einschließlich der Schiffsbesatzung, über 100 bis zu 500 Personen das Doppelte, für mehr Personen das Dreifache).

| | | |
|---|---|---|
| | Acidum boricum pulverisatum . . . | 50 g |
| | „ carbolicum cum Sapone āā | 3000 g |
| † | „ hydrochloricum dilutum . . | 100 g |
| | „ nitricum dilutum (Reagens) | 30 g |
| | „ tannicum . . . . . . . . | 50 g |
| | Aether . . . . . . . . . . . . | 100 g |
| † | Alumen pulveratum . . . . . . | 200 g |
| | Ammonium chloratum . . . . . | 200 g |

*) Für Reisen, deren wahrscheinliche längste Dauer (Anhang B) 25 Tage nicht übersteigt, genügt bei den † bezeichneten Arzneien die Hälfte der angegebenen Mengen.

| | | |
|---|---|---|
| | Antipyrinum in Pulvern zu 1,0 g . | 50 Pulver |
| | Apomorphinum hydrochloricum in Glasröhrchen zu 0,1 g . . . . . | 5 Röhrchen |
| | Aqua Calcariae . . . . . . . . . | 500 g |
| | „ destillata . . . . . . . . . | 1000 g |
| | Argentum nitricum fusum . . . . | 5 g |
| † | Atropinum sulfuricum solutum (1 : 99) | 25 g |
| | Balsamum Copaivae . . . . . . | 100 g |
| † | „ peruvianum cum Spiritu ãã | 400 g |
| | Bismutum subnitricum . . . . . | 100 g |
| | „ „ cum Natr. bicarb. ãã 0,5 g . . . . . . . | 100 Pulver |
| | Camphora solut. in Spiritu (1 : 9) . | 20 g |
| † | Capsulae amylaceae . . . . . . . | 300 Stück |
| | Chininum hydrochloricum in Pulvern zu 1,0 g . . . . . . . . . . | 200 Pulver |
| | Chloralum hydratum c. Aqu. dest. ãã in abgetheiltem Glase . . . . . | 200 g |
| | Chloroformium (in 3 Gläsern) . . . | 300 g |
| | Cocainum hydrochloricum . . . . | 5 g |
| † | Collodium elasticum . . . . . . . | 100 g |
| | Cuprum sulfuricum in Krystallen (in 2 Stücken) . . . . . . . . . . | 30 g |
| | Diphtherie-Heilserum zu je 1000 Einheiten . . . . . . . . . . . . | 5 Heildosen |
| | Emplastrum adhaesivum american . | 4 m |
| | „ „ anglicum . | 3 Stück |
| † | Extractum Filicis aethereum in Kapseln zu 0,5 g . . . . . . . | 50 Kapseln |
| | Extractum Secalis cornuti fluidum . | 20 g |

| | |
|---|---|
| † Flores Chamomillae . . . . . . . | 450 g |
| Folia Digitalis in Pulvern zu 0,1 g NB. Vor jeder Reise zu erneuern! | 50 Pulver |
| † Fructus Foeniculi . . . . . . . . | 200 g |
| † Glycerinum . . . . . . . . . . . | 200 g |
| † Gummi arabicum . . . . . . . . | 100 g |
| Hydrargyrum bichloratum in Pastillen zu 1,0 g . . . . . . . . . . . | 50 Stück |
| Hydrargyrum chloratum in Pulvern zu 0,3 g . . . . . . . . . . . | 60 Pulver |
| Hydrargyrum chloratum in Pulvern zu 0,01 g cum Sacch. lact. 0,3 g . | 50 „ |
| Hydrargyrum oxydatum 0,2 cum adipe ad 10 g . . . . . . . . . | 10 g |
| Jodoformium . . . . . . . . . . | 100 g |
| Kalium bromatum . . . . . . . . | 100 g |
| „ chloricum . . . . . . . . | 400 g |
| † „ jodatum . . . . . . . . . | 200 g |
| „ permanganicum . . . . . . | 50 g |
| Kindermehlpräparate . . . . . . . | 10 Büchsen |
| Kreosotum cum Spiritu āā . . . . . | 20 g |
| † Linimentum saponato-camphorat. liquid. . . . . . . . . . . . . | 400 g |
| † Liquor Ammonii anisatus . . . . | 100 g |
| „ „ caustici . . . . | 150 g |
| „ Ferri sesquichlorati . . . . | 50 g |
| † „ Kalii acetici . . . . . . . | 100 g |
| „ „ arsenicosi, Fowlersche Lösung . . . . . . . . | 25 g |
| „ Plumbi subacetici . . . . | 200 g |

| | | |
|---|---|---|
| | Lycopodium . . . . . . . . . . | 50 g |
| | Magnesium carbonicum . . . . . | 50 g |
| † | „ sulfuricum . . . . . | 4000 g |
| | Morphinum hydrochloricum in Pulvern zu 0,01 g cum Sacch. 0,5 . | 80 Pulver |
| | Morphinum hydrochloricum 1,0 cum Aqu. dest. 50,0 (in einer weithalsigen Flasche) . . . . . . . . . . | 50 g |
| | Natrium bicarbonicum . . . . . | 300 g |
| † | „ salicylicum in Pulvern zu 1,0 g . . . . . . . . . . . . | 300 Pulver |
| | Oleum camphoratum (10%, Kampheröl) | 25 g |
| † | „ Lini cum Aqu. Calcariae āā . | 1000 g |
| † | „ Ricini . . . . . . . . . | 4000 g |
| | Phenacetinum in Pulvern zu 1,0 g . | 50 Pulver |
| † | Pilulae laxantes (Extr. Aloes, Rhei, Sapon, Jalap, Rad. Rhei āā 7,5 g | 150 Pillen |
| † | Pulvis aërophorus anglicus . . . . | 50 Stück |
| | „ Ipecacuanhae opiatus in Pulvern zu 0,5 g . . . . . | 80 Pulver |
| | „ Liquiritiae compositus . . . | 100 g |
| | „ Magnesiae cum Rheo . . . | 30 g |
| † | „ Radicis Ipecacuanhae in Pulvern zu 1,0 g . . . . . | 40 Pulver |
| | „ salicylicus cum Talco . . . | 400 g |
| † | Sal. Carolin. factit . . . . . . . . | 1000 g |
| | Schutzpockenlymphe {NB. Vor jeder Reise zu erneuern!} | 50 Portionen |
| † | Sirupus simplex . . . . . . . . | 500 g |

| | |
|---|---|
| Solutio Fehling (die einzelnen Bestandtheile getrennt) . . . . . | 100 g |
| Species pectorales . . . . . . . . | 100 g |
| Spiritus . . . . . . . . . . . . | 750 g |
| " aethereus . . . . . . . | 100 g |
| " Sinapis . . . . . . . . | 200 g |
| † Succus Liquiritiae . . . . . . . | 100 g |
| Tinctura Chinae composita . . . . | 100 g |
| " Jodi . . . . . . . . | 100 g |
| " Opii simplex . . . . . | 150 g |
| " Rhei vinosa . . . . . . | 150 g |
| " Strophanthi . . . . . . | 25 g |
| " Valerianae aetherea . . . | 50 g |
| Trionalum in Pulvern zu 1,0 g . . | 20 Pulver |
| † Trochisci Santonini zu 0,05 g . . . | 20 Stück |
| Unguentum Acidi borici (cum adipe) | 400 g |
| Unguentum Hydrargyri cinereum in Päckchen zu 2,0 g . . | 180 Stück |
| " Paraffini . . . . . . | 400 g |
| " Zinci . . . . . . . . | 100 g |
| † Zincum sulfuricum in Pulvern zu 1,0 g | 60 Pulver |

## B. Desinfektionsmittel

(für 100 Personen einschließlich der Schiffsbesatzung, über 100 bis zu 500 Personen das Doppelte, für mehr Personen das Dreifache).

| | |
|---|---|
| Acidum carbolicum cum Sapone āā . | 40 kg |

## C. Andere Hülfsmittel zur Krankenpflege.[1])

### 1. Apothekergeräthe.

| | | |
|---|---|---|
| | Meßgefäß | 2 |
| | Handwaage mit Gewichten | 1 |
| * | Trichter (Glas-) | 1 |
| | Hornlöffel | 5 |
| | Tropfenzähler | 3 |
| * | Medizingläser mit Korken (zu 200 ccm Inhalt) | 50 |
| * | Salbenkruken | 6 |
| * | Milchflaschen (zum Sterilisiren) | 10 |
| | Holzschachteln | 20 |
| | Pappschachteln | 20 |
| | Zettel mit der Aufschrift „Aeußerlich“ | 200 |
| | Düten | 100 |
| | Spirituslampe | 1 |
| * | Filtrirpapier (Bogen) | 4 |
| | Reagenspapier, rothes und blaues | je 1 Buch |
| * | Reagensgläser | 6 |

### 2. Krankengeräthe.

| | | |
|---|---|---|
| * | Waschschale | 1 |
| | Eiterbecken | 2 |
| | Eisbeutel | 3 |

[1]) Die unter C 1, 2, 3 und 4 aufgeführten, mit * versehenen Gegenstände sind, wenn mehr als 100 bis zu 500 Personen, einschließlich der Schiffsbesatzung, an Bord sind, in doppelter, bei mehr als 500 Personen in dreifacher Anzahl oder Menge mitzunehmen.

| | |
|---|---|
| * Wasserdichter Stoff . . . . . . . . | 3 m |
| * Oelleinewand . . . . . . . . . . | 2 m |
| * Einnehmegefäß . . . . . . . . . | 1 |
| Trinkrohr (von Glas) . . . . . . | 2 |
| * Spülgefäß mit Zubehör (Irrigator) . | 1 |
| * Steckbecken . . . . . . . . . . . | 1 |
| Urinflasche (für Männer) . . . . | 1 |
| Tragbeutel (Suspensorien) . . . . | 6 |
| Bruchbänder (2 rechtsseitige, 2 linksseitige) . . . . . . . . . . . | 4 |
| Säuger . . . . . . . . . . . . | 10 |
| Brusthütchen . . . . . . . . . . | 4 |

### 3. Verbandmittel.

| | |
|---|---|
| * Gips . . . . . . . . . . . . . | 2 kg |
| * Gipsbinden, etwa 5 m lang, 7 cm breit | 10 Stück |
| * Verbandwatte . . . . . . . . . | 1 kg |
| * Salicylwatte . . . . . . . . . | 1 kg |
| * Ungeleimte Watte . . . . . . . . | 1 kg |
| * Jodoformgaze in Bindenform . . . | 2 qm |
| * Verbandmull . . . . . . . . . . | 2 kg |
| * Flanellbinden, etwa 5 m lang, 7 cm breit | 6 |
| * Mullbinden, 10 zu 8 cm, 10 zu 10 cm Breite, etwa 5 m lang . . . . | 20 |
| * Kleisterbinden . . . . . . . . . | 10 |
| * Mitellen . . . . . . . . . . . . | 4 |
| * Verbandtücher . . . . . . . . . | 4 |
| * Drahtschienen . . . . . . . . . . | 4 |
| * Holzschienen (einschl. Spaltschienen) . | 12 |
| * Pappe . . . . . . . . . . . . | 6 Bogen |

| | |
|---|---|
| * Leinenes Band (2—3 cm breit) . . | 3 m |
| * Sicherheitsnadeln . . . . . . . . | 2 Schachteln |
| * Verbandscheere . . . . . . . . . | 1 |

4. Aerztliche Geräthe und Instrumente.

(NB. Die Metalltheile derselben müssen thunlichst vernickelt sein.)

| | |
|---|---|
| * Maximalthermometer . . . . . . . | 3 |
| Stethoskop . . . . . . . . . . . | 1 |
| * Handbürste . . . . . . . . . . . | 1 |
| Chloroformirapparat . . . . . | 1 |
| Pravazsche Spritzen . . . . . . | 2 |
| Tripperspritzen . . . . . . . . . | 6 |
| Gummi-Katheter (Nelatonsche oder Jacques-Patent) . . . . . . . | 6 |
| Bougies . . . . . . . . . . . . | 12 |
| Gummischlauch zu Magenausspülungen (1 m lang, mit einem Trichter) . | 1 |
| Schlundstößer . . . . . . . . . . | 1 |
| Grätenfänger . . . . . . . . . . | 1 |
| Reflektor mit Stirnbinde . . . . . | 1 |
| Zungenspatel . . . . . . . . . . | 2 |
| Ohrentrichter . . . . . . . . . . | 1 Satz |
| Bellocqsches Röhrchen . . . . . . | 1 |
| Haarpinsel . . . . . . . . . . . | 6 |
| Rachenpinsel . . . . . . . . . . | 2 |
| Trachealkanülen . . . . . . . . . | 2 |
| Spritze für Diphtherie-Heilserum . . | 1 |
| Esmarchscher Schlauch mit Binde . | 1 |

| | |
|---|---|
| * Katgut . . . . . . . . . . . . . | 2 Fläschchen |
| Scheidenspekula . . . . . . . . . | 1 Satz |
| Induktionsapparat nebst Vorräthen zum Nachfüllen . . . . . . . . | 1 |
| Englische Zahnzangen in einem Holzkasten . . . . . . . . . . . . | 5 |
| Verbandtasche . . . . . . . . . | 1 |
| enthaltend: | |
| Bistouri (2 gerade Klingen) . . . | 1 |
| " (Knopf- und Sichelmesser) | 1 |
| gerade Scheere . . . . . . . . | 1 |
| Coopersche Scheere . . . . . | 1 |
| scheerenförmige Arterienpincetten | 2 |
| anatomische Pincette . . . . . | 1 |
| Hakenpincette . . . . . . . . | 1 |
| gewöhnliche Sonde . . . | 1 |
| Hohlsonde . . . . . . . . . . | 1 |
| Myrthenblattsonde . . . . . | 1 |
| Spatel . . . . . . . . . . | 1 |
| Höllensteinhalter . . . . . . | 1 |
| Wundnadeln . . . . . . . . | 6 |
| Seide (Nr. 2 und Nr. 3) . . . | 2 Platten |
| kleines Rasirmesser . . . . . | 1 |
| Amputationsbesteck . . . . . . . . | 1 |
| enthaltend: | |
| großes Messer . . . . . . . | 1 |
| mittleres Messer . . . . . . | 1 |
| scharfe vierzinkige Haken . . . | 2 |
| scheerenförmige Arterienpincetten | 4 |
| große Säge . . . . . . . . | 1 |

| | |
|---|---|
| Stichsäge . . . . . . . . . . | 1 |
| schneidende Knochenzange . . . | 1 |
| Knochenmeißel . . . . . . . . | 1 |
| Troikart . . . . . . . . . . | 1 |
| Wundnadeln . . . . . . . . | 6 |
| Seide (Nr. 2 und Nr. 3) . . . | 2 Packete |
| Geburtshülfliches Besteck . . . . . | 1 |
| enthaltend: | |
| Zange . . . . . . . . . . . | 1 |
| Perforatorium . . . . . . . . | 1 |
| Haken . . . . . . . . . . . | 1 |
| Katheter . . . . . . . . . . | 1 |
| seidene Schlingen . . . . . | 2 |

5. Bücher.

| | |
|---|---|
| Arzneibuch für das Deutsche Reich . . | 1 |
| Anleitung zur Gesundheitspflege an Bord von Kauffahrteischiffen, auf Veranlassung des Staatssekretärs des Innern bearbeitet im Kaiserlichen Gesundheitsamte (Neueste Ausgabe) | 1 |
| Ein Lehrbuch der Tropenkrankheiten (nur für Schiffe, die den 30. Grad nördlicher Breite überschreiten) . . | 1 |

Anhang D.

# Verzeichniß

der

## explosiven, feuergefährlichen und ätzenden Stoffe, deren Mitnahme auf einem Auswandererschiff überhaupt oder unter Deck verboten ist.

(§ 35 der Vorschriften.)

1. Schieß- und Sprengpulver; Nitroglycerin (Sprengöl) und Nitroglycerin enthaltende Präparate, insbesondere Dynamit; Nitrocellulose, insbesondere Schießbaumwolle; pikrinsaure Salze und explosive Gemische, welche chlorsaure und pikrinsaure Salze enthalten; flüssiges Acetylen; Knallquecksilber, Knallsilber, Knallgold und die damit hergestellten Präparate; Pulvermunition mit Ausnahme der Metallpatronen; Patronen aus Dynamit oder anderen Nitroglycerin enthaltenden Präparaten; Feuerwerkskörper einschließlich der bengalischen Streichhölzer und bengalischen Schellackpräparate (Flammenbücher, Salonkerzen,

Fackeln, Belustigungshölzchen, Leuchtstangen und dergleichen), jedoch mit Ausnahme chinesischer Fire Crackers; Zündungen mit Ausnahme der Sicherheitszünder, der Zündhütchen, der Zündspiegel und der in der Armee und Marine vorgeschriebenen nicht sprengkräftigen Zündungen.

2. Schwefeläther (Aethyläther), Collodium, Schwefelkohlenstoff (Schwefelalkohol), Petroleumäther (Gasolin, Neolin und dergleichen) und ähnliche aus Petroleum, Harz-, Steinkohlen-, Braunkohlen-, Torf- oder Schiefertheer bereitete Stoffe, sowie alle entzündbaren Flüssigkeiten, deren spezifisches Gewicht unter 0,68 liegt; rothe rauchende Salpetersäure.

3. Rohes Petroleum (Rohnaphta), sowie alle Destillate aus diesem und aus Theer-, Harz-, Steinkohlen-, Braunkohlen-, Torf- oder Schieferölen von einem spezifischen Gewicht über 0,68, sofern diese Destillate bei einer Temperatur von 15 Grad Celsius und darunter bei Berührung mit Feuer eine lebhafte Flamme erzeugen (Benzin, Ligroin und dergleichen).

4. Schwefel, Salpeter und Salzsäure; Raketen, Fackelfeuer und Sternsignale der Kaiserlichen Marine und der Kaiserlichen Schutztruppen; Zündwurst und Bickfordsche Zündschnur der Kaiserlichen Schutztruppen.

Anhang E.

# Besichtigungs-Verhandlung.

(§ 68 der Vorschriften.)

Verhandelt

zu .......................... am ....ten ..................... 1.......

An Bord des $\frac{\text{Dampf-}}{\text{Segel-}}$ schiffs ......... der ...............

bestimmt nach

$\frac{\text{Wir die}}{\text{Ich der}}$ mitunterzeichnete(n) Besichtiger habe(n) das vorgenannte Auswandererschiff am ............... mit Rücksicht auf die zum Schutze der Auswanderer gegebenen Vorschriften gewissenhaft besichtigt und erkläre(n) was folgt*);

Dazu ist zu bemerken:

1. $\frac{\text{Wir haben uns}}{\text{Ich habe mich}}$ davon überzeugt, daß das Schiff sich in seetüchtigem und

*) Sollten einige der vorstehend vorgesehenen Besichtigungshandlungen nicht vorgenommen sein, so sind die betreffenden Zeilen zu streichen und der Grund in der Spalte für Bemerkungen anzugeben.

Dazu ist zu bemerken:

gut gereinigtem Zustande befindet und daß es mit der vorschriftsmäßigen Einrichtung und Ausrüstung zur Aufnahme der Auswanderer versehen ist. Insbesondere wird bemerkt:

2. Die für die Auswandererräume festgesetzte zulässige Personenzahl beträgt .......... und ist in den Räumen angeschlagen.

Das Schiff war nach Angabe des Unternehmers zur Aufnahme der folgenden Zahlen von Auswanderern bestimmt:

a) Personen im Alter über zehn Jahre ..........
b) Kinder zwischen ein und zehn Jahren..........
c) Kinder unter einem Jahre.....
d) Alleinreisende Frauen ..........
e) Alleinreisende Männer ..........

3. Es waren vorhanden:

Laternen ..........;
Luftzieher..........;
Schlafkojen:
a) Einzelkojen..........,
b) Doppelkojen.........,

Dazu ist zu bemerken:

Kammern ............... für zusammen ................ Personen;

Waschhäuser:
a) für Männer ..........,
b) für Frauen ..........;

Wascheinrichtungen in den Kammern für .......... Personen;

Bade- oder Brausevorrichtungen:
a) für Männer ..........,
b) für Frauen ..........;

Abtritte:
a) für Männer ..........,
b) für Frauen ..........;

Krankenräume:
a) für Männer .......... mit .......... cbm Luftraum,
b) für Frauen .......... mit .......... cbm Luftraum.

Die Frauenabtheilung war eingerichtet für .......... Frauen;

die Männerabtheilung für .......... Männer.

Die verschiedenen Räume waren mit den vorgeschriebenen Aufschriften versehen.

Dazu ist zu bemerken:

4. $\frac{\text{Wir haben uns}}{\text{Ich habe mich}}$ ferner durch Stichproben davon überzeugt, daß Wasser und Proviant in vorgeschriebener Menge und guter Beschaffenheit entsprechend dem anliegenden Verzeichniß an Bord gebracht worden sind.

Es wurden untersucht:

a) hinsichtlich der Beschaffenheit .....

b) hinsichtlich der Menge ...............

.................................................................

Es wurde das anliegende Ergänzungsverzeichniß übergeben.

5. Auch habe(n) $\frac{\text{wir uns}}{\text{ich mich}}$ davon überzeugt, daß

a) .......... Aufwärter,

b) .......... Aufwärterinnen vorhanden waren.

Dazu ist zu bemerken:

6. $\frac{\text{Wir haben uns}}{\text{Ich habe mich}}$ davon überzeugt, daß die gegebenen Sicherheitsvorschriften sorgfältig beachtet sind und daß sich die vorgeschriebenen Einrichtungen und Geräthe an Bord befanden.

Insbesondere wird bemerkt:

7. Explosive und feuergefährliche und ätzende Gegenstände, deren Mitnahme verboten ist, habe(n) $\frac{\text{wir}}{\text{ich}}$ nicht bemerkt.

8. An Gegenständen, deren Mitnahme nur unter besonderen Vorsichtsmaßregeln erfolgen darf, sind nach Angabe des Schiffsführers keine — folgende — an Bord gekommen ..........................................

..........................................

und vorschriftsmäßig im ..................

..........................................

untergebracht.

Dazu ist zu bemerken:

9. An Signalen und Rettungsgeräthen sind vorhanden:

Schuß für das Geschütz ..........., } nach Angabe des Schiffsführers.
Blaulichter ......., } nach Angabe des Schiffsführers.
Raketen ..........., } nach Angabe des Schiffsführers.
Rettungsboote ...... mit ...... cbm Bootsraum,
gewöhnliche Boote ........... mit ........... cbm Bootsraum,
Klappboote .........,
Flöße ..... mit ..... cbm Bootsraum,
Decksitze ..........,
Rettungsgürtel (Korkjacken, Korkwesten) ..........,
Rettungsbojen ..........,
Stück der Sicherheitsrollen .

10. Aus dem Schiffstagebuche habe(n) $\frac{\text{wir}}{\text{ich}}$ ersehen, daß die Boote, Klappboote, Rettungsflöße u. s. w. sowie die Rettungsgürtel und Bojen zuletzt am ..........................................
auf ihre Seetüchtigkeit und Tauglichkeit untersucht worden und daß

Dazu ist zu bemerken:

die Boote zuletzt am ....................
..........ausgeschwungen worden sind.

11. Sämmtliche vorgenannte Gegenstände waren vorschriftsmäßig untergebracht.

12. Die vorgeschriebene Bootsausrüstung habe(n) $\frac{\text{wir}}{\text{ich}}$ in den Booten Nr........... genau untersucht und vorschriftsmäßig vorhanden befunden. Die Ausrüstung war, soweit sie sich nicht in den Booten befand, im .................................. untergebracht.

13. Es waren ................ erwachsene ruderkundige Personen vorhanden.

14. Zur Führung der Auswanderer bei Gefahr waren ........... Personen eingetheilt.

15. $\frac{\text{Wir}}{\text{Ich}}$ habe(n) festgestellt, daß die Mannschaft mit der Handhabung der

Dazu ist zu bemerken:

Sicherheitseinrichtungen vertraut ist und zwar auf folgende Weise:

16. Es wurde das Boot Nr.......... (das Klappboot Nr...........) von den auf sie eingetheilten Nummern

.................................................................

der Besatzung ausgeschwungen, zu Wasser gefiert und losgemacht.

---

17. $\frac{\text{Wir die}}{\text{Ich der}}$ mitunterzeichnete(n) Besichtiger habe(n) am .................... um .......... Uhr dem Schiffsführer die Erlaubniß zur Einschiffung der Auswanderer ertheilt, nachdem $\frac{\text{wir}}{\text{ich}}$ die $\frac{\text{uns}}{\text{mir}}$ bis dahin obliegenden Besichtigungshandlungen vorgenommen und die vor-

Dazu ist zu bemerken:

geschriebene Bescheinigung des Untersuchungsarztes erhalten habe(n).

18. $\frac{\text{Wir die}}{\text{Ich der}}$ Besichtiger habe(n) $\frac{\text{uns}}{\text{mich}}$ ferner davon überzeugt, daß die vorgeschriebene ärztliche Untersuchung der Reisenden und der Schiffsbesatzung vorgenommen worden ist und daß die Reisenden in die für sie bestimmten Räume gewiesen worden sind.

19. $\frac{\text{Wir}}{\text{Ich}}$ habe(n) von dem Schiffsführer — dessen Stellvertreter — (sowie von dem Proviantverwalter) folgende Erklärung entgegengenommen:

„Wir versichern,

daß die Gegenstände, welche in dem übergebenen Proviant- und Arzneimittel-Verzeichniß aufgeführt worden, sich unserer gewissenhaften Ueberzeugung nach wirklich an Bord befinden, und daß wir von diesen Gegenständen nichts von Bord bringen lassen, noch vor dem Antritte der Reise etwas verbrauchen oder verbrauchen lassen wollen;

Dazu ist zu bemerken:

daß, abgesehen von dem Kajüts- und Mannschaftsproviant, andere Proviantgegenstände als die in dem Verzeichniß aufgeführten und die von den Besichtigern nachträglich genehmigten sich weder an Bord befinden noch vor Antritt der Reise an Bord gebracht werden sollen;

daß wir für die Einnahme der in dem Ergänzungsverzeichniß aufgeführten Mengen von Proviant und Wasser gewissenhaft Sorge tragen wollen;

daß wir ein Stück des Reichsgesetzes, betreffend das Auswanderungswesen, und der auf Grund der §§ 21 und 36 desselben erlassenen Vorschriften erhalten und von deren Inhalte Kenntniß genommen haben;

daß wir diesen Vorschriften gewissenhaft nachkommen wollen."

20. $\frac{\text{Wir die}}{\text{Ich der}}$ Besichtiger habe(n) die Genehmigung zu folgenden Ausnahmen von den allgemeinen Vorschriften ertheilt:

Dazu ist zu bemerken:

21. Außerdem habe(n) $\frac{\text{wir}}{\text{ich}}$ zu bemerken:

....................................................................

22. $\frac{\text{Wir die}}{\text{Ich der}}$ Besichtiger habe(n) hierauf diese Verhandlung abgeschlossen, sie unterzeichnen lassen, je eine Ausfertigung derselben, sowie der übergebenen Verzeichnisse dem Schiffsführer übergeben und demselben die Genehmigung zum Auslaufen des Schiffes ertheilt.

$\frac{\text{Die}}{\text{Der}}$ Besichtiger.

Der Schiffsführer.
(Der Stellvertreter.)
(Der Proviantverwalter.)

# Sachregister.

## A.



## B.

## S.

Lippert & Co. (G. Pätz'sche Buchdr.), Naumburg a. S.

FSC
www.fsc.org
MIX
Papier | Fördert gute Waldnutzung
FSC® C083411

Kolibri 360 GmbH
Ferdinand-Jühlke-Straße 7
99095 Erfurt, Deutschland
produktsicherheit@kolibri360.de